R. P. JÉRÔME DE LA MÈRE DE DIEU,
O. C. D.

La Doctrine

du Vénérable

Frère Jean de Saint-Samson

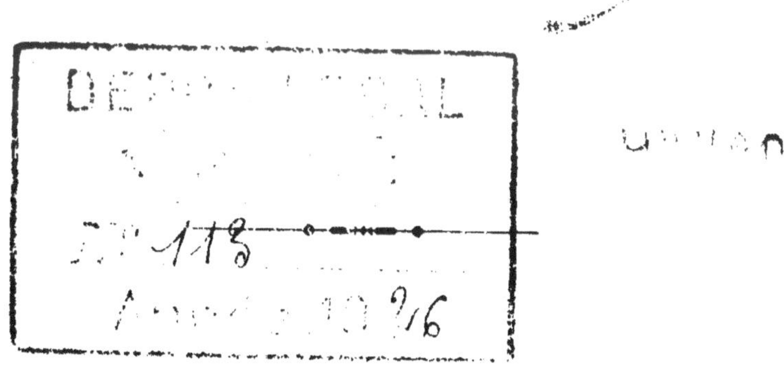

Éditions de la Vie Spirituelle

Le. Vénérable Frère Jean de Saint-Samson

Extrait de **La Vie Spirituelle**

1925

Le Vénérable
Frère Jean de Saint-Samson

Sa vie et sa doctrine

PAR

LE R. P. JÉRÔME DE LA MÈRE DE DIEU, O. C. D.

———————

ÉDITIONS DE LA VIE SPIRITUELLE

SAINT-MAXIMIN

(Var)

Un témoin « autorisé »
de la doctrine mystique du Carmel :

Le Vénérable Frère Jean de Saint-Samson

Le Carmel compte parmi ses écrivains un bon nombre
de témoins de sa tradition mystique. Nous en avons cité
plusieurs dans la petite étude que la *Vie Spirituelle* a
récemment publiée dans son Supplément. L'autorité de
ces écrivains en matière de théologie mystique est incontestable et incontestée (1) : leur témoignage au sujet de
notre tradition mystique est cependant d'inégale valeur.
Les témoins les plus autorisés doivent être cherchés dans
le petit groupe de ces vaillants — ou vaillantes — qui, à
différentes époques, se sont attelés à la dure besogne de
ramener le Carmel à « sa ferveur primitive » — selon leur
expression —. C'est que, en vue d'accomplir plus fidèlement la mission dont Dieu les avait chargés, ces réformateurs — ou réformatrices — avaient médité longuement

(1) Le dominicain Gonet dans son *Clypeus theologiae thomisticae*
(Dédicace à sainte Thérèse) dit : « Si notre Ordre n'avait qu'à peine
abordé la théologie mystique, c'est que ce travail devait être accompli
par les Carmes Déchaussés, que nous semblions attendre, pour que,
par la bouche d'hommes si éminents, saint Thomas lui-même nous
enseignât cette partie supérieure de la science sacrée. » — Cité par
le R. P. Garrigou-Lagrange dans « Préface » à l'*Essai sur l'oraison
selon l'École Carmélitaine* par le P. Théodore de Saint-Joseph. Bruges,
Beyaert, 1923.

non seulement la Règle, mais encore les origines et les traditions de l'Ordre. D'autre part, sachant que la lettre sans l'esprit ne sert à rien et qu'il est impossible de faire revivre matériellement le passé (1), ils s'étaient appliqués à saisir « ce quelque chose de mystérieux, d'imperceptible aux sens et à l'intelligence qui analyse…, principe de vie par excellence » : l'esprit. Aussi bien leurs réformes ont été autant une restauration de la ferveur de l'esprit qu'un retour à la rigueur de la lettre (2).

En fait, c'est auprès de ces réformateurs — après les fondateurs — qu'il faut avant tout aller s'enquérir de la vraie note du Carmel, de son esprit et, partant, de sa tradition mystique.

Après la réforme opérée par sainte Thérèse et saint Jean de la Croix, il n'y en eut pas de plus profonde ni de plus durable que celle qui porte le nom de « Réforme de Touraine ». Elle prit naissance à Rennes en 1604, grâce au zèle du prieur, le P. Pierre Behourt ; elle s'étendit d'abord à toute la province de Touraine, s'implanta rapidement dans le reste de la France, fut embrassée avec joie en Bel-

----

(1) « Le « primitivisme » aura beau faire, il ne recommencera jamais le passé. » (Henri Bremond, *Histoire littéraire du sentiment religieux en France*, IIe vol. : L'invasion mystique, p. 374.)

(2) « Une congrégation prospère aussi longtemps qu'elle est animée de l'esprit de son fondateur ; du moment où, par sa faute, elle se viderait de l'âme du père, elle perdrait, avec sa raison d'être, son principe de vie, et elle périrait. C'est pourquoi les supérieurs (à plus forte raison les Réformateurs) ne doivent rien avoir de plus à cœur que de réveiller sans cesse dans leurs subordonnés l'âme du fondateur » (J. Guibert, *Pour les religieux. L'âme du fondateur*. Revue pratique d'Apologétique, 1er août 1913, p. 687).

gique, et finit même par supplanter la mitigation régnante presque dans la totalité des provinces. Les Carmes Déchaussés en avaient encouragé et soutenu les débuts, et ils eurent la consolation de voir se resserrer ainsi les liens fraternels par lesquels ils voulaient rester attachés à leur antique famille (1).

Si le Père Pierre Behourt doit être considéré comme l'initiateur de cette réforme, celui qui la « planta », il ne fut cependant pas celui qui l'arrosa et la fit croître. Cette mission devait incomber au Père Philippe Thibaut, « chef éminent », comme le qualifie Henri Bremond (II, 372), qui par sa sainte vie, ses grands talents et ses relations suivies avec les hommes les plus remarquables de son temps, était admirablement préparé à remplir cette tâche. Cependant, malgré tous ces avantages et ces ressources, le Père Thibaut n'aurait peut-être pas réussi à mener cette œuvre à bonne fin si Dieu ne lui eût adjoint un collaborateur qui devait, très vite, devenir le cœur et l'âme de la nouvelle réforme : Le « saint aveugle, le divin contemplatif (2) », Frère Jean de Saint-Samson. Son premier biographe (3) a écrit de lui que « Dieu l'avait destiné pour être le plus clair flambeau de notre petite observance, dans les choses spirituelles ».

Aveugle dès le berceau, à la suite d'une atteinte de la petite vérole, Jean du Moulin, qui était né à Sens le 19 décembre 1571, perdit tout jeune encore ses parents. Il n'avait pas dépassé l'adolescence quand « il quitta la maison de son oncle maternel, qui était son tuteur, et s'en

(1) *L'Ordre de N.-D. du Mont-Carmel*, par le P. André de Sainte-Marie. Bruges, 1910.
(2) C'est ainsi qu'on l'appelle dès avant sa mort.
(3) Le Père Donatien de Saint-Nicolas. Il parle de la réforme de Touraine.

alla un long espace de temps en quelque lieu écarté... Ce fut là que Dieu commença tout de bon à verser dans cette âme innocente les douceurs de son amour (1) ». A 25 ans il vient à Paris, chez son frère qui était secrétaire et trésorier-payeur de la Gendarmerie de France. « Là, s'adonnant à la lecture qu'on lui faisait de livres spirituels et mystiques, il devient comme insatiable dans le désir qu'il avait de correspondre à l'affluence des grâces qu'il recevait de Dieu. » Cependant, à cette période d'abondance et de suavité divine succédèrent plusieurs années de désolation et de privation spirituelle. « Mais plus il souffrait, plus il était assidu à l'oraison... Dieu, voyant cette âme si forte à soutenir la pesanteur de sa main, continua de l'affliger et lui être divinement cruel. » Presque en même temps, tout ce qui lui restait d'appui dans le monde lui est ôté par la mort de son frère et de sa belle-sœur. Le saint jeune homme, jugeant que Dieu le veut « dénué de tout, tant au dedans qu'au dehors, se met de la partie » : il se dépouille volontairement des droits de toute sa succession et de tous ses biens entre les mains d'une personne qui lui était peu connue, « afin de n'avoir plus de recours dans sa pauvreté qu'à la pauvreté même, et prit résolution — qu'il exécuta — de ne demander jamais aucun de ses besoins à personne qu'à Dieu seul ».

Jean du Moulin s'en alla loger « chez un épicier proche des Carmes », raconte le Père Pinault : « un petit garçon l'amenait au matin à six heures à l'église des Carmes de la place Maubert, là où il demeurait le plus souvent jus-

---

(1) Père Donatien de Saint-Nicolas dans l'*Abrégé de la vie du Vénérable Frère Jean de Saint-Samson*, p. 1. C'est de cet abrégé que sont tirées la plupart de nos citations ; quelques-unes cependant nous sont fournies par l'auteur d'une seconde vie, le Père Joseph.

ques après midi, étant toujours en oraison proche le grand autel, et où il communiait presque tous les jours, et se confessait quelquefois à un Père Carme ». Son oraison était dès lors franchement mystique ; le Père Donatien nous le donne à entendre quand il écrit : « Ainsi disposé par cette nudité et pauvreté tant intérieure qu'extérieure, il commença à *goûter les expériences* de ces généreux initiateurs de la pauvreté de Jésus-Christ qui, ne prétendant plus à rien dans la terre, mettent tout leur trésor dans le ciel. Il se donna tout en proie au divin amour, qui pénétra son cœur de mille flèches ardentes. Mais entre autres il y *fit une plaie également douloureuse et délicieuse qui le navra jusques à la mort*. Ce coup lui fut décoché lorsque son âme était en l'état de caliginosité et d'*obscurité divine*, où elle était *languissante* et malade à cause de la *grande distance* qu'elle voyait entre elle et son bien-aimé. » Et le biographe, voulant jeter quelque lumière sur cette obscurité divine, a recours aux paroles mêmes du cher aveugle, qui, s'adressant à Dieu, s'exprime ainsi, dans ses *Soliloques* : « Pourquoi, mon cher Amour, vous cachiez-vous en moi, en mon cœur et en mon âme? ne saviez-vous pas que je demeurerais tellement navré d'un tel effet d'amour, qu'il me faudrait tristement et douloureusement passer le reste de mes jours en continuelle langueur d'amour, sans soulagement ni consolation quelconque? »

Sans aucun doute l'âme du saint contemplatif est entrée dans *la nuit obscure de l'esprit;* elle y a même fait de grands progrès, et on pourrait se demander si déjà elle n'est pas parvenue à ce degré d'oraison si finement décrit par sainte Thérèse, dans le livre de sa Vie au chapitre xx (1),

____

(1) pp. 195 et ss. dans l'édition Bouix, revue par Peyré.

et qu'on pourrait appeler l'extase douloureuse. Ce qui caractérise en effet ce degré d'union, c'est que Dieu, tout en découvrant ses grandeurs à l'âme, lui semble néanmoins, alors, très éloigné. Au surplus, cette communication n'a pas pour but, dit sainte Thérèse, de consoler l'âme, mais de lui montrer à combien juste titre elle s'afflige de se voir absente d'un bien qui renferme en soi tous les biens. « Par cette vue, l'âme sent croître et sa soif de Dieu et la rigueur de sa solitude. Elle est en proie à une peine si délicate et si pénétrante, elle se sent dans un tel désert, qu'elle peut à la lettre dire avec David : « Je suis demeuré seul dans mes veilles comme le passereau solitaire sur le toit » (Ps. 101). Elle endure comme les angoisses de la mort, mais, continue sainte Thérèse, il y a dans cette souffrance un si grand bonheur que je ne sais à quoi le comparer. C'est un martyre de douleur et de délices. » Notre saint aveugle appelle cet état une *plaie* : « plaie ignée d'amour », et ses effets sont : « La faim, la soif, la chaleur et la langueur d'amour (1) ».

« Ce dard enflammé que le saint amour décocha contre ce cœur amoureux y fit un embrasement sacré qui, cherchant à saillir au dehors, porta ce bon aveugle à procurer dès lors, autant qu'il le pouvait, la conversion des pécheurs et le salut des âmes. » C'est le zèle, fruit de l'amour, qui se lève; le zèle pur et désintéressé que sainte Thérèse, dans ce même chapitre xx. donne comme l'effet et le signe de ce martyre de douleur et de délices. Jean allait donc, « cherchant de toutes parts des sujets capables de participer au feu qui le consumait, et tous ceux qui l'approchaient tirèrent de grands profits de ses entretiens ».

De leur nombre fut tout d'abord le Frère Mathieu

____

(1) *Soliloques*, passim.

Pinault, « très honnête religieux, assez fervent même, mais sans formation religieuse, tristement résigné soit aux adoucissements très réguliers que l'on avait apportés depuis un temps immémorial à l'austérité primitive, soit aux abus proprement dits qu'avait entraînés le malheur des temps (1) ».

C'est Mathieu Pinault qui donnera au Carmel Jean du Moulin, mais seulement après que celui-ci aura donné Mathieu Pinault à Dieu et à la vie de l'Esprit.

Vers ce même temps Jean « vit le Père Philippe Thibaut et, l'ayant exhorté en peu de mots, et comme en passant, à entreprendre la Réforme, ses paroles frappèrent au cœur ce même Père comme un coup de foudre, et y demeurèrent si profondément gravées, que non seulement il se joignit à ce dessein, mais encore il en fut le chef et le principal exécuteur ».

En effet, bientôt l'œuvre de la réforme commence. Nous avons vu qu'elle prit naissance à Rennes en 1604; quelques années plus tard, en 1608, le Père Thibaut ira lui-même se fixer à Rennes et imprimer à l'œuvre du Père Behourt l'élan qui lui manquait.

Entre temps, Jean du Moulin avait pris domicile au couvent des Carmes de la place Maubert, ceux-ci lui ayant offert spontanément le gîte et la nourriture. Cependant il n'était pas question de le recevoir dans l'Ordre, et lui-même n'avait jamais songé à demander cette faveur, quand il déclara au Père Mathieu Pinault, — qui, ayant achevé ses études, se préparait à repartir pour la Bretagne —, qu'il était « extraordinairement inspiré de demander l'habit de l'Ordre des Carmes, et d'être admis au couvent de Dol en Bretagne, et cela, par l'entremise du Père

(1) Bremond, « L'Invasion mystique », p. 364.

Mathieu lui-même ». La réalisation de ce projet extraordinaire paraissait tout à fait impossible. Mais Jean parla si bien qu'il persuada le Père Mathieu « de proposer le dessein à ses supérieurs, sans aucune crainte d'être refusé, lui prédisant avec assurance que les empêchements très grands et tous manifestes qu'il voyait à sa réception ne seraient aucunement considérés ». C'est ce qui arriva : contre toute attente, « le couvent de Dol agréa, dit le Père Donatien, cette vocation singulière ». Au départ de Paris, « il parut sur la figure du saint aveugle une lumière extraordinaire avec autres effets qui donnèrent à connaître aux esprits bien éclairés que le jour de cette vocation était un jour heureux pour notre Ordre. »

Jean, âgé de 35 ans, prit donc l'habit à Dol en 1606. Il garda son nom de baptême. « Dieu le voulait ainsi — dit le même biographe — parce que, comme un autre Jean, il avait été choisi pour vivre dans la solitude et la contemplation, être rempli de la vertu et de l'esprit de son Père, saint Élie, aider à convertir les cœurs des enfants à l'amour de l'esprit intérieur cher à leur Père, contribuer efficacement à réparer les brèches que la malice et la succession des temps avaient faites dans le Carmel. » Plus tard on ajouta au nom de Jean celui de saint Samson, premier évêque de Dol et patron de l'église cathédrale.

Ce qui avait eu lieu à Paris se renouvela à Dol : Jean de Saint-Samson devint l'édification de tous par son humilité, sa modestie, son esprit de prière et de pénitence. Aux sacrifices volontaires qu'il offrait tous les jours au Seigneur, se joignirent bientôt des épreuves envoyées directement par Dieu. Ce fut d'abord une fièvre paludéenne qui le mit dans le plus triste état, mais dont il fut guéri instantanément en récitant, par ordre de son supérieur, une prière que prononçaient alors sur les fiévreux, à Rome, les sacristes de Saint-Pierre (1). Ce fut ensuite la peste, qu'il contracta en soignant des frères frappés par la terrible maladie; il en guérit, mais le mal lui laissa une fièvre quarte et une hydropisie qui mirent son esprit de résignation à une douloureuse épreuve. Cette fièvre en effet le conduisit peu à peu aux portes du tombeau. Pendant une année entière sa vie fut une agonie, non seulement en raison du mal qui l'avait exténué, mais aussi à cause des circonstances aggravantes que la Providence permit pour augmenter les mérites du saint religieux. Voici dans quels termes son contemporain et confrère, le Père Donatien, raconte ce triste fait : « Le monastère où le saint homme vivait n'avait pas d'infirmerie, et les cellules n'y étaient séparées les unes des autres que par des planches mal jointes qui laissaient passer le vent de toutes parts. Jean, pour se réchauffer, n'avait pas même la ressource du chauffoir commun, car ce chauffoir était le rendez-vous de plusieurs séculiers qui avaient affaire dans la maison, et il craignait, en s'y rendant, d'y trouver des occasions de distractions. Quant à la nourriture, il n'en prit jamais d'autre que celle qui était servie à la communauté : du pain ordinairement fait d'orge, d'avoine, de blé noir ou de fèves; du cidre de qualité fort inférieure et souvent gâté; des aliments fort communs et mal préparés. Son vêtement était plus triste encore. Comme Job, il aurait pu, lui aussi, dire aux vers : « Vous êtes ma mère et ma sœur ». Il sut un jour qu'on avait remarqué sur lui des preuves trop éloquentes de la malpropreté à laquelle il était condamné. Il avoua que cela le rendait honteux et qu'il se croyait indigne de converser

(1) Après qu'il eut émis sa profession, il s'en vint tous les matins, sur l'ordre de son prieur, dans l'église du monastère de Dol; il passait devant les malades agenouillés près de l'autel, et récitait sur chacun l'oraison dont la vertu était si efficace dans sa bouche. Et l'on dit que souvent ils s'en retournaient guéris.

avec ses frères, mais qu'il se réjouissait néanmoins de sa pauvreté, connaissant mieux ainsi la misère humaine et la sienne propre. »

L'épreuve des souffrances causées par la maladie finit cependant par s'adoucir, mais ce qui ne faiblit jamais ce furent les persécutions diaboliques. Dès son entrée en religion les démons tourmentèrent de mille manières le saint homme. « Tantôt ils l'accablaient de tentations, tantôt ils se jetaient sur lui et l'étreignaient comme pour l'étouffer. Parfois son corps était brisé des coups qu'ils lui donnaient, et son ami le Père Mathieu Pinault, l'ayant plusieurs fois assisté dans ces effroyables combats, a déclaré avoir vu, sur ses mains et sur son visage, les blessures que ces esprits infernaux lui faisaient. Quelquefois ils l'attaquaient en troupe, avec des hurlements de bêtes féroces ; d'autres fois ils contrefaisaient la voix humaine et lui reprochaient ses exercices de dévotion et de charité, l'appelant hypocrite et orgueilleux. Ils lui demandaient de quel droit un homme comme lui se mêlait d'instruire le peuple et de guérir les malades. » Frère Jean, comme sainte Thérèse, tout en souffrant de ces agressions démoniaques, ne se laissait pas épouvanter par Satan. « Quelquefois, au plus fort de ces rigoureux exercices, il se gaussait et se moquait des diables, les appelant chiens, taupes aveugles, incapables de voir jamais Dieu... quelquefois il crachait contre eux et leur reprochait leur faiblesse de ne pouvoir vaincre un ver de terre armé de confiance en Dieu ; et ainsi les envoyait en enfer se faire châtier par leur prince maudit, pour s'être laissé vaincre par un homme de néant. » Et le pieux biographe, pour notre édification, ne manque pas de nous livrer le secret des saintes hardiesses du vaillant aveugle : « Le principal instrument de ses victoires... était la profonde attention à soi-même pour n'admettre jamais aucune recherche ni vue d'amour-propre, afin de ne donner aucun lien ni aucune entrée à ses ennemis. »

Enfin, et il fallait s'y attendre, les biographes font allusion, mais en passant, sans y appuyer, comme pour ne pas trop nous effrayer, aux souffrances intimes qui continuent, dans l'âme du cher aveugle, l'œuvre des purifications passives : « Dieu mit son esprit en de grandes aridités et sécheresses, de sorte que, comme un autre Job, ou pour mieux dire, ainsi que Jésus-Christ, il était crucifié de toutes parts, et comme noyé dans une mer de souffrance et d'amertume. » Et on ajoute : « Toutes ces épreuves ne firent aucune brèche à sa résolution d'être tout à Dieu. » C'est qu'il avait le sens de ces afflictions : « Dieu, dira-t-il plus tard dans ses maximes, fait un indicible bien à ses créatures quand il se résout à les châtier rigoureusement en cette vie. La tribulation est le sort le plus désiré des justes, elle est leur riche héritage en cette vie, car elle leur sert à conserver et à augmenter la grâce de Dieu en eux (1). » Il dira plus fort que cela ; après sa profession il laisse échapper ces paroles : « Dieu ne m'a pas donné de Père Maître pour me conduire, mais il a fait excellemment cet office à mon endroit (2). » Ainsi formé directement par Dieu lui-même, le Frère Jean était préparé à remplir la mission que la Providence voulait lui confier.

*
* *

« Sa réputation et l'odeur de ses vertus s'étant étendues

(1) Ch. III : « Des Vertus religieuses », p. 28. — Maximes 118 et 121 dans « Œuvres complètes », Rennes, Coupard, 1658.

(2) Le couvent de Dol, où Jean avait reçu l'habit et émis sa profession, n'était pas encore réformé à ce moment : les abus que la décadence de la discipline monastique entraînent avec elle y régnaient en partie. Cf. Père Sernin de Saint-André, C. D. : *La Vie du Vén. Jean de Saint-Samson*, Paris, pp. 9-13.

dans les autres couvents de la Province, les supérieurs
l'appelèrent en celui de Rennes, où, depuis peu d'années,
avait commencé la Réforme dont il devait être la plus
brillante lumière. » C'était en 1612. Aussitôt le Père Philippe Thibaut, qui déjà gouvernait la maison, fit commencer au Frère Jean de Saint-Samson un second noviciat,
« et l'on vit cet homme consommé dans la science des
saints revenir avec la plus édifiante docilité aux premiers
rudiments de la vie spirituelle et religieuse ». Pour éprouver la solidité de sa vertu, on lui ordonna de mener désormais une vie solitaire, sans plus s'adonner aux exercices
de charité envers les malades. Dès lors Jean ne s'occupa
plus qu'à la contemplation divine. « Son unique emploi
extérieur était de jouer de l'orgue à l'office divin, ce qu'il
faisait si excellemment que des plus habiles en cet art ont
cru qu'il y avait quelque chose de surnaturel » dans son
jeu.

« Les supérieurs, non contents de l'avoir tenté sur cette
obéissance et soumission et de lui avoir donné plusieurs
autres épreuves, le sondèrent encore plus fortement sur sa
manière de faire oraison mentale (1). » On le reprend de
ce qu'il veut faire le contemplatif et se dispenser des règles
communes de la méditation. Conséquemment l'ordre lui
est donné de suivre, pour son oraison, le train des autres
jeunes religieux : il s'y soumet par obéissance. « Mais
aussitôt qu'il entrait en son sujet (de méditation), son

(1) Henri Bremond dit à ce sujet : « A Sens ou à Paris, a-t-il
soumis ses expériences (mystiques) à l'examen d'un spirituel éprouvé?
C'est possible, probable si l'on veut, mais non pas certain. La grâce
d'une part, et de l'autre les vieux livres qui lui ont expliqué à lui-
même les effets de cette grâce, lui auront peut-être suffi. On lui
connaît beaucoup de disciples, mais personne ne fait auprès de lui
figure de maître. De là vient peut-être ce caractère indépendant,
personnel, un peu étrange et comme lointain, qui l'isole parmi les
mystiques de son temps » (« L'invasion mystique », p. 379).

esprit se trouvait élevé au-dessus de sa propre opération, de sorte que, rendant compte de son état intérieur, il était obligé de s'exprimer avec des termes mystiques et extraordinaires. » C'est alors que le Père Philippe Thibaut, feignant de douter qu'un simple frère convers ait pu, dans un couvent non réformé comme celui de Dol, s'élever si haut dans la contemplation divine, ordonna au Frère Jean d'indiquer dans un court exposé sa manière de faire oraison. Jean, pour obéir à cet ordre, dicta les premières pages d'un admirable traité, qu'il acheva dans la suite et qu'il intitula : *De la consommation du sujet dans son objet.* Dans son exposé « il fait voir la pureté et simplicité du repos de sa sublime contemplation, et comme quoi son esprit était fortement tiré en Dieu *par la force du regard divin* qui, en quelque état ou occupation qu'il fût, le ravissait ineffablement au-dessus de soi. » Cet écrit fut communiqué à des docteurs de Sorbonne et autres personnages versés dans la théologie tant scolastique que mystique ; il fut soumis aux Pères Jésuites de Rennes, aux Pères Capucins réunis en chapitre provincial sous la présidence de leur supérieur général, aux Carmes Déchaussés, récemment établis en France et réunis, eux aussi, en chapitre provencial : tous déclarèrent y trouver « les signes manifestes de l'action divine et approuvèrent unanimement les voies et l'esprit du pieux aveugle ». Les Carmes Déchaussés, comme inspirés par Dieu, donnèrent même à leur approbation une forme qu'on pourrait appeler solennelle : ils écrivirent une lettre au Père Thibaut, dans laquelle ils priaient instamment celui-ci de laisser les desseins de Dieu s'accomplir dans ce fervent religieux », et, prévoyant sans doute l'influence que Jean allait exercer dans l'Ordre au point de vue de la vie de l'esprit, ils ajoutèrent ces paroles de l'apôtre : « *Gardez-vous d'éteindre l'esprit : Spiritum nolite extinguere.* » Néanmoins, pour s'assurer encore davantage de l'esprit et de la vérité de ce bon religieux, « ils — les supérieurs, et particulièrement le Père Thibaut — l'exercèrent un an durant, avec de si rudes et si fréquentes mortifications, qu'elles eussent fait quitter prise à tout homme moins humble et vertueux que lui ».

On finit cependant par se rendre à l'évidence de sa sainteté. « Ces épreuves héroïquement supportées firent voir qu'il était conduit par un esprit de lumière et que Dieu l'avait choisi pour de hauts desseins. » Voici que la lumière est retirée de dessous le boisseau : « On lui permet d'édifier désormais ses frères par quelques entretiens familiers. » Son influence dans la marche et la direction de la Réforme devient, dès lors, très considérable. Le Père Sernin nous le montre en ces termes, d'après les anciens biographes : « Les supérieurs le consultaient sur l'*esprit qu'il convenait d'inoculer à la nouvelle Réforme...* Les simples religieux lui ouvraient leur intérieur, recevaient ses conseils, se soumettaient à sa direction. Il avait reçu une grâce particulière pour gagner la confiance des jeunes religieux qu'il devait merveilleusement porter au bien et qu'il dirigeait avec habileté dans les voies de l'oraison. Les novices mêmes lui étaient particulièrement recommandés ; il les entretenait tantôt en commun, tantôt en particulier, avec tant d'onction et de piété qu'ils sortaient plus embrasés de sa conversation que de leurs oraisons les plus ferventes. Il faut ajouter à cette action extérieure et apparente, celle de sa prière, plus cachée, mais certainement plus efficace. » — « Plusieurs, à la vérité », dit le Père Donatien, « avaient déjà beaucoup travaillé dans cette vigne du Seigneur avant la venue de cet aveugle, mais on n'y avait encore point vu de religieux si éclatant en vertu, en sainteté et en lumière divine. »

Non seulement les membres du Carmel, mais des religieux, tant supérieurs qu'inférieurs, d'autres Ordres, venaient consulter le saint aveugle sur les difficultés de la vie spirituelle et de la conduite des âmes. « Il les satisfaisait tous admirablement par ses lumières, et bien plus encore, par sa ravissante humilité. » — « Il était, mais contre son gré, en grande estime dans l'esprit de plusieurs personnes de haute et éminente condition, comme la reine Marie de Médicis, mère de Louis XIII, de Nosseigneurs les évêques de Rennes, de Nantes, de Dol, de Saint-Brieuc, de messieurs Cucé, l'un et l'autre successivement premier Président du Parlement de Bretagne, et de plusieurs autres personnages illustres dans le siècle et dans le cloître. Ils souhaitaient parfois de le voir et sortaient d'avec lui également surpris de sa sagesse et du profond anéantissement de soi-même, qui paraissait dans son port et dans ses paroles. » Et l'excellent biographe, — le Père Donatien — qui a été témoin oculaire de tout ce qu'il raconte, entre dans les détails. Il nous apprend, par exemple, que « feu messire Antoine de Revol, évêque et comte de Dol, depuis qu'il eut éprouvé l'esprit et la vertu du Frère Jean par la vraie pierre de touche qui est l'obéissance et la parfaite humilité, lui demeura tellement affectionné, et fut depuis si charmé par ses divins entretiens que, souvent, il allait voir ce bon religieux trois fois en un même jour, à pied — quoique le couvent fût assez éloigné de son château — afin de conférer avec lui des choses saintes et des moyens d'avancer la gloire de Dieu. » Il nous raconte un autre fait très suggestif : « L'efficace encore de la sainte conversation de notre bon aveugle se fit voir hautement pendant le séjour qu'il fit chez un vénérable recteur de la paroisse de Roy-sur-Coësnon, près de Dol (1). A peine fut-il arrivé chez ce bon ecclésiastique, qu'il commença à embaumer

____

(1) A un moment donné Frère Jean de Saint-Samson avait été envoyé à Dol pour y remplir une mission réformatrice.

tout le pays de l'odeur de ses vertus. Le recteur et les autres prêtres se firent aussitôt ses disciples en la vie spirituelle. Tous les jours il leur faisait de pieux entretiens touchant leur salut. A quoi se joignirent encore plusieurs personnes laïques, jusqu'aux petits enfants qui quittaient leurs jeux et leurs congés pour profiter des instructions de cet homme de Dieu. » Sa sphère d'action s'étendait donc de plus en plus.

Sainte Thérèse, parlant du 4ᵉ degré d'oraison — symbolisé par l'eau du ciel — fait une remarque et énonce « une vérité dont on doit se pénétrer : c'est que cette eau du ciel, cette faveur insigne de Dieu, laisse toujours dans l'âme de très grandes richesses spirituelles (1) ». La Sainte énumère quelques-unes de ces richesses, puis elle ajoute : « Pleinement convaincue que les fruits du jardin ne viennent pas d'elle, elle peut désormais commencer à les distribuer sans crainte de s'appauvrir. Elle fait connaître par divers signes les trésors du ciel dont elle est enrichie ; elle souhaite les partager avec d'autres, et demande à Dieu de n'être pas seule à les posséder. Déjà elle travaille au bien spirituel du prochain, sans presque s'en apercevoir et sans rien faire d'elle-même dans ce but ; mais les autres le comprennent parfaitement, car les fleurs de ce jardin exhalent un parfum si doux, qu'ils désirent le respirer de près (2). » Tout cela se réalisait à la lettre dans l'âme et la vie de Frère Jean de Saint-Samson et nous prouve qu'il était parvenu à ce degré d'oraison dont parle sainte Thérèse. Il commençait même à le dépasser, car doucement son âme s'acheminait vers la fin de la nuit obscure ; la purification passive de l'esprit touchait à son terme.

---

(1) Cette 4ᵉ eau, celle qui tombe du ciel, figure l'oraison — infuse — d'union. Cf. Vie écrite par elle-même, ch. xviii, p. 175, éd. Bouix, revue par Peyré.

(2) *Vie*, ch. xix, p. 178.

*
* *

Depuis longtemps Dieu avait allumé dans le cœur de notre cher aveugle ce feu « brûlant et consumant » dont il parle dans ses divers traités et qu'il appelle « *le feu tout dévorant* ». Il disait que ce feu, étant allumé dans une âme, ne cesse jamais qu'il n'ait consumé tout ce qui est de la créature et qu'il ne l'ait entièrement « *fondue, substantiée et convertie en soi* », imcomparablement mieux que le feu ne fond et ne convertit en soi les métaux, et tout ce qui lui est appliqué (1) ». Sous l'action de cet amour intense, le frère Jean avait atteint une pureté de conscience à peu près parfaite. Le Père Donatien, qui avait été très au courant de ce qui s'était passé dans cette âme, en rend témoignage : « Le Frère Jean de Saint-Samson voyait dans sa conscience comme dans un très pur cristal, jusqu'au moindre atome d'imperfection ; sa pureté était telle que d'ordinaire il ne pouvait s'accuser d'autre chose en confession, sinon *de n'avoir pas tendu à Dieu à l'infini !* Par ce mot « tendre à l'infini » il entendait l'arrêt et la fermeté de toutes les puissances de son âme, recueillies, fondues et perdues entièrement en l'unité divine, par-dessus l'esprit et son propre fond, en la jouissance et fruition de son divin objet, de sorte que si quelqu'une de ses puissances venait à se lâcher de là à son opération naturelle ou à ne s'abstraire pas assez des objets créés qui ne lui touchaient pas d'office, il faisait de cela matière de confession sacramentelle. » Il n'y a plus de péchés véniels délibérés dans cette

---

(1) Cf. saint Jean de la Croix, *Nuit obscure*, l. I, ch. VIII : « L'âme ne peut arriver à se purifier complètement, elle ne peut se rendre apte le moins du monde à l'union divine dans la perfection de l'amour. Il faut que Dieu y mette la main lui-même et purifie l'âme dans ce feu obscur pour elle. »

vie, les imperfections propres aux avancés semblent y être réduites au minimum, si déjà elles n'ont pas disparu complètement (1).

Rien d'étonnant dès lors si l'union avec Dieu devient plus profonde. A cette époque de sa vie, Jean paraît avoir dépassé l'union extatique, car dans ses états contemplatifs la suspension sensorielle ne se remarque plus guère. Et c'est là un signe, admis par tous les mystiques, de réel progrès. « L'âme », dira notre aveugle lui-même, « est divine à proportion qu'elle soutient en soi les opérations du feu d'amour sans en recevoir lésion, faiblesse ou empêchement quant à sa nature corporelle au dehors. »

Quand notre saint aveugle parvint-il à *l'union transformante*? Si nous n'avions que les seules données fournies par le Père Donatien, la question serait difficile à résoudre, et peut-être resterait-elle sans réponse. Mais les œuvres complètes de Jean de Saint-Samson sont là, expression — inadéquate, mais expression quand même — de sa vie d'âme et de ses états mystiques. Or, quoique le terme d' « union transformante » ne s'y trouve pas, de la chose même il est parlé à plus d'une reprise. Ainsi dans le traité intitulé *Le cabinet mystique*, après avoir consacré un cha-

---

(1) Cf. saint Jean de la Croix, *Nuit obscure*, l. II, ch. 11 : « Les taches du vieil homme persistent dans l'esprit (après la purification des sens), bien qu'il ne s'en doute pas et ne les aperçoive guère. » Frère Jean de Saint-Samson apercevait dans sa conscience jusqu'au moindre atome d'imperfection. « Ces avancés souffrent aussi de *l'hebetudo mentis*, de la rudesse naturelle que tout homme contracte par le péché... Ils sont sujets aux distractions, à l'épanchement de l'esprit vers le dehors » : Frère Jean, dans ses rapports avec le prochain, était d'une bonté et d'une délicatesse exquises quoique sans aucune affectation ni recherche, et toujours le principal ressort de sa conversation sincère et simple était, selon le Père Donatien, la continuelle et infatigable élévation de son esprit en Dieu, avec une généreuse abstraction des choses sensibles.

pitre (1) à décrire une oraison qui semble être celle d'union, Jean de Saint-Samson achève sa dissertation dans deux chapitres qui portent ce titre : *La consommation du sujet en son objet, ou la souveraine consommation de l'âme en Dieu par amour.*

Le paragraphe 5ᵉ du dernier chapitre, qui est intitulé : « En quoi consiste l'entière consommation de l'âme en Dieu : l'excellence de cet état et comme l'âme y devient divine », commence ainsi : « Comme la fin de quelque chose que ce soit est plus noble en soi-même et en son entier accomplissement que tous les moyens qui y sont ordonnés, de même ce dernier état dont nous parlions à la fin de l'article précédent (2) surpasse de beaucoup en soi-même toutes les manifestations, vues et notions illuminantes, purgeantes, enflammantes et consommantes des traits, attraits et opérations diverses des Personnes de la très Sainte Trinité. Car ces opérations des divines Personnes se font après cela pour un certain temps successivement et en amour, dans l'âme toute substanciée au total

(1) Le ch. viii : « De la vraie vie en unité sans différence », où Jean de Saint-Samson semble avoir subi l'influence marquée de Ruysbroeck.

(2) Voici cette fin : « ... Cette simple jouissance et cette étincelle de très pure, très simple et continuelle contemplation est de la gloire (« un effet des divines splendeurs », avait-il dit) reçue en la pure et totale substance de l'âme lorsqu'elle a été totalement fondue et consommée au feu vif et tout dévorant de la même déité qui a allumé et fait ce feu en toute sa propre substance. C'est là que l'âme a été toute consommée et anéantie en soi-même, et rien ne lui reste maintenant que cette très simple jouissance qu'elle a plus éminemment qu'on ne peut dire ni concevoir. Car c'est Dieu même qui fait cette jouissance par sa très simple action, laquelle ravit très secrètement l'âme à soi et en soi, la comblant de très simples délices, de lumière et de charité, pour jouir en délicieux repos de tout ce que le créé ne peut comprendre. Aussi est-ce ici la même Déité en toute elle-même, où tous les esprits, perdus à soi, sont renouvelés incessamment au total de cet abîme, en leur éternelle et totale consommation. »

et immense abîme de toute l'unique fécondité. Comme aussi cela s'accomplit en un autre temps, par succès, au-delà de tout cet effet-là, en l'étendue infinie des abîmes simples et imperceptibles de la Divinité, infiniment au-delà de toute la créaturalité présente et possible... Ne faut-il pas dire et croire ensuite de cela que l'âme est toute fondue, liquéfiée et *totalement consommée en Dieu* son objet béatifique ; et que l'effort amoureux des ardeurs toutes consommantes de ses infinies et continuelles opérations, à guise d'un feu dévorant ou de foudres ou d'éclairs très pénétrants, l'anéantissent à elle-même et la rendent *totalement réduite et transformée en toute la substance divine jusqu'à l'entière consommation d'amour.* » Et un peu plus loin on lit : « Étant réduite et fondue selon ses puissances et son essence, elle est là arrêtée et établie définitivement au-dessus de tout le passé, en Dieu. Arrêtée, dis-je, fixement, selon la plus haute cime de ses puissances, à contempler Dieu en lui-même, en l'amour continuel du très Saint-Esprit et de la très sainte Trinité. »

Ces textes ne doivent-ils pas s'entendre de l'union transformante ou mariage spirituel? Cela nous paraît indubitable (1). Il s'ensuivrait qu'au temps où il composa la dernière partie du traité : « Le cabinet mystique », Jean de Saint-Samson était parvenu à cette union, « prélude normal de la vie du ciel (2) ». Car — il suffit de lire ses œuvres pour en être immédiatement convaincu — c'est sa propre

______

(1) Jean de Saint-Samson, dans plusieurs autres traités, p. ex. : dans les *Soliloques, Les Contemplations,* etc., parle souvent, ou tout au moins semble parler, de cette oraison de la 7ᵉ demeure du *Château de l'âme* de sainte Thérèse. Il indique et explique les notes essentielles ainsi que les effets de cette oraison tels qu'ils sont énoncés par le R. P. Garrigou-Lagrange, à la page 318 et ss. du Iᵉʳ vol. de son livre *Perfection et Contemplation.*

(2) Cf. Garrigou-Lagrange, *ibid.*

expérience mystique qu'il raconte dans ses nombreux écrits. Aussi bien, le son que ceux-ci rendent atteint par moments une beauté très haute et presque sublime. Dieu est là : on le voit, on l'entend, on le touche. Au surplus, le saint aveugle se trahit à son insu. Ainsi, à la fin de son beau traité sur « La consommation du sujet en son objet » il déclare qu' « il y aurait une infinité de choses à dire touchant ce sublime état (la consommation ou l'union transformante). J'en ai exprimé quelque chose ici et ailleurs ; mais tout cela n'est rien que bégaiement et que ténèbres, au respect de ce qui en est ». C'est donc qu'il était qualifié pour le savoir et le dire.

**

Frère Jean de Saint-Samson mourut à Rennes le 14 septembre de l'année 1636 ; on l'enterra dans l'église des Carmes de cette ville. Pendant longtemps il fut en grande vénération à Rennes et aux environs, car Dieu, par un grand nombre de signes, sembla rendre témoignage à la sainteté de son fidèle serviteur. Plusieurs de ces signes : guérisons instantanées, apparitions, etc..., sont racontés par le Père Donatien dans la vie abrégée qui précède les œuvres complètes du saint contemplatif. « Ces choses tiennent sans doute du miracle », dit-il ; « mais je ne vois rien de si merveilleux que la quantité et la qualité de ses divins écrits, pleins d'une sapience admirable et d'une infinité de lumières que Dieu s'est plu à verser dans l'âme de ce bon frère. » Quand le Père Thibault, enfin rassuré sur la vertu et l'esprit du Frère Jean, avait cessé d'éprouver celui-ci, il lui avait donné l'ordre d'édifier ses frères par des entretiens sur la vie spirituelle et de dicter *ce que l'esprit de Dieu lui inspirerait.* En véritable obéissant qu'il était, Jean exécuta en toute simplicité l'ordre de son supérieur. « C'était chose merveilleuse », dit un de ses amis, « de lui voir dicter ses traités, avec une telle promptitude, que ses écrivains en étaient tous fatigués, car il fallait une vive attention pour retenir ce qu'il disait et la main prompte afin de le pouvoir suivre... Il m'a dit plusieurs fois, après avoir dicté des traités, qu'il ne savait assurément ce qu'il avait dicté, avant qu'il en entendît la lecture. »

Vers le milieu du XVIIe siècle, le Père Donatien de Saint-Nicolas publia d'abord séparément quelques-uns de ces traités, à savoir : 1º *Les Contemplations et divins Soliloques*, 1 vol. in-4º ; 2" *Le vrai esprit du Carmel*, avec un recueil de lettres spirituelles, 1 vol. in-4º ; 3º *La mort des Saints précieuse devant Dieu*, contenant dans la première partie ses traités *De la tribulation* et dans la seconde ce qu'il appelait son *Manuel*, 1 vol. in-4º ; 4º *Le cabinet mystique*, contenant deux parties : la première qui donne les règles du discernement des esprits et de la conduite des âmes dans les trois états de commençant, de profitant et de parfait ; la seconde qui propose plusieurs règles de discrétion pour les esprits plus illuminés ; 5º un traité in-8 intitulé : *Partie 3e du cabinet mystique*, dans lequel sont les règles de conversation pour les personnes spirituelles et le miroir de leur conscience ; 6º un autre in-8 : *Méditations pour les retraites ou exercices de dix jours*, avec un traité *De la dignité du sacerdoce* ; 7º un petit in-8 dans lequel est un petit *Abrégé de la vie de Jean de Saint-Samson* avec quelques pieux sentiments ou sentences spirituelles tirées de ses écrits.

Tout cela (1), avec le traité : *De la souveraine consommation de l'âme en Dieu par amour*, qui est devenu un

---

(1) Excepté « La mort des Saints précieuse devant Dieu », qui a été rejeté dans le tome II.

chapitre du *Cabinet mystique*; le traité intitulé : *Le miroir et les flammes de l'Amour divin*; celui de *L'Amour aspiratif*, enfin une assez longue dissertation sur les *Lumières et règles de discrétion pour les Supérieurs*, tout cela a été édité par le même Père dans le tome Ier des *Œuvres spirituelles et mystiques du divin contemplatif Jean de Saint-Samson*, paru chez Pierre Coupard, à Rennes, en 1658, 1 vol. in-folio de 616 pages. Le tome II, paru l'année suivante chez le même, contient : un recueil de *80 lettres spirituelles*; les traités suivants : *De la simplicité divine*; *De l'effusion de l'homme hors de Dieu et de la réfusion en Dieu*; *La mort des saints précieuse devant Dieu, ou l'art de pâtir et mourir saintement*; *Observations sur la règle des Carmes*; *La conduite des novices*; enfin divers traités de moindre importance et un certain nombre de poésies mystiques.

*
* *

Avant de mettre en relief le témoignage de Jean de Saint-Samson quant à l'esprit du Carmel et la tradition mystique de l'Ordre, disons encore un mot de l'approbation que recueillit l'édition de ses divers traités et surtout celle des « Œuvres spirituelles et mystiques (1) ». En tête du tome Ier de celles-ci nous lisons tout d'abord l'éloge et l'approbation de Monseigneur l'évêque de Dol, le successeur de celui qui avait été lié de si étroite et spirituelle amitié avec le saint aveugle. Suivent les approbations (2) de l'évêque de Rennes ; de celui de Killalla en Irlande (3);

---

(1) Cette édition avait été faite avec la permission du Provincial de la Touraine et celle du Général de l'Ordre, après que les écrits qu'elle contient eurent été examinés par plusieurs professeurs en théologie de l'Ordre.

(2) Ces approbations sont souvent motivées et très développées.

(3) « Personnage illustre en piété et en travaux soufferts pour la

de l'abbé de Gain, docteur en théologie de la Faculté de Paris ; du Père Philippe Roy, confesseur de la Reine ; de Messieurs Payon et Perou, docteurs en Sorbonne ; du Père Florent Ranciat, docteur en théologie de l'Ordre de Saint-Dominique ; du théologal de Saint-Brieuc ; du théologal de Dol ; du Père Léon de Saint-Jean, ex-Provincial des Carmes réformés de la Province de Touraine (1). Toutes ces approbations sont des plus élogieuses ; il y en a qui sont franchement enthousiastes. Parmi celles-ci la plus expressive est peut-être celle du P. Ranciat, de l'Ordre de Saint-Dominique. Voici comment ce Père s'exprime : « ... Dans la lecture que j'ai faite du livre : *Le vray esprit du Carmel*, composé par le Vén. Frère Jean de Saint-Samson, il me semble avoir découvert pourquoi ce grand

foi », dit le Père Donatien. En effet cette approbation commence par ces mots : « Nous... banni par les hérétiques de notre diocèse, résidant à présent à Rennes. »

(1) C'est le Père Léon dont Henri Bremond nous a fait connaître le rôle dans l' « Invasion mystique », pp. 319 et suivantes. Ce Père, qui avait été l'un des disciples de Frère Jean de Saint-Samson, fut un propagateur des plus zélés et des plus éloquents de la doctrine du saint aveugle. Il part de cette idée que la contemplation infuse est l'aboutissement normal de la grâce sanctifiante..., qu'elle est la voie ordinaire et que, partant, tous y sont appelés, au moins d'un appel général. Un de ses ouvrage porte comme titre : *Jésus-Christ en son trône établissant la vraie religion, la morale chrétienne et la théologie mystique.* Dans une série de sermons prêchés à Montmartre pour l'octave de saint Louis, il exprime nettement sa conviction : « Il n'est pas de chrétien, quoi qu'on dise, qui, par les devoirs de sa profession sur les saints fonts du baptême, ne soit obligé à l'étude et à la pratique de la théologie mystique... Tous ces admirables sentiments qu'on n'approprie presque plus qu'à l'état monastique, primitivement et littéralement appartiennent à tous les chrétiens. « Vous n'êtes plus de ce monde. Vous êtes morts et votre vie est cachée en Dieu. » Pour qui, ô mon Maître, prononcez-vous tous ces grands oracles ? Pour le cloître ? Non pas d'abord. C'est pour toute l'Église. A qui, et de qui entendez-vous parler, ô grand saint Paul ? Des baptisés, des fidèles, des chrétiens. » Cité par Bremond, tome II, p. 391.

homme a été aveugle dès le berceau... Ce n'a été que pour
nous apprendre que les lumières et la science des saints
ne proviennent que de Dieu, et qu'elles ne dépendent pas
des sens; que le soleil qui éclaire ce bas monde est fort
peu nécessaire à une âme qui, par la vigueur de ses contemplations et les flammes de son amour, est élevée au-
dessus de tous les cieux; qu'il est fort inutile et fort
indifférent d'avoir des yeux quand nous ne désirons d'être
éclairés que des lumières du paradis, quand nous ne
désirons voir que les beautés de la Divinité, et quand nous
ne voulons connaître ni aimer les créatures que dans le
céleste et l'unique objet de la connaissance et de l'amour
des saints... L'expression qu'il (Jean de Saint-Samson)
fait de la sagesse dans ce livre, comme dans tous les
autres, n'est pas le style d'un homme : il est aussi divin
que ses pensées, et aussi élevé que la doctrine qu'il
exprime. Et j'avoue qu'il faut s'aveugler avec lui, c'est-à-
dire qu'il faut que l'âme s'élève et se détache parfaitement
de ses sens pour comprendre la hauteur de son style,
aussi bien que la profondeur de sa doctrine... Néanmoins
je suis persuadé que tous ceux qui voudront lire les ouvra-
ges de cet aveugle miraculeux, avec le même esprit qu'il
les a composés..., quelque éloignés qu'ils soient de cet
état, et quelque aveugles qu'ils puissent être, Dieu leur
infondera autant de lumière pour en bien profiter... »

La doctrine
du Vénérable Frère Jean de Saint-Samson

Les œuvres du Vénérable Frère Jean de Saint-Samson sont aujourd'hui introuvables. Les rares exemplaires de l'édition du XVIIe siècle échappés à la ruine du temps sont conservés comme des reliques dans les bibliothèques de nos monastères du Carmel. Il est heureusement question de les rééditer. Nous ne saurions trop applaudir à cette généreuse initiative ardemment désirée par tant d'âmes contemplatives. Mais il faudra, selon toute probabilité, attendre longtemps encore l'apparition de ce recueil ; et d'ailleurs, peu de personnes auront le temps et la facilité d'aborder une telle lecture. Le style vieilli, diffus et très métaphysique du grand contemplatif arrêtera bien des âmes, même parmi les plus avides des beautés mystiques. Ayant donc eu la bonne fortune de posséder en cellule l'in-folio conservé religieusement dans notre couvent d'Anvers, émerveillé des trésors qu'il contenait, nous avons cru faire œuvre glorieuse pour le Vénérable et œuvre profitable aux âmes, en résumant, dans les pages qui vont suivre, les enseignements du grand religieux et du grand mystique que fut Jean de Saint-Samson.

Nous ne donnerons pas une analyse des différents traités qu'il a composés. Ce serait, croyons-nous, fastidieux pour le lecteur. Nous avons plutôt cherché à en faire une synthèse : dégager l'idée inspiratrice de ces nombreux traités composés sans lien apparent, et grouper autour de cette pensée centrale ses principaux chefs d'enseignement.

Le saint aveugle s'est fait l'apôtre de « *l'Esprit* », osons-nous dire.

Dans un premier chapitre, nous établirons que Jean de Saint-Samson *veut que* TOUS *tendent à devenir spirituels*. Nous nous efforcerons de bien saisir ce qu'il entend par là et de justifier cette obligation.

Dans un second, qu'il y a *obligation* spéciale pour les Supérieurs d'être très *spirituels* et d'enseigner la *vie spirituelle* à leurs inférieurs.

Dans un troisième nous traiterons de ce que comporte la *spiritualité* d'après le Vénérable : mortification intérieure et extérieure — souffrances et purifications — pratique des vertus — oraison — contemplation.

Vu l'abondance et l'importance de la matière, nous traiterons de ce dernier élément — oraison — contemplation — dans un chapitre à part. C'est en parlant de l'union transformante que le saint aveugle a dicté ses plus belles pages ; elles font penser à celles de Ruysbroeck, de Tauler, et même à celles du grand Denys. C'est là d'ailleurs le point de mire de son enseignement : conduire l'âme à ces hauteurs de la vie mystique.

Nous laisserons aux larges extraits que nous donnerons leur forme un peu vieillie quant au style, parfois un peu obscure et lente, mais toujours si forte et si pleine d'onction en même temps. Ce serait, nous semble-t-il, profanation d'y toucher, pour l'accommoder au goût affadi de notre siècle.

CHAPITRE I

Tous, nous devons être spirituels

Nul peut-être plus que le V. F. Jean de Saint-Samson n'a compris le sens profond de cette parole de Notre-Seigneur : « Dieu est esprit, et ceux qui l'adorent doivent l'adorer en *esprit et en vérité* » (Joan., iv, 24). Son souci dans tout ce qu'il écrit est de donner au Père ces adorateurs que Jésus lui demandait au puits de Jacob.

Aveugle pour les choses de ce monde, il ne subissait pas au même degré que nous ce que nos saints Livres appellent « la fascination de la bagatelle » (Sag., iv, 12), et il avait plus de facilité pour vivre au dedans, pour pénétrer les réalités immatérielles et démêler « ce qui est né de la chair » et « ce qui est né de l'esprit » (Jean, iii, 6).

Qu'il traite de la mortification des passions, de l'acquisition des vertus, « des divers mouvements de la nature et de la grâce », c'est toujours avec ce sens pratique de la lutte entre la chair et l'esprit, magistralement exposée par saint Paul dans son Épître aux Romains (ch. vii et viii) et aux Corinthiens (ch. ii et xv), c'est avec ce sens profond de la grâce que le grand Apôtre donne au mot esprit quand il dit aux Thessaloniciens : « N'éteignez pas l'Esprit » (ch. v).

L'esprit, c'est la vie qui circule dans le corps mystique du Christ et qui lui vient de l'Esprit-Saint. Jamais le pieux auteur ne descend de cette haute conception de « l'esprit » (Cf. I Corinth., iv, et I Jean., iv, 13).

Mais comme il s'adresse à des moines, sous sa plume, le mot paraît perdre parfois de son ampleur — jamais de sa profondeur — pour prendre un sens plus restreint, plus précis. C'est ainsi qu'il dira souvent : « l'esprit de la religion ». Pour lui, le religieux c'est le chrétien appelé par état à arriver « à la plénitude de l'âge du Christ » (Eph., iv, 13). Il le veut homme totalement « *spirituel* » :

« ... Dans la religion quiconque n'est pas *spirituel* et revêtu des habitudes de vertu excellemment acquises à force d'en pratiquer les actes, celui-là porte en vain le nom de Religieux... » (Traité de la perfection et décadence de la vie religieuse, p. 974).

« Pensez-vous qu'il exige moins de vous que de tous ceux-là ? (1) Une telle bonté et un amour si infini ne requièrent-ils pas un amour réciproque? Et puisque vous êtes tirés en évidence à vous-mêmes, du sein idéal et essentiel de sa divinité, à son image, et à sa ressemblance, pourquoi ne vous appliqueriez-vous pas à cette si haute, si nécessaire, si importante et si divine exercitation d'esprit ? Serait-il bien possible que les Enfants amoureusement et miséricordieusement adoptés de Dieu demeurassent fainéants et oisifs à l'exercitation continuelle de son pur amour? Puisque Sa Majesté est sortie par les effets de sa fécondité à la production de tant de Créatures contenues en ce monde visible pour votre service et que, non content de cela, Il s'est donné à vous, vêtu de votre humanité, pourquoi ne sortiriez-vous pas par une réaction d'amour continuel, exercé en son endroit, afin d'être élevés de la terre et de vous-mêmes au-dessus de vous, et d'être entièrement perdus par votre plongement vigoureux et amoureux en la mer immense de son infinie divinité? Là tous les esprits créés, se surpassant eux-mêmes, se sont consommés en amour comme dedans un très vif brasier qui les rend jouissant de l'infini amour et des infinies délices de Dieu même, le voyant être ce

---

(1) Dans le paragraphe précédent, il avait parlé de deux sortes de prédestination : « l'une commune et générale pour tous les élus, l'autre particulière... les élus de cette seconde manière se trouvent le plus souvent dans les religions bien réglées, où, par abondance de moyens efficaces, Dieu, amoureux prédestinateur, a fait voir à son Église la plus grande partie de ses Saints pour le lustre de leur propre religion et pour la décoration de l'Église militante. »

qu'il est, digne de son seul amour, pour être pleinement bien heureux par soi-même. Je crois pour moi que vous serez plus durs en votre condition que le marbre et l'acier, si tous ces motifs n'ont le pouvoir de vous exciter à cet exercice d'amour divin, de Dieu en vous, et de vous en Dieu... Si vous n'agissez ainsi, si vous vous reposez au dehors dans les exercices extérieurs, et si vous ne vous tenez au plus profond de l'esprit par un amour continuel ardent et rigoureux, vous ramperez toujours parmi les objets sensibles, tout attachés au sens, aux figures et aux images : ce qui vous empêchera la vue et les sentiments des divers avènements de Jésus-Christ votre très cher époux. Vous n'aurez au plus qu'un amour et des sentiments sensibles auxquels vous arrêtant comme à chose grande, vous y établirez secrètement et indirectement votre repos. Et vous craindrez beaucoup de vous en départir et de passer plus avant à l'exercitation vigoureuse de l'esprit, lequel néanmoins étant fidèlement pratiqué vous mettrait dans une parfaite union avec Dieu. Cette expérience vous rendrait déjà en quelque manière bienheureux. S'exercer ainsi en Religion c'est être vraiment et parfaitement religieux, tant pour la Religion que pour soi-même. Vérité qui ne sera jamais accomplie autrement. »

C'est vers ce but que le Vénérable oriente la mortification de nos sens et de nos puissances :

« ..... C'est pour cela (il venait de parler des « infusions et dons admirables de Dieu ») que nous devons vivement allumer notre appétit et notre désir de lui : *réglant et ordonnant toutes nos passions,* en sorte qu'elles concourent toutes au même but, les unes pour aimer et se réjouir, les autres pour haïr, fuir et s'attrister saintement, et ainsi des autres. Enfin, *il faut que tout le vieil homme meure,* afin que Dieu vive et règne selon le total de l'homme, *pleinement et entièrement réformé en toute sainteté et justice, tant au dedans qu'en dehors....* » Et il termine par cette conclusion catégorique : « *Celui qui n'est pas spirituel en Religion ne vaut rien* (1). Ce que je ne prétends pas dire par

(1) Souligné dans l'édition des Œuvres complètes. Déjà on se rend compte de ce que Jean de Saint-Samson met dans le mot « spirituel ». Certes, il entend par là le Religieux qui pratique fidèlement la mortification des passions ; mais ce renoncement ne vaut que pour autant qu'on le subordonne à l'acquisition du recueillement habituel qui dispose le Religieux fidèle à recevoir la contemplation infuse.

superbe ni par insultation, mais pour le désir extrême que j'a¡
d'inculquer cette importante vérité. »

Mais Jean de Saint-Samson n'est pas seulement un saint
tout court, un saint religieux; c'est un Carme, un saint
du Carmel. Dans les desseins de la Providence, il doit être
l'ouvrier principal de la réforme de Touraine — nous avons
vu comment dans la notice que nous avons donnée du
Vénérable —. Sa mission est de ramener ses frères à l'esprit de leur vocation; aussi dans ses écrits retrouverons-
nous constamment des expressions comme celles-ci : « l'esprit de notre religion », « animé de notre vrai esprit »,
« le pur esprit de religion », « notre véritable esprit »,
« l'esprit de notre profession », « le vrai esprit de religion » (1).

Voilà le chef-d'œuvre que nous a laissé le grand artiste
que fut le saint aveugle. L'esprit est quelque chose de si
caché, de si mystérieux, qu'il échappe au regard du vulgaire; c'est faire œuvre d'artiste que de le découvrir, de
le produire au grand jour, de le concrétiser dans ses paroles et ses actes. Jean de Saint-Samson a fait cela pour
l'Ordre du Carmel, alors déchu de sa ferveur primitive. Il
a retrouvé le sens de sa beauté, de sa beauté tout intérieure. « Je suis noire, mais je suis belle (2). » Oui, religion belle et aimable sous ses austères observances.

(1) Il est curieux de constater que le saint auteur, qui parle si
souvent de l'esprit, ne nous donne nulle part la définition de l'esprit
d'un Ordre. Je l'ai d'ailleurs cherchée en vain bien longtemps dans
d'autres auteurs qui semblaient qualifiés pour nous la donner. Enfin
je l'ai trouvée dans la préface d'un petit livre du P. Costa Rosetti,
S. J. : « De Spiritu Societatis Jesu » (Friburgi Brigoviæ, Herder,
1888), et je l'ai retenue avec bonheur. La voici : « L'esprit d'un Ordre
religieux est une façon caractéristique et permanente de voir, de
vouloir et de sentir. » La définition est excellente, tous les mots
sont à peser. Façon *caractéristique* : ce n'est pas un monopole — on
l'oublie trop souvent — ; *permanente* : un esprit, c'est quelque chose
qui ne peut pas changer ; la matière évolue, mais l'esprit demeure.
Façon de *voir* : c'est la pensée directrice pour l'Intelligence, l'idée
centrale. Façon de *vouloir* : ce sont les nuances de l'amour. Façon
de *sentir* : c'est-à-dire de jouir et de souffrir.
(2) Cant. cant., vii, 5.

Mais pourquoi parler d'esprit de religion, d'esprit du Carmel? L'esprit du Christ n'est-il pas un? N'a-t-on pas tout dit quand on a dit qu'il fallait être spirituel? Saint Paul a répondu à l'objection : « De même que nous avons plusieurs membres dans un seul corps et que tous les membres n'ont pas la même fonction, ainsi, nous qui sommes plusieurs, nous ne faisons qu'un seul corps dans le Christ, et chacun en particulier nous sommes membres les uns des autres; et nous avons des dons différents selon la grâce qui nous a été donnée, soit de prophétie, selon la mesure de notre foi, soit de ministère pour nous contenir dans le ministère; celui-ci a reçu le don d'enseigner : qu'il enseigne; celui-là le don d'exhorter : qu'il exhorte; un autre distribue : qu'il s'en acquitte avec simplicité; un autre préside : qu'il le fasse avec zèle; un autre exerce les œuvres de miséricorde : qu'il s'y livre avec joie (Rom. xii, 4-8).

De même que la vérité est une et a cependant pour nous différents aspects, que l'amour est un et a cependant mille manifestations diverses; de même, l'esprit du Christ dans l'Église est multiforme. Chaque famille religieuse a, avec sa mission spéciale, son esprit propre, car toute société a le sien. Un Ordre religieux qui aurait perdu son esprit ne serait plus qu'un cadavre, il n'aurait plus sa raison d'être dans l'Église, il n'aurait plus qu'à disparaître. Ah! que nous devrions être jaloux de notre esprit, et respectueux de l'esprit des autres Ordres! C'est par cet esprit que nous nous devons estime et amour mutuels, c'est par lui que nous contribuons tous à la sainteté et à la fécondité de l'Église, notre mère. Si chaque Ordre prenait bien conscience de son esprit propre, s'il remplissait parfaitement la mission qui lui a été confiée et n'empiétait point sur le champ d'action des autres; « si l'œil ne disait pas à la main : Je n'ai pas besoin de ton aide; et si la tête ne

disait pas aux pieds : Vous ne m'êtes pas nécessaire (1) »,
on n'aurait plus à déplorer ces antipathies, ces heurts, ces
mesquines rivalités qui ruinent le royaume de Dieu et sont
le scandale des fidèles. Ah! si nous savions nous *comprendre*, avec quelle tendresse nous nous aimerions, nous tous
religieux, et comme nous nous soutiendrions mutuellement!

Mais voilà une longue digression. Le saint aveugle s'était contenté de dire :

« Or, bien que toutes les Religions aient également Dieu
pour but et pour final objet, néanmoins parce que ce sont
divers corps animés de divers esprits et de diverses Règles, statuts et coutumes, les moyens qu'elles tiennent à se maintenir
chacune à part soi sont aussi divers. »

Il n'insiste pas, car son dessein n'est pas d'étudier l'esprit de tous les Ordres, mais « de montrer et manifester la
beauté et l'excellence de notre corps particulier (le Carmel)
animé de notre vrai esprit ». Nous y arriverons bientôt,
mais auparavant qu'il nous soit permis d'appuyer davantage sur l'importance de l'esprit dans un Ordre religieux.
Nous venons d'en dire un mot quant au bien général ; il
nous reste à l'envisager par rapport à l'Ordre lui-même,
et à chacun de ses membres. Nous serrerons ici de très
près Jean de Saint-Samson. Voici comment débute son
traité *De la Perfection et décadence de la vie religieuse* :

« On voit assez par les écrits des saints Pères quelle a été l'origine de la Religion monastique, ce qu'elle est en elle-même ;
et ce qu'elle a été en son berceau, en son accroissement et progrès, et en son succès.

« A présent, il faut que nous la considérions en son altération ou diminution, telle qu'on la voit depuis un long temps
en plusieurs monastères, non encore assez réglés.

(1) Cf. le magnifique chapitre XII de la Iʳᵉ ép. aux Corinthiens.

« Je dis d'abord qu'au temps de ses premiers patriarches et instituteurs, elle était un corps fortement et excellemment *animé d'esprit, ou plutôt elle était tout esprit, et esprit fervent* à roidement courir au but de la perfection.

« Les histoires et les exemples que nous en avons en font foi, au grand étonnement et à la confusion de plusieurs.

« Je voudrais que l'on ne raisonnât point tant que l'on fait sur la différence des temps et des forces des personnes religieuses qui vivaient alors, et de celles de ce siècle. Car l'excellence de la Religion consiste plus dans l'action de l'âme, que dans les forces du corps : c'est le défaut de vertu, et non de force corporelle, qui fait qu'on ne veut plus tenir l'étroit ; et si on voulait en prendre les moyens, on en trouverait facilement la route.

« Mais la raison de la relâche que l'on voit dans les religieux mal réglés, est que tous les nerfs du corps, par manière de dire, sont détendus, et lâchés *par désordre d'esprit* : de sorte qu'il n'y a plus là-dedans ni corps ni esprit, à cause de la démangeaison universelle que chacun a de faire tout autre chose, et tout autrement qu'il ne doit. »

Pouvait-on dire plus nettement, plus énergiquement, que c'est dans l'affaiblissement de « l'esprit » d'un Ordre qu'il faut chercher la raison de sa décadence ? La chose est de si grande importance qu'il nous faut considérer dans le détail les raisons pour lesquelles la vie d'un Ordre est tout entière dans son esprit.

1° C'est l'esprit qui vivifie les observances matérielles.

Dans le traité des *Actibus humanis* qu'on étudie en théologie morale, il y a cet axiome sur lequel le professeur devrait beaucoup insister : « *Actus externus, per se, non addit moralitatem actui interno* : L'extérieur n'ajoute rien à la moralité de l'acte intérieur. » C'est par l'intérieur, et non par l'extérieur, qu'il faut juger de la valeur d'une action. Les auteurs spirituels expriment la même vérité quand ils disent que c'est la pureté d'intention, l'amour avec lequel l'action est faite, qui fait le mérite de cette action. Sans cet esprit intérieur, on ne pourra éviter ni le formalisme, ni le formulisme, défauts qui conduisent à l'hypocrisie, au pharisaïsme, défauts contre lesquels Notre-Seigneur s'est élevé avec tant de force pendant sa vie publique. Le pharisaïsme est non seulement la perte de l'esprit intérieur, mais infailliblement il amène la ruine des observances extérieures ; car le religieux, ne comprenant plus le pourquoi, ne voyant plus la beauté de la loi, ne peut plus l'aimer, elle lui devient un joug pesant sous lequel il se décourage et qu'il finit par rejeter avec mépris. « La lettre tue, et l'esprit vivifie » (II Corinth., iii, 6). Nul n'a mieux compris que notre Vénérable la profondeur de cette parole de l'Apôtre. Nous le constaterons dans les instructions qu'il a données aux supérieurs et aux maîtres des novices — ceci fera l'objet du chapitre suivant —, il s'élève avec force contre ce qu'il appelle « l'esprit de police » qui est la ruine de la charité dans les communautés. Nous nous contenterons ici de citer deux passages du traité *De la perfection et décadence des Ordres religieux*. Le premier est tiré du paragraphe intitulé « *Contre ceux qui ne mettent la perfection religieuse que dans l'extérieur* » :

« Ce qui ravit encore cette sorte de religieux, entre autres les plus âgés, ce sont les cérémonies et formalités extérieures ; ils ne jugent que par cela, et mettent là-dedans toute la Religion et la perfection : ne sachant pas qu'encore que cela se doive observer sans aucun défaut, la Religion néanmoins reçoit bien une autre perfection de l'esprit de charité et de vertu, que de ces formalités si exactes, lors spécialement qu'on est très éloigné de les mépriser. Je ne dis ceci que pour faire éviter cette extrémité, et pour faire voir que *là où ces formalités et cérémonies sont toutes seules, là est un corps de Religion sans esprit*. Ces personnes s'entredisputeront assez là-dessus ; assez de zèle et de zélateurs sur les observances extérieures : mais de l'Esprit de Dieu qui devrait animer tout cela, hélas! personne n'en parle, on n'en a aucun sentiment. A la vérité, leur zèle ne serait pas mauvais, s'il n'était point excessif. indiscret et sans science. C'est pourquoi je dis que si quelqu'un se doit zéler sur ces formalités, ce doivent être les supérieurs, pour cause juste et raisonnable : cela les touche expressément, afin que rien ne se change et ne s'altère mal à propos; et qu'on ne transgresse aucun point des cérémonies, des statuts, ni des Règles. Bref, c'est assez de dire qu'il faut maintenir tout cela en bon ordre, sans qu'aucun particulier en fasse sa fin principale. Les faibles esprits prendront sujet d'insulter contre ce que je dis, et le tireront à l'extrémité selon leur ordinaire; mais ce n'est pas à eux d'en juger, c'est à des esprits plus purs et plus équitables de le faire..... »

J'emprunte les lignes suivantes au paragraphe qui porte ce titre « *Déchet de l'obéissance religieuse* » :

« Continuant la comparaison des premiers religieux avec certains de ce siècle, je dis, pour montrer que ceux-ci sont *sans vrai esprit de Religion*, qu'il y en a peu qui ne soient propriétaires d'eux-mêmes, à quoi les supérieurs ne sauraient remédier, de peur de plutôt augmenter les plaies que de les guérir. Car ce qu'ils ordonnent se fait avec tant de réserve et d'imperfection, que là-dedans il n'y a de bon que l'œuvre en elle-même, faite d'ailleurs avec un esprit indompté, altier, superbe, qui n'a pour objet que sa propre réputation et son honneur. *Cet esprit, qui n'est que de police*, est la source de tous les maux qui battent incessamment la Religion en ruine. Car si tant de différentes têtes tirent chacun de leur côté, que fera un pauvre supérieur, et quelle conduite en pourra-t-on attendre au milieu de tout cela? Enfin *la discipline extérieure sans esprit de charité, n'est qu'un manteau qui couvre de mauvais esprits, et peut-être une infinité de péchés.....*

« Les premiers religieux n'avaient rien d'eux-mêmes à eux : ils étaient la simplicité même : ils n'avaient autre désir que de Dieu et des choses célestes : leur exercice était de faire pénitence, de pleurer leurs péchés, de vivre et de converser simplement et utilement par ensemble, par des conférences toutes spirituelles et saintes. Bref, *la Religion alors était tout esprit*; et maintenant dans les lieux que je suppose *elle n'est que corps, animé d'esprit de police*, où les religieux ont la meilleure part de leurs appétits et de leurs œuvres à eux, ce qui fait qu'ils bornent de fort près ce qu'ils doivent à Dieu et à leurs supérieurs, ainsi qu'on peut voir quand on les tire à sens contraire d'eux-mêmes. »

2° *C'est l'esprit qui donne le sens de la loi et l'interprète*

Celui-là peut seul interpréter justement la loi qui en saisit le sens — c'est-à-dire la nature intime, la raison d'être intrinsèque et extrinsèque — en un mot, qui en a l'esprit. Dès lors, il voit la valeur *relative* des observances ainsi que le mode, la façon dont elles doivent être appliquées et exécutées; sans négliger les petites choses, il sait les subordonner aux grandes, il comprend qu'elles sont là pour soutenir celles-ci. Il ne prendra pas l'accessoire pour le principal, le moyen pour la fin. Il sait mettre tout à sa place, et ainsi, tout est sauvegardé; c'est l'harmonie, la paix, la tranquillité de l'ordre.

Ceci a une très grande importance pour les Ordres mixtes, voués à la contemplation et à l'apostolat. Il n'y a que les religieux possédant éminemment l'esprit de leur Ordre qui sauront faire l'harmonie dans leur vie, qui trouveront le moyen de subordonner l'action à la contemplation, sans manquer à la charité qu'ils doivent au prochain, et de se donner aux autres sans sortir de leur recueillement et perdre pour leur propre sanctification (1).

---

(1) Cf. *Le Carmel par un carme déchaussé.* Aux pages 5, 6, 7, 8, la subordination est très justement établie. Il y est dit : « Ce nom de mixtes leur est donné parce qu'on y subordonne l'action à la contemplation, de telle sorte que, suivant la puissante formule de saint Thomas, l'action, comme celle du Sauveur et des apôtres, dérive « ex plenitudine contemplationis ».

Remarquons que l'esprit montrera non seulement la part respective qu'il faut faire à la contemplation et à l'action, mais encore la

Le Vénérable Frère lance contre les abus amenés par un
zèle mal réglé, qui a fait abandonner l'oraison et la solitude, des apostrophes brûlantes. Nous avons extrait les
pages qui vont suivre du traité « De la perfection et décadence de la vie religieuse » :

« ... On ne se jette dans ce grand péril (de damnation éternelle) qu'en préférant l'accessoire au principal Esprit de Religion. C'est de cette affection au dehors, sous prétexte d'assistance du prochain, que provient tout le mal.....

« Hélas ! quelle pitié d'ignorer le vrai bien et vouloir sauver
tout le monde à sa propre ruine ! Tous sont entrés en Religion
pour se sauver, et, peu de temps après, la démangeaison les a
pris d'exceller dans l'éclat des sciences. Ils veulent, disent-ils,
procurer le salut du prochain, mais c'est en négligeant le leur
propre ; et ils verront un jour quel bien leur arrivera pour
n'avoir employé les dons de Dieu que pour satisfaire à leurs
appétits sous ce prétexte de charité. Car que leur reste-t-il de
l'esprit de leurs premiers Instituteurs et patriarches ? Certes,
quoiqu'ils soient leurs enfants, il ne leur en reste ni traces
ni vestige : d'autant *que l'accessoire leur a tellement ravi cet
esprit*, que même ils ne veulent pas souffrir qu'on le renouvelle en aucun de leurs frères : quoique Dieu ne laisse pas de
le conserver secrètement en quelques-uns. Mais les hommes
y sont si fort opposés, que ces bonnes âmes sont obligées de
demeurer inconnues, faisant mine à l'extérieur de vivre
comme les autres, afin d'avoir la paix, et de se maintenir en
cachette et à la dérobée dans l'Esprit de Dieu. Ainsi le sanc-
tuaire de Dieu est un lieu de désolation, où on peut dire de
ceux mêmes qui paraissent les meilleurs, ce que dit le Psal-
miste : *Tous se sont détournés du vrai bien, et se sont rendus
inutiles ; il ne se trouve personne qui s'adonne au bien et à la
vertu.*

« Que sert-il d'avoir des Règles excellentes, et mépriser ce
qu'elles ordonnent de plus excellent, qui est l'amoureuse soli-

---

forme que doit revêtir celle-ci. C'est ainsi que pour le Frère Prêcheur
la devise d'apostolat sera : « *Contemplata* aliis tradere » ; pour le
Carme elle sera : « *Contemplationem* aliis tradere ». Le Dominicain
diffusera la Vérité, le Carme l'amour.

tude et retraite tant d'esprit que de corps : et être continuellement occupé en la présence de Dieu par de saintes pensées, et méditations de sa divine Loi, accompagnées de netteté et pureté de cœur ? Mais c'est ce qu'ils abhorrent le plus : et cependant ils se glorifient de l'excellence de leur Ordre, sans vouloir pratiquer les règles que leurs Pères leur ont laissées. En quoi ils sont semblables au commun des hommes qui aiment et chérissent la sainteté en autrui, et quant à soi, la fuient et la détruisent tant qu'ils peuvent.....

« ... En effet, quelques-uns d'entre eux semblent tout dévorer par appétit de science, et ce n'est qu'à leur confusion : Car quoiqu'ils doivent s'acquitter de la vocation qu'ils ont pour l'instruction et assistance du prochain, c'est toujours une chose accessoire à leur profession. De sorte que comme ce qui est en son centre est en son repos, et ce qui n'y est point, n'a point de repos, de même, leur repos doit être au dedans et non au dehors : mais c'est de quoi ils n'ont guère de ressentiment ni de connaissance savoureuse, encore même qu'ils aient certaines heures destinées à la méditation. Car il croient satisfaire suffisamment à cette obligation en donnant à cela le moins de temps qu'ils peuvent et passant le reste du temps dans la désordonnée avidité qu'ils ont de paraître, sans se soucier du vrai ordre, et de leur vrai bien.

Contre les prédicateurs qui abusent de leur emploi

« Que dirai-je de certains prédicateurs, qui ne se plaisent qu'à illuminer, et quasi jamais à enflammer leurs auditeurs, croyant que ce serait un temps perdu, et qu'il est bien mieux employé à décider en chaire des questions épineuses et curieuses, dont ils entreprennent plus, assez souvent, qu'ils n'en peuvent éclaircir ni résoudre ? Tous ces gens-là ne voient pas (faute d'expérience savoureuse) que sur tous semblables sujets ils ruinent la foi des petits, et que la science dont leurs auditeurs ont besoin leur doit plutôt être versée simplement et par flux de savoureuse Sapience, que par voie de doctrine purement spéculée. »

3° *L'esprit préside à l'évolution et à la législation de l'Ordre*

Toute société humaine évolue nécessairement, car les

circonstances au milieu desquelles ces sociétés vivent changent sans cesse. L'Église elle-même évolue, non dans son dogme, mais dans sa discipline. Les Ordres religieux doivent donc évoluer comme toutes les autres sociétés, ils évolueront sans déchoir s'ils le font conformément à leur esprit. Celui-ci ne peut pas changer ; c'est, avons-nous dit, un caractère *permanent*. Dans ce mouvement perpétuel des temps, il est là comme un critère qui permet d'apprécier à leur juste valeur les nouvelles coutumes qui, sous la poussée des hommes et des circonstances, tendent à s'introduire. L'innovation est-elle en harmonie avec l'essence et la fin de l'Ordre, qu'on l'admette sans scrupule ; fait-elle dissonance, qu'on l'écarte sans égard d'aucune autre considération. Quand les Supérieurs sont appelés à légiférer, ils ne peuvent le faire licitement qu'en s'inspirant de l'esprit primitif, qu'en ajoutant ou supprimant dans le sens de l'esprit. C'est ainsi que le Vénérable Frère pouvait écrire :

« ... Pour parler un peu ici de nos congrégations (1) dont l'institution est sainte, elles sont un moyen excellent pour promouvoir hautement *le bien spirituel* de notre observance. Cependant on n'en voit quasi point de fruit ; on n'y traite que de matières grossières et de pure police. J'en sais bien les causes : c'est que vous vous craignez les uns les autres, et pour cela vos esprits s'entrefuient. Ce que néanmoins je veux attribuer à l'humble respect que vous avez les uns pour les autres. — Mais s'il en est ainsi, le bien qui regarde *le pur esprit* de la Religion ne s'avancera jamais, vu l'anéantissement presque total de l'oraison et de la sapience divine en nous, le peu d'état que nous en faisons quoique ce soit notre principal, en comparaison de l'accessoire qui est la science des Écoles. A la vérité cette sorte de science nous est nécessaire et nous importe beaucoup pour nous acquitter de ce à quoi nous sommes tirés et appelés au dehors. Mais le lustre qu'elle nous donne n'est

(1) Réunions des Supérieurs, chapitres, définitoires, discrétoires, etc.

qu'extérieur, et celui de la sapience divine est au-dedans. —
Il serait bon, sauf tout meilleur jugement, que dans nos assem-
blées on choisît deux ou trois personnes au plus, pour chercher et découvrir les moyens de pratiquer *notre véritable esprit*.
Ce ne serait pas l'œuvre d'un jour ; mais si nous ne prenons
cette voie, notre conduite ne sera jamais assurée ni stable. Elle
sera sans ordre, tirée par pièces et par lambeaux ; d'où s'ensui-
vront plusieurs maux et inconvénients. Pour ce sujet il faut
que vous soyez unis en vraie et parfaite intelligence, comme
n'ayant tous et n'étant qu'un seul esprit, pour agrandir par
votre fidélité active la gloire de Dieu dedans le lustre parfait
de vos communautés. »

*
* *

Il est temps d'arriver au point central de l'œuvre du
V. Frère Jean de Saint-Samson : *Quel est l'esprit du Carmel?* autrement dit : Qu'exiger du Carme pour qu'il mérite
le nom de *spirituel*?

La question cependant se pose peut-être un peu trop tôt
encore. Lorsque nous aurons vu dans le prochain article ce
que le Vénérable exige des supérieurs et maîtres des novices, la réponse s'imposera d'elle-même. Toutefois, il convient d'avoir dès maintenant une idée d'ensemble de l'enseignement de l'humble réformateur et de savoir où il
prétend conduire ses disciples.

Ouvrons donc son traité *Le vrai esprit du Carmel*, qui
forme avec *Le Cabinet mystique* et les *Contemplations* l'œuvre maîtresse du saint aveugle : il y a exprimé ses propres
expériences intérieures et mystiques, aussi bien que con-
ventuelles et régulières. L'ouvrage comprend 133 pages
in-folio, à deux colonnes, et est divisé en 23 chapitres de
longueur et de valeur inégales. Le premier, « *où par
manière de préface est montrée l'importance et la nécessité
que tout religieux a d'être spirituel* », débute ainsi :

« L'antiquité nous fait voir et nous apprend assez ce que nous

avons été dans le commencement de notre Ordre, qui sont nos ancêtres et où nous sommes nés (1). J'en ai amplement traité sur les principaux points de notre Règle où je fais voir assez vivement notre ancienne splendeur et notre décadence. Mais, d'autant que notre Règle (primitive) est excessivement essentielle et concise, *et plus au-dedans de l'esprit qu'au dehors dans l'expression*, il faut voir avec plus d'étendue la nécessité que nous avons d'être spirituels... »

Et aussitôt, comme s'il lui tardait de nous fixer, il nous dit clairement ce qu'il entend par « spirituel » :

« C'est a) *vivre dans un état de grande pureté* » et b) *que nous fassions ce qu'elle (la Règle) nous ordonne qui est de recouler en Dieu de toutes nos forces...* » (2).

Pour qu'on ne s'y méprenne pas, entendant l'expression « *recouler en Dieu de toutes ses forces* » dans le sens d'une espèce de contemplation acquise, l'auteur, après avoir insisté une nouvelle fois : « Je ne puis assez inculquer la nécessité de s'attacher à un bon esprit », dit formellement : « *C'est ici la Sagesse de l'Esprit mystique* ». — En quelques traits il esquisse la silhouette très douce de ceux qui « se sont résolus à suivre la grâce à perte d'haleine et de poursuivre le dessein de leur vocation tout le reste de leur vie » :

« *Ils se sont résolus, non seulement de quitter les choses du*

____

(1) Allusion manifeste à l'*Institution des premiers moines* de Jean de Jérusalem, dont il est question dans la *Tradition mystique du Carmel.* — Cfr. *Vie Spirituelle;* janv. et mars 1924.

(2) Cfr. *L'Institution,* ch. II : « Cette vie du Carmel a une double fin : nous acquérons la première par notre travail et notre effort vertueux, la grâce divine aidant. Elle consiste à offrir à Dieu un cœur saint, exempt de toute tache actuelle du péché. L'autre fin nous est communiquée par un pur don de Dieu : j'entends, non seulement après la mort, mais déjà en cette vie, goûter en quelque sorte dans son cœur et expérimenter dans son esprit la force de la divine présence et la douceur de la gloire d'en-haut. » Ces deux fins sont subordonnées et inséparablement unies.

dehors, mais encore eux-mêmes, dont ils ont fait un holocauste
éternel à Dieu, et ont juré une guerre irréconciliable à leur nature
corrompue. Aussi bien, ils ont été de plus en plus prévenus, tou-
chés et remplis des divines infusions lesquelles ils ont très humble-
ment reçues en Dieu et pour Dieu ; je dis pour sa gloire et pour leur
bien... Nous savons combien douces et exubérantes sont leurs divi-
nes éructations d'amour par entre eux : le goût et l'impression en
sont du tout ineffables. Car les divines infusions font en leur âme
une fleur d'amour éternel d'où le temps et ses délices sont aussi
éloignés que ce qui n'a jamais été. « O Dieu d'amour, disent-ils,
qu'il fait bon vous aimer, qu'il fait bon demeurer avec vous ; que
celui qui a votre jouissance est heureux ! son âme est incessam-
ment élevée et convertie, elle demeure fixement arrêtée en son
repos que vous êtes, tant en admiration de vos infinis bienfaits
qu'à cause que vous êtes Dieu, pour vous-même et en vous-même.
En suite de quoi ils voient tout manifestement avec tous ceux qui
sont de pareil vol, de pareille puissance et de même état, que
jamais aucun ne pourra être vrai religieux ni vrai Carme, selon
le désir de Dieu, s'il n'est entièrement et pleinement spirituel. »

Ce chapitre préliminaire finit ainsi :

« Telle doit être, mes frères, votre vie et votre mort, comme
effets de vos amoureux et éternels holocaustes, incessamment
rendus à Dieu de tout votre pouvoir. Si mon esprit vous est
favorable et savoureux, Dieu soit béni ! Il vous servira pour la
même fin que je vous l'ai digéré et communiqué tant ici que
sur la Règle et ailleurs. Lorsque cela sera (je serai pourri dans
la terre, voire peut-être dès longtemps), souvenez-vous, au nom
de Dieu, de prier sa divine Majesté qu'il lui plaise mettre mon
âme en son éternel repos. Si j'eusse reçu de Dieu quelque chose
de meilleur, vous l'eussiez eu. Je le prie de tout mon cœur
qu'Il vous veuille abondamment remplir de soi-même, pour
commencer, pour poursuivre et pour finir très heureusement
cet exercice d'amour. »

Dans les deux chapitres qui suivent (1), l'auteur, à tra-

(1) Voici les titres : ch. II : « Ce que c'est que la Religion et être
Religieux » ; chap. III : « Ce que c'est qu'être vrai et parfait religieux. »

vers des digressions assez nombreuses, développe des idées générales sur l'état religieux et l'obligation des religieux de tendre à la perfection. La définition qui ouvre le chapitre III mérite d'être signalée :

« La religion est une congrégation ou assemblée de plusieurs qui font un corps, combattant sous un supérieur légitime et vivant tous *en unité d'esprit et de volonté*, en conformité de mœurs et d'action et en l'observance d'une Règle expliquée par statuts qui doivent être inviolablement gardés jusqu'à la mort (1). »

Il est fait ensuite allusion à la diversité des Ordres religieux ; mais il n'insiste pas. car son dessein n'est pas, avons-nous déjà dit, d'étudier l'esprit de tous les Ordres, mais de « montrer et manifester la beauté et l'excellence de notre corps particulier (le Carmel) *animé de notre vrai esprit* ». Sans attendre davantage, il nous fait entrevoir quel est cet esprit du Carmel : Il consiste à « *marcher en la présence de Dieu, en bon ordre et en bonne composition au dehors, et en vraie tranquillité d'esprit et de cœur au dedans...* » Oh! la belle définition! Elle implique notre principal et, pour ainsi dire, notre unique devoir : nous tenir en humble adoration devant notre Cause Première dans une disposition de paix et de confiance — disons le mot — , de *passivité* qui permet à cette chère Cause Première d'agir sur nous en toute efficacité. A quoi l'auteur fait lui-même cette objection : « On me dira que d'exiger qu'on soit toujours élevé d'esprit en Dieu... c'est requérir trop de perfection de tous indifféremment. puisque cela n'est le propre que des parfaits ». Il répond qu'on ne doit pas

---

(1) L'accent semble bien mis sur « combattant sous un supérieur légitime *et vivant tous en unité d'esprit et de volonté* ». Billuart dit de même : « Observantiae non sunt id quod praecipue commendatur in Religione, sed finis. »

vouloir être d'emblée parfait, mais qu'on doit cependant arriver par degrés à l'esprit intérieur des parfaits, que, quelle que soit sa faiblesse, on doit y tendre de toutes ses forces, de toute son espérance, de tout son amour, et il conclut :

« De tout ce que je viens de dire, le Religieux pourra voir comme en raccourci l'excellence de son esprit, en toute la Religion et en soi-même, tant pour l'édification des Religieux que pour la sienne propre. Il verra l'importance de ce à quoi il s'est librement et volontairement obligé, et cela pour Dieu qui est notre cause finale et notre souverain objet. Enfin il verra comme quoi nous sommes éternellement élus et choisis, pour être admis, même dès cette vie, *au nombre de ses plus secrets, plus fidèles et plus intimes amis* (1). Voyez donc ce que Dieu désire de vous et ce que vous lui devez, et ne négligez pas de vous acquitter de votre obligation. Si vous en étiez venus là à vive force d'amoureuse et continuelle exercitation d'esprit, que de vouloir actuellement et parfaitement que Dieu soit ce qu'il est en lui et en vous-mêmes, vous concevriez très fidèlement cette pratique. L'amour n'animerait pas moins votre esprit et toutes les puissances de votre âme que votre âme anime votre corps pour lui donner la vie. Il ne se faut pas contenter de vivre moralement, il faut s'exercer saintement et divinement en ce lieu de votre bannissement et de votre pérégrination, vous attachant amoureusement à Dieu, le mieux et le plus souvent que vous pourrez, voire parmi les affaires les plus distractives. Il faut que vous croyiez comme article de foi que vous n'avez rien tant à faire que cela, rien de si principal, rien de plus important. Et encore que l'on dise et que cela soit vrai, que l'obéissance vaut mieux que les sacrifices, n'est-ce qu'il faut que nous sortions au dehors pour obéir, sans quitter le dedans de l'esprit par notre simple intention et attention qui nous tiennent aucunement suspendus et attachés quant au simple désir, à Dieu notre suprême et final objet, pour lui adhérer tout ce temps-là simplement et nuement. C'est pourquoi il se faut bien donner de garde de sortir animalement aux obédiences qui nous sont de commandement, sous pré-

(1) Allusion manifeste à la doctrine de Ruysbroeck.

texte d'obéir promptement et facilement. Il ne faut jamais que nous sortions d'affection intérieure qui nous épande et nous tire totalement de nous-mêmes au dehors à l'action. .   .   .

« Pour mon regard, sans m'arrêter à la circonférence et aux particularités de ceci, *mon but est de montrer l'excellente beauté de la divine Sapience en elle-même, laquelle désire faire infiniment plus qu'elle ne fait dans les hommes, à cause des empêchements et de leur résistance actuelle.* Mais en tous ceux qui la révèrent comme il faut, elle est glorieuse : elle désire remplir de tous ses biens, de sa gloire et de ses dons, jusqu'à regorger, tous ses excellents élus et les récompenser de sa pleine jouissance. Tant moins ils y réfléchissent, tant plus et tant mieux cela sera de sa part : car chacun d'eux tels que nous les supposons, n'a aucun égard qu'à lui consacrer mille vies, en toute manière. Plusieurs d'entre eux sont même tous autres et autrement véritables à leur amour et à ses pratiques, qu'ils ne pensent. Car leur état et leurs opérations sont plutôt hors d'eux qu'en eux-mêmes : à raison de quoi ils vivent purement abstraits de tout le sensible et deviennent, par succession de temps, purs esprits, auxquels leurs corps sont assujettis. »

Il s'agit là évidemment d'état mystique. Alors j'entends certains me dire : « Pour avoir l'esprit du Carmel, il faut donc être un grand contemplatif. Je ne saurais être un vrai Carme, une vraie Carmélite, sans contemplation infuse ? » — Écoutez encore le Vénérable Frère :

« Ceux qui ne sauraient vivre si parfaitement, pourront tendre à ceci le mieux qu'il leur sera possible, se renonçant et résignant à être privés de ce qu'ils ne peuvent avoir. Cette profonde vertu n'est pas donnée de Dieu à tous, mais à qui il lui plaît. *Celui-là est assez saint en quelque façon qui tend à ceci de toutes ses forces,* tant d'esprit que de corps, et qui vit au plus près de ceci qu'il lui est possible, sans penser ni à saint ni à sainteté, quant à soi. Et quoiqu'il ne pénètre pas si avant en cette région si éloignée, qu'il fasse son mieux. Marchant toujours par ce chemin, sans s'arrêter, il parviendra au lieu que Dieu lui a déterminé de toute éternité. »

Avez-vous bien entendu, avez-vous bien compris ? *Si*

vous tendez de toutes vos forces à la contemplation infuse (1), si, malgré la vue, l'expérience de votre misère, de votre faiblesse, vous espérez — sans présomption, c'est-à-dire en vous y disposant comme nos saints réformateurs nous l'ont enseigné —, si vous espérez, dis-je, qu'elle vous sera un jour accordée par pure miséricorde, *vous êtes dans l'esprit de votre vocation.* J'ose même dire davantage : parce que vous désirez si ardemment et si humblement la contemplation infuse, vous l'avez déjà inconsciemment, car vous n'auriez pas ce désir consumant si déjà vous n'aviez été blessé d'une flèche de la divine Sagesse. C'est le cas de répéter la parole de Pascal : « Tu ne me chercherais pas si déjà tu ne m'avais trouvé. »

Mais si votre désir est tel quel; si, par pusillanimité, par fausse humilité, par erreur doctrinale, vous croyez que la contemplation infuse n'est pas pour vous, qu'elle est une faveur extraordinaire et à laquelle c'est orgueil d'aspirer, alors... le Vénérable Frère Jean de Saint-Samson vous le dit : Non, vous n'avez pas le vrai esprit du Carmel, vous n'êtes pas de la descendance authentique d'Élie et de Thérèse.

---

(1) Est-il nécessaire de répéter ici ce qui a été déjà dit cent et cent fois à nos lecteurs ? Qu'il ne s'agit pas — quand nous parlons de Contemplation infuse — de phénomènes extraordinaires : visions et révélations, extases et ravissements avec aliénation des sens et lévitation du corps, non ; il s'agit de ce qui fait l'essence de cette contemplation : la lumière infuse et l'amour infus.

CHAPITRE II

De l'obligation pour les supérieurs d'apprendre la vie spirituelle à leurs inférieurs

Dans le chapitre précédent, nous avons établi l'obligation qu'il y a pour tout religieux d'être *spirituel*. Dans celui-ci, il sera prouvé que cette obligation est plus stricte encore pour les Supérieurs.

Pour donner dans son intégrité la doctrine du saint aveugle sur cette question capitale, nous avons glané dans ses différents traités tout ce qui concerne cette matière :

A. — TEXTES PRIS AUX « OBSERVATIONS
SUR LA RÈGLE DES CARMES »

a) Ch. IV. *Du soin des Supérieurs
à élever leurs inférieurs dans la vie de l'esprit
et dans l'étroite pratique des trois vœux.*

« Nous avons montré ci-devant la nécessité que nous avons d'un bon conducteur ; il faut ensuite montrer quelle est son obligation à faire observer la vie de l'esprit et les trois vœux solennels... Ces vœux sont les plus excellents moyens que nous ayons d'aimer et de servir Dieu, spécialement nous autres qui devons vivre solitaires d'esprit et de corps, en perpétuelle oraison, silence et total recueillement de notre esprit en Dieu, par vérité et fidèle abstraction de tout le visible, matériel et sensible, voire de tout l'intellectuel, afin d'être ainsi élevés de Dieu en pure contemplation des choses sur-célestes et divines.

« C'est pourquoi le supérieur qui reçoit notre profession doit soigneusement nous les faire pratiquer, tant au dehors

qu'au dedans de nous. Pour cet effet il nous doit tenir, autant
qu'il est en lui, en étroite solitude dans nos cellules, employant
la savoureuse fécondité de ses exhortations pour nous persuader d'y demeurer généreusement jour et nuit, méditant en la
loi du Seigneur et veillant en prières et oraisons, partie vocales,
et partie mentales. Il doit, ou par soi-même, ou par autrui,
donner les premiers éléments et commencements de cet exercice d'oraison aux jeunes novices qu'il voit désireux de combattre toute leur vie sous les enseignes de notre Ordre : leur
expliquer en temps et lieu l'ordre et les diverses voies que
Dieu tient dans les divers naturels et esprits, pour les conduire
et acheminer à Lui.

« *Telle doit être la principale et plus importante occupation,*
dont le bon ordre et le bon usage édifie tout, et dont le mépris
renverse tout : *c'est à savoir d'élever leurs religieux en l'esprit
d'oraison* par laquelle nos temples spirituels sont élevés jusqu'à
leur suprême lustre et accomplissement.....

« ... Je laisse à un chacun le choix de ces lectures (1). Il
importe peu, pourvu qu'on trouve la veine d'eau vive jaillis-
sant à la vie éternelle, et qu'on donne droit au but selon notre
unique intention. Mais c'est grande pitié si l'on commet (confie)
ignoramment et sans crainte les novices et tendres nourrissons
de notre Religion à des nourrices qui n'ont point de mam-
melles. Lamentez sur ce triste spectacle, vous tous qui le
voyez et l'entendez. Dieu vous donne des enfants que vous ne
méritez pas. Vous êtes si aveugles, ignorants et cruels, que
vous les suffoquez dans leur berceau, les mettant en leur
enfance sous la charge de directeurs totalement ignorants
des voies de Dieu, et vides des voies de son divin Esprit. Ils ne
peuvent leur donner ce qu'ils n'ont pas et ce qu'ils n'auront
jamais, de sorte que ces enfants demeurent tous vides et affa-
més, criant lamentablement à la faim, sans qu'il se trouve personne qui leur donne la pâture de l'esprit. Ce leur est chose
insupportable de savoir quelle est et où est la vraie vie, et que
personne ne se trouve assez souvent en toute une maison qui
leur y puisse donner entrée ni accès. Cela est capable de faire
pleurer des larmes de sang, de voir tenue pour rien la chose la
plus importante et la plus excellente du monde, qui est la vie
spirituelle, de laquelle seule on devrait faire cas, toutes choses

---

(1) Il avait parlé ailleurs de plusieurs bons auteurs.

mises en arrière. On croit que c'est assez et que tout est assuré quand on a donné la jeunesse à conduire à des personnes communément mortifiées et vertueuses, qui cependant n'ont non plus de l'esprit de Dieu que ceux qui sont sous leur conduite. Voilà la cause pourquoi ces personnes ne forment dedans les Jeunes autre vie, ni autre esprit que le leur.

« ... C'est une pratique qui règne en certaines religions dont l'Institut et l'esprit est plus au dehors qu'au dedans et dont ils font grande gloire. Mais nous de qui l'Institut est tout au dedans, tout esprit contenant esprit et vie, ce dommage nous doit extrêmement toucher, vu que nous en avons l'expérience, et qu'aujourd'hui, plusieurs demeurent accablés sous les ruines dont jamais ils ne se relèveront sains et vivant en esprit...

« ... Les supérieurs voyant et entendant ceci doivent trembler de frayeur s'ils négligent ou ignorent la culture des âmes qui leur sont commises, pour être divinement élevées dans la vie de l'esprit, par vrai flux d'esprit ; s'ils préfèrent l'accessoire et le bien apparent au vrai bien, qui contient la vraie vie en soi... qu'ils craignent donc profondément sur ce sujet si juste et si formidable, puisque ce qui, par leur faute, mourra ou périra de faim, de pauvreté, de faiblesse et de langueur d'esprit sous leur conduite, sera étroitement répété d'eux ; s'ils ont manqué à promouvoir le bien de leurs sujets, à proportion de leurs dispositions et capacité...

« Quant aux supérieurs qui ignorent la vie de l'esprit, ses voies et exercices, par défaut d'y avoir été stylés et conduits fidèlement eux-mêmes, ils devraient en cette occasion, justement et à bon droit, refuser la charge et condition de supérieur, puisqu'elle leur est plutôt à perte qu'à gain, et à ruine qu'à salut. Car ils sont pour l'ordinaire plus propres à tout ruiner en peu de temps qu'à édifier quelque chose de bon. C'est pourquoi, il est de nécessité que tout supérieur soit non seulement de vie mortifiée et exemplaire, afin de faire le chemin à ses inférieurs ; mais encore il faut qu'il soit de grande oraison, récollection, retraite et solitude, de sorte qu'il n'aime rien plus que telle vie. Car c'est la vraie vie et le vrai bien. Cela, dis-je, est nécessaire au Supérieur afin que tous ses inférieurs désirent ardemment l'imiter. Et il leur en doit sur toutes choses inculquer souvent les avantages, leur faisant entendre et savourer, par sa fécondité divine, qu'il n'y a vie heureuse que celle-là, à cause que Dieu y a tout en la créature, et qu'elle a ce bonheur que de l'aimer par étroite union et conjonction de cœur et d'âme avec Lui.

« ... C'est pourquoi, le supérieur doit être toute lumière et tout esprit, pour enflammer un chacun à vivre et à être comme lui ; et que tous participent à son vrai bien et à sa vraie joie, s'animant tous, à qui mieux mieux, à ce divin exercice. »

(pp. 853 et ss. des Œuvres spirituelles et mystiques,
Rennes, Coupard, 1658.)

b) Ch. x. *De la charitable correction des supérieurs à l'endroit des inférieurs*

« Le supérieur qui se persuade que la vie austère et les exercices de mortification et des pénalités du corps sont la meilleure chose, ne sait pas en quoi consiste la vraie et entière perfection, ni ce que c'est que *la vie de l'esprit*, pour l'acquisition et maintien de laquelle la vie régulière et les austérités religieuses ne sont que des moyens. » (p. 875)

c) Ch. xii. *De l'humilité des Supérieurs*

§ 3. *Rares qualités des bons supérieurs*

« Puisque vous (les supérieurs) ne pouvez ni ne devez être anges par nature, soyez au moins hommes angéliques, pleins du Saint-Esprit et de son don septiforme, qui doit être le fruit et l'effet de votre continuelle et amoureuse contemplation...

« Vous êtes destinés pour les (inférieurs) nourrir saintement du lait de sapience et de science céleste. Vous êtes leurs docteurs et leurs guides en toute sainteté, dans leur pérégrination et la vôtre. Vous êtes leur sol et leur lumière, leur force, leur sagesse, leur pureté, leur sainteté, leur rectitude, leur balance et leur poids. Vous êtes leur miroir en toutes vertus, en humilité, simplicité et charité. Vous êtes leur milieu en chacun, leur vérité stable et arrêtée, leur discrétion, leur précaution, leur vie, leur santé, leur remède, leur bien, leur félicité en cette vie. Si vous êtes tels que cela, vous serez chéris de tous unanimement.

« Or, pour parvenir à toutes ces belles qualités, il faut que vous soyez plus contemplatifs qu'actifs selon quelque commun degré d'oraison... » (p. 880)

Ib., § 12. *Le supérieur ne conduit pas dans un esprit de crainte*

« La vraie liberté d'esprit et la paix intérieure étant surtout requises à celui qui désire véritablement acquérir l'*esprit de notre Religion*, le supérieur veillera soigneusement à ce que les Frères ne soient pas conduits par crainte servile ni par respect humain, mais comme enfants de Dieu, en liberté d'esprit, tâchant de plaire à Lui seul qui est scrutateur de leurs cœurs. » (p. 882)

Ib., § 16. *En quoi consiste l'esprit de notre profession*

« Il remontre souvent en public en quoi consiste *l'esprit de notre profession* qu'il ne gît pas à beaucoup paraître à l'extérieur, mais en humilité et *occupation intérieure avec Dieu*. Il exhorte souvent un chacun à ne mettre sa perfection à paraître au dehors, ni même dans la mortification faite pour la seule bienséance et police extérieure, ou pour un beau lustre de la maison, ce qui ne pourrait guère durer. Mais à profondément s'anéantir devant Dieu et s'approcher de Lui par l'oraison. Il n'exclut pas toutefois le bon exemple qu'on est tenu de donner aux séculiers, pour glorifier le Père Éternel qui est aux Cieux. Au contraire, il les y exhorte souvent, mais il désire que cet exemple procède de l'intérieur. Comme aussi il est vrai qu'un religieux bien intérieurement occupé avec Dieu frappe plus au cœur des séculiers, quand ils le voient en sa modestie, que tout le reste de ses paroles extérieures. » (p. 884)

d) Ch. xiv. *Des œuvres de surérogation qui nous sont libres par notre règle*

§ 6. *Doctrine de nos anciens Pères plus infuse qu'acquise*

« Il est très certain que nos premiers Pères étaient bien moins doctes selon les sciences acquises que *selon la science infuse ou sapience divine*, en pure et profonde simplicité. Telle a été en eux *la vie de l'esprit*, accompagnée de l'amour et des vertus excellemment infuses qui sont le fond et l'ornement d'une telle vie. C'est ainsi qu'ils étaient très doctes et très simples, et tout leur entretien par ensemble était de conférer quelquefois des plus hauts secrets des influences de Dieu. Dans cet esprit, ils chantaient les louanges divines avec des

Psaumes et cantiques spirituels. Mais depuis que notre Ordre
s'est si abondamment dilaté et étendu dedans les villes, alors
nous avons commencé à perdre peu à peu *notre vrai et premier esprit* et nous nous en sommes formé un que nous avons
jugé être pour l'utilité du peuple, sans presque rien retenir
du nôtre, sinon quelques vestiges très éloignés. Néanmoins les
choses étant ce qu'elles sont, nous aurions encore assez de
quoi être grands religieux, si l'accessoire ne ruinait pas le principal, comme il fait et fera encore de plus en plus, si on n'y
donne ordre. Car on viendra à se moquer de la simplicité des
petits, on les méprisera et les boufionnera ; on ne donnera
crédit et ascendant qu'à certains que l'on estime être tout
l'ornement et le lustre de la Religion, les rendant de plus en
plus insolents et enflés par cette estime. Que si l'on voit ceci
arriver, qu'on sache au moins que telle ruine a été prévue, et
que, dès à présent, nous la prévoyons comme infaillible, si tous
les esprits des supérieurs ne s'unissent pour en ôter la cause.
Mais au contraire, il y a des supérieurs auxquels un si ruineux
esprit est si agréable qu'on n'oserait leur parler de ceci, disant
que tout va le mieux du monde et que jamais les choses ne
furent en meilleur état. » (p. 890)

Ib., § 8. *La continuelle mortification et oraison des parfaits est une continuelle surérogation*

« J'ai dit que selon la meilleure partie de notre tout, qui
est notre âme, nous n'avons point d'œuvres de surérogation,
parce que nous sommes obligés de toujours couler en Dieu
de toutes nos forces et puissances, par oraison et occupation
continuelle de tout notre cœur en Lui. De sorte qu'il faut que,
nuit et jour, nous soyons, par semblables exercices, pleins de
Lui, ardemment allumés et actifs au feu de son amour infini,
afin que, nous remplissant de lumière et d'amour, ils nous
puisse dominer fortement et pleinement, qu'Il ne trouve plus
jamais de dissemblance entre nous et Lui. Tel a été *notre premier esprit* en tous nos premiers Pères, dans la délicieuse et
abondante suavité duquel le Mont Carmel leur était un Paradis en terre. Et c'est cela même de quoi jouissent à présent
tous les vrais Carmes... Nous devons ainsi ranimer en nous
l'esprit de nos anciens Pères, en sorte que toute notre joie et
délectation ne consiste qu'en cela, puisque à toute âme sainte

l'introversion amoureuse est un Paradis et l'extroversion est une mort (1). » (p. 891)

B. — Textes pris a la « Conduite des Novices »

a) Ch. vii. *Des bonnes qualités et du soin que doivent avoir les directeurs pour se bien acquitter de leur charge*

§ 1. *Ils doivent avoir une lumière*

« Il faut que ceux qui sont établis pour adresser et conduire les apprentis de la vie spirituelle et religieuse aient une lumière infinie, par manière de dire, et qu'ils soient totalement consommés en lumière, afin qu'ils rencontrent toujours heureusement et qu'ils donnent à un chacun diversement ce qui est sien et ce qui doit maintenir les âmes en bon ordre et les avancer à un état plus haut, plus parfait et plus divin. De sorte que les âmes ainsi heureusement conduites puissent toujours aller de mieux en mieux, sans reculer ni se fourvoyer.

« Je ne spécifie pas ici les remèdes spirituels dont ils se doivent servir. Les Pères de l'Église et les mystiques plus élevés les ont suffisamment exprimés. Mais pourtant, il ne laisserait pas de s'en trouver qui, pour n'être assez consommés en cet art, feraient quantité de fautes, manque d'aider leur lumière par celle des plus doctes et relevés mystiques... » (p. 914)

b) Ch. ix. *De la douceur et affabilité requises dans les directeurs*

§ 3. *Importance du choix des directeurs sages et lumineux*

« Il est important pour le bien des jeunes de leur donner des directeurs grandement illuminés, sages, parfaits, et qui soient plus lumineux que savants d'une science non mystique. Car de leur lumière et de leurs ténèbres dépendent la mort et la vie, le Paradis et l'Enfer de leurs disciples qui, sans leur secours, ne peuvent aborder le bien que de fort loin. Ce sont

_____

(1) Introversion, extroversion, mots très expressifs malheureusement tombés en désuétude : vie au dedans, vie au dehors.

les commencements bien établis et bien ordonnés qui sont la
base et le fondement de *l'esprit* en ces jeunes plantes. La cause
pourquoi beaucoup de naturels bien disposés à recevoir les
influences de la grâce de Dieu et ses divins avènements profi-
tent si peu en Religion, c'est qu'ils n'ont pas eu de bons et
bien experts Directeurs en leurs commencements; que ceux
qu'ils ont eus les ont plus atterrés que soulevés. Ils les ont
perdus, ou du moins joué à les perdre par leur désordonnée
conduite, agissant sans savoir ni ce qu'ils faisaient, ni où ils
allaient. » (p. 922)

Ibid., § 4. *Conduite politique et sans intérieur*

« Il faut ingénuement confesser qu'à défaut de Religieux
doués d'un vrai et solide intérieur, accompagné de pratique,
tant au dehors qu'au dedans, la Religion ne sera qu'impure
et défectueuse en son corps et en ses membres. Si elle a quelque raideur et quelque maintien, ce ne sera que police
humaine. Supposé, dis-je, que dans une Religion il n'y ait
que peu de *vie d'esprit intérieur* et en peu de personnes, le
reste étant dans le désordre et ne se portant qu'aux parades
extérieures afin de faire jouer leurs propres appétits et leurs
passions sous cette ombre, la Religion ne se maintiendra que
par son esprit extérieur, grossier et défectueux et totalement
animal..... Chose étrange que la Religion généralement n'ap-
paraisse presque qu'ainsi et n'ait d'autre lustre que celui qui
résulte de l'esprit d'une bonne police, laquelle il faut souvent
accompagner de la force pour la maintenir ! Qui est la cause
de ce désordre, sinon le manquement de la *vie intérieure de*
l'esprit, en laquelle on ne nourrit et on n'exerce pas comme
il faut assez de personnes, ni assez longtemps les jeunes novices ? Cela fait que quand ils deviennent grands on ne les peut
gouverner que par la rigueur, autrement on n'en a rien. De
vrai, là où la seule régularité et vie extérieure règnent, là il
n'y peut avoir que divorces, aversions, confusions, misères, et
ruines à cause des diversités d'humeurs et d'appétits dont tout
le corps de la Religion est composé. Mais c'est assez parlé de
ceci : celui qui lira l'entende, le comprenne et s'y arrête
comme à la même vérité. » (p. 922)

c) Ch. xii. **Des moyens que le Directeur doit prendre pour illuminer ses disciples et connaître leur esprit**

§ 4. *Il ne faut pas trop donner de lumière à la fois* (1)

« Il est bon que le directeur soit toujours muni de quelque sujet et matière mystique, laquelle il puisse fécondement écouler en toutes rencontres. C'est pourquoi il faut que, s'il n'est déjà consommé totalement, il ait incessamment en mains les Livres plus mystiques, plus lumineux et plus profonds, comme seraient : *le divin Rubroche* (Ruysbroeck), *le divin St. Denis* et l'excellent *Harphius ;* le *Jardin des Contemplatifs*, les livres de *Ste Gertrude*, la vie des saintes *Catherine de Gênes* et de *Sienne*, Taulère, la *Perle Évangélique* et autres. » (p. 938)

d) Ch. xii, § 2. **Tout religieux doit être intérieur**

« On peut voir de tout ceci (2) la grande et urgente nécessité qu'a la Religion de porter amoureusement ses enfants à acquérir *un intérieur souverainement parfait*, jusqu'à ce qu'ils y soient totalement consommés, puisqu'elle exige et requiert d'eux pour toute leur vie une si suprême pureté et perfection d'*esprit*. Car que pense-t-on que ce soit à un religieux qui n'a pas une perfection souveraine et acquise au dernier degré, que de passer toute sa vie misérablement en toutes sortes de pénalités et de croix, soit de corps, soit d'esprit ? Comment est-ce qu'étant à l'intérieur peut-être en un continuel enfer, il portera ces croix et résistera à tant d'ennemis par le seul extérieur, sans recevoir que très peu cu point de secours de l'intérieur ? Ne tombera-t-il pas en toute rencontre dans les horreurs du péché, même souvent et trop souvent du péché mortel ?

« Qu'on ait donc hardiment un très grand soin de l'intérieur

---

(1) On a pu remarquer, au cours de ces extraits, que les citations ne correspondaient pas toujours parfaitement au titre qui les précédait ; nous avons cru cependant qu'il pouvait être intéressant de laisser ces titres et sous-titre des chapitres : on a ainsi une certaine vue d'ensemble des matières traitées par le saint aveugle, et surtout l'on constate qu'à propos de tout, il revient à son thème favori : *la vie de l'esprit* entendue au sens large, et même au sens plus particulier, synonyme de vie mystique, que lui donnait saint Jean de la Croix.

(2) Dans le paragraphe qui précède, le Vénérable Frère Jean de Saint-Samson avait commencé à parler « de quelques excès et défauts qui se doivent éviter en la conduite des novices ».

de chaque religieux, puisque le seul extérieur n'a aucun pouvoir au dedans pour le contentement et le bien de l'âme, et qu'il ne sera jamais bien ordonné si l'intérieur est totalement déréglé .... Le religieux vide à l'intérieur du sentiment et du désir de Dieu sera incessamment en réflexion bestiale ou diabolique sur soi-même, et par conséquent, à jamais mécontent et malheureux en son inquiétude et chagrin..... » (p. 945)

e) Ch. xvi. *De diverses connaissances que doit avoir le directeur des âmes*

Ce chapitre serait à citer tout entier, voici comment il débute :

« Le directeur doit être suffisamment illuminé et ordonné pour lui et pour les autres. Il faut premièrement qu'il sache discerner les divers mouvements de grâce, de nature et du diable, voire dans leurs premiers mouvements et avant qu'ils en soient venus jusqu'à leurs premiers effets : ce qui suppose une grande et profonde lumière acquise, et simplicité d'esprit. Il faut qu'il sache distinguer et discerner les divers mouvements, inclinations et appétits de l'esprit vers le bien, afin d'admettre ceux qui sont bons et conformes à la grâce, et de retrancher les mauvais et les désordonnés. Il faut qu'il discerne les divers mouvements, sentiments et opérations de Dieu fluant radieusement et lumineusement en l'âme, et ses divers attouchements (1). Il faut qu'il discerne si Dieu, par ses visites, règne tout seul dans l'âme, ou si la nature lui fait résistance manifeste et involontaire, ou plus secrète et comme invisible. Il faut qu'il sache en quoi diffère le vrai repos et la paix de l'âme en la lumière divine, et la fausse paix ou la lumière naturelle, remplie d'une fausse et toute sensible douceur de l'esprit.

« Il faut qu'il reçoive de Dieu pour lui ce qui lui est propre et particulier, et qu'il ne s'en serve pas pour ceux à qui cela n'est pas convenable... Il faut qu'il soit comme un corps transparent au travers duquel reluise son abondante et véritable lumière, pour le bien et le repos de tous. Il faut que, pour cet effet, il sorte à l'action en cas de nécessité, s'accommodant à

---

(1) Nous sommes ici en pleine mystique, c'est incontestable.

tous, allant par Ciel, par terre, par mer et répandant sa lumière selon que Dieu le désire de lui. Il faut qu'il le connaisse, non seulement d'une manière grossière et purement morale, mais divinement, simplement, hautement et essentiellement, par simplicité de lumière acquise (1) avec abondance et de long-temps possédée. De sorte qu'il soit déjà transfus en simplicité d'essence pour tout voir, tout entendre, tout faire, tout endurer, et pour toujours mourir et expirer en Dieu auquel il est entiè-rement uni et transformé. Que si un Directeur ignorait cela, il mettrait en enfer tous ceux qu'on lui donnerait à conduire. Qu'il sache donc bien le temps assuré et propre à être sensi-blement destitué de Dieu et celui auquel on ne le doit pas être. Qu'il sache les causes et les effets des destitutions et des distractions. Quels sont les dons du Saint-Esprit et leurs diver-ses opérations..... Quelle est la caliginosité (2) en Dieu, quelle est la dilatation lumineuse qui succède à cela et quels leurs effets. Quels sont les moyens pratiques et ordonnés en la fin de l'objet et quels leurs divers effets; quelle est l'extase, le ravissement : leur différence, leurs espèces, leurs effets.

« Enfin, il doit savoir quelle est la purgation en la voie suré-minente, quelle est l'illumination, et les effets de l'une et de l'autre. Quelle est la vraie et la fausse oisiveté, leurs différences selon leurs divers effets. Ce que c'est que d'être en soi-même et en nature, et d'être vraiment et essentiellement en Dieu. On voit manifestement de tout ceci qu'il faut qu'un Directeur soit totalement consommé en la plénitude de Dieu et, s'il faut ainsi dire, se conduire soi-même assurément en conduisant aussi les autres, et que pour y bien agir comme il faut, rien ne lui doit manquer des sciences, lumières et connaissances infuses et acquises pour cela. » (pp. 949 et ss.)

C) — Textes pris au traité
« Lumières touchant les réformes »

... « Si l'amour ardent manque à un Supérieur, l'*esprit et la lumière divine lui manqueront aussi*. Ce ne sera pas merveille de le voir se perdre en son propre esprit, n'ayant pas voulu se

---

(1) Ici, *acquise* ne s'oppose pas à *infuse*, c'est synonyme de *possédée*.
(2) Mot tombé en désuétude, veut dire obscurité, du latin « caligo »

perdre en l'*Esprit de Dieu*, et ayant préféré la vie et le repos des sens selon l'homme purement moral à *la pure vie de l'esprit* vraiment perdu, toujours renoncé et toujours mourant. » (p. 988)

« Quelques-uns demandent si, en matière d'élection de supérieurs, on doit préférer à ceux qui ne sont que moraux ceux qui sont pleins de *sapience divine* au dedans, mais qui ne sont pas jugés si propres pour les affaires du dehors? C'est sur cette question qu'on a très grand sujet de déplorer la misérable condition des hommes de ce temps qui, n'étant que politiques et charnels, ne veulent point de supérieurs s'ils ne sont les plus habiles et les plus entendus du monde à l'extérieur. Sur quoi ils allèguent toutes sortes de raisons, conformes à leur appétit, ne voyant pas qu'il est plus que suffisant qu'un bon officier vaque à cela par l'ordre du supérieur, sans perdre la paix et le repos de son esprit. On ne requiert, dis-je, autre chose des supérieurs qu'une vie morale et docte, et qu'ils soient bien versés en la pratique des choses extérieures. J'ai dit assez souvent que le Directeur doit savoir quel est l'amour sensuel et ses effets, et quel est l'amour raisonnable et ses effets. En quoi se ressemblent l'amour sensuel, naturel, impur, et le vrai amour, et comme quoi ils diffèrent l'un de l'autre. Il doit savoir la différence qu'il y a entre les voies d'illumination en elles-mêmes et en leurs moyens; connaître quand c'est que les âmes sont assez fortes ou non pour marcher par la voie d'abonnement et destitution des sentiments de Dieu (1). Car ce point bien entendu et bien pratiqué est la clef de la vie et l'âme fidèle ne sera jamais épurée de ses appétits et de son amour propre que par cette évacuation sensible de Dieu et par une simple nudité afin de Le suivre abandonnée par les chemins pierreux et déserts de l'abnégation, en temps et en éternité, en la manière qu'il Lui plaira la tirer (2).

(1) Rapprochons ces recommandations des règles données par saint Jean de la Croix pour l'abandon de l'oraison discursive, *Montée du Carmel*, l. II, ch. xi, xii, et *Nuit obscure*, l. II, ch. ix.

(2) Même doctrine que celle de saint Jean de la Croix dans la *Nuit obscure*, où il montre la nécessité des purifications passives pour arriver à la perfection. Ces textes prouvent bien que le Vénérable exige du maître des novices qu'il ait la science et l'expérience des voies mystiques; et cela pourquoi, sinon parce qu'il a à former et à conduire des âmes appelées par vocation à marcher par ces voies?

« ... Si cela est on les estime grands et grandement dignes de conduire. Mais les supérieurs *vraiment spirituels*, on n'en fait dès là aucune estime et on estime leur conduite jusqu'aux ongles.

« Pour décider cette question, il faut remarquer que la doctrine morale et spéculative n'est propre qu'à bien raisonner selon la vie morale, à policer, régler et gouverner les corps ou sociétés, dans le même état moral. Mais la *sapience divine* qui, par sa douce et suave lumière, va pénétrant toutes choses, opère bien plus noblement que cela dans les corps qu'elle gouverne; et toute la police nécessaire à un bon gouvernement se trouve à point nommé dans sa conduite, comme un effet de la même sapience, quoique cela ne soit qu'accessoire en comparaison des œuvre qui regardent le recueillement amoureux d'un chacun. C'est à quoi le supérieur doué de cette vraie sagesse a soigneusement égard de distribuer des exercices extérieurs à un chacun, selon la portée et la disposition de son esprit, pour les occuper sans division ni multiplicité. Que si tous ne sont propres que pour l'accessoire, il faut qu'il donne ordre qu'on le fusse au moins avec vertu et dans la présence de Dieu, avec quelque sorte d'exercice intérieur; afin que, par exemple un prédicateur, un religieux qui converse, un confesseur et autres, piquent plutôt les cœurs à sensible componction et savoureuse sagesse, que de seulement délecter et charmer les oreilles des hommes.

« Tout ceci bien considéré, il ne faut pas s'étonner si je dis qu'un supérieur doit être plein de vraie *sapience*, puisque sans cela il ne peut avoir, à tout le plus, qu'une sagesse morale. A la vérité, c'est quelque chose, mais il lui manque une infinie lumière pour la sûre et saine conduite de ses inférieurs ; de sorte, qu'à ce défaut, il ne saurait adresser personne en sainteté de vie, *à la vie de l'esprit*, car il a lui-même besoin d'y être conduit. Mais il est vu beaucoup faire et être grandement vertueux s'il désire et recherche passionnément la *vie de l'esprit*, tant pour lui que pour les autres. Il y a beaucoup moins d'inconvénients que les particuliers manquent d'être enrichis et ornés de l'esprit, que le Supérieur, vu que celui-ci en doit faire éclater et reluire l'excellente beauté à ses inférieurs, dedans le très pur miroir de sa sainte vie. Au défaut de cela il n'a que demie-vie et languit dans l'ignorance d'innombrables vérités à cause qu'il ignore les esprits par voie de sapience.

Car, quoique par subtilité d'esprit naturel et ensuite de plusieurs expériences et pratiques morales, il puisse connaître les esprits divers dans une vie morale et commune, cela ne suffit que pour les entretenir dans leurs voies. Mais que sert-il d'ordonner la seule nature en elle-même, si on ne l'élève au-dessus d'elle, dans les voies de la grâce? Il faut donc que le Supérieur, s'élevant au-dessus de cet état purement moral et ne s'y arrêtant qu'à regret et à contre-cœur, ne respire rien tant que d'avoir abondance de sujets disposés à devenir par son moyen *spirituels et revêtus de la vie de l'esprit*. Et je dis absolument qu'il faut que les supérieurs, pleins de la sapience divine, soient autant élevés et éminents par-dessus les autres en leur conduite et en leurs vues, pénétrations et appréhensions, comme il y a de la distance de la nature à l'esprit. »

(Traité III, *Lumières touchant les Réformes*, pp. 994-995.)

CHAPITRE III

Ce qu'il faut faire pour devenir « spirituel »

1° SE DÉPOUILLER DU VIEIL HOMME

Mortification. Purifications du sens et de l'esprit

Devenir des « spirituels ». Voilà l'objectif que poursuit
le saint aveugle. Nous l'avons abondamment prouvé. Il
est temps de considérer les conditions à remplir pour devenir « spirituels ».

« Comme nous avons porté l'image de l'homme terrestre,
portons aussi l'image du céleste » (I Cor. xv, 49). Voilà le
programme du V. Jean de Saint-Samson. Il comporte deux
parties : L'une, négative : se dépouiller du vieil homme.
L'autre, positive : revêtir l'homme nouveau, devenir un
autre Christ, « alter Christus », par la pratique des vertus
dont Il est la cause exemplaire et efficiente, disons le grand
mot : prendre son *esprit*.

I° *Il faut donner la mort à l'homme terrestre*

La mortification est à la base de tout enseignement spirituel orthodoxe. Mais nul, peut-être, sans excepter même
saint Jean de la Croix, n'a parlé avec plus de force de
dépouillement, de nudité, de mort que notre saint aveugle.

Il y aurait des textes à glaner tout au long de ses nombreux écrits. Cette pensée ne le quitte jamais : faire le vide en soi pour laisser la place à Dieu, autrement dit : remplacer la multiplicité du créé, de l'humain, par la simplicité du divin, finalement arriver à l'unité. Mais c'est au chapitre XII de « *l'Esprit du Carmel* » qu'il en a traité — si je puis parler ainsi — ex professo : « Ce que c'est que mourir à soi, et des diverses morts tant du sens que de l'esprit », tel est le titre de ce chapitre. Voici comment il débute :

« Nous parlons si souvent de mourir, et cependant plusieurs ne savent ce que c'est, encore même qu'il puisse arriver qu'ils le pratiquent. Mourir, convient à toutes les parties de l'homme ; il est sensuel, il est raisonnable, il est spirituel et déiforme. Si quelqu'un vivant selon les sens veut acquérir la perfection morale, il faut qu'il se règle au niveau de la raison, et qu'il lui assujettisse cette partie bestiale. C'est une mort encore grossière, mais très fâcheuse aux nouveaux convertis : néanmoins on en peut venir à bout, par étude et par exercice, assujettissant le sens à la raison, comme l'ont bien su faire les anciens philosophes. A bien plus forte raison le fera-t-on par la grâce que Dieu communique extraordinairement (surnaturellement, gratuitement).

« La sensualité donc a ses matières de mort, la raison a les siennes, et l'esprit les siennes. Or mourir selon quelque partie que ce soit, c'est pâtir quelque manquement à son bien-être. Quand le vrai mourant en a rencontré l'occasion, il souffre fortement et généreusement cette indigence de son bien, qui lui est ordonnée de Dieu pour un autre bien plus grand : et tant plus l'indigence est notable et de durée, Dieu est plus glorifié en l'homme qui la souffre, non pas humainement, mais en la vertu et la force de la grâce.

« Nous parlons ici de perfection, et nous parlons aussi pour les imparfaits, qui tendent ardemment et de toutes leurs forces à la perfection, dans le désir et l'amour que Dieu leur a sensiblement communiqué pour lui. Mais pour effectuer pleinement ce désir, il y a innombrables vicissitudes à souffrir de la part de Dieu et des créatures, tant pour agir que pour pâtir. »

Nous reconnaissons de suite, dès l'entrée de ce chapitre, la grande division « des nuits du sens et de l'esprit » de saint Jean de la Croix. Pour Jean de Saint-Samson aussi, ces nuits sont et actives et passives. « Il y a innombrables vicissitudes à souffrir de la part de Dieu et des créatures, *tant pour agir que pour pâtir* », a-t-il dit. Mais il traite de ces diverses purifications tout en bloc, si je puis m'exprimer ainsi. Il s'adresse tantôt aux imparfaits, tantôt aux parfaits — c'est lui-même qui nous en a prévenus —. Comme il parle d'expérience, et n'a nullement la prétention de faire œuvre didactique, il n'y a pas lieu de nous en étonner : on sait que ces nuits se complètent l'une l'autre, que jamais la purification du sens ne sera parfaite avant que celle de l'esprit ne commence, et que si Dieu n'intervient pas directement dans cette œuvre de dépouillement, aucune bonne volonté n'y suffira. Et quand Dieu agit, il y a à le seconder ; ou plutôt, il y a à apprendre aux âmes à ne pas entraver son action. C'est ici que le saint aveugle excelle. Ses conseils pour les périodes d'impuissance et de délaissement sont très précieux. Très sages, très consolants aussi ceux qu'il donne pour le temps de la tentation :

C'est mourir excellemment que de supporter
sa propre impuissance tant à l'agir qu'au souffrir

« C'est une excellente mort de voir qu'on ne peut faire quelque bien selon son désir ; mais elle est beaucoup plus excellente quand on ne peut souffrir, selon son désir infini : et sans doute tant à faire qu'à souffrir, si on est véritable, la mort est plus à estimer que l'exercice de la souffrance ou de l'action : car Dieu veut nous anéantir à nous-mêmes ; et plus il en voit les effets en nous, plus il y prend plaisir ; et cela est d'autant plus vrai, que nous le connaissons et le croyons

moins, à cause des horribles ténèbres, et autres mauvais effets
que nous ressentons en nous.

« Or pendant qu'en ce temps de désolation on se sent
aggravé au sens et en la chair, et que l'esprit est tiré de part
et d'autre, il ne faut pas être oisif s'il est possible au dedans
de soi : et quoique le plus souvent l'esprit assiégé de morts et
d'angoisses ne puisse autre chose que pâtir en regardant et
gémissant amoureusement vers son cher Objet, néanmoins il
faut alors former ses actes de la voix, au moins l'espace de
quelque temps ; faisant ainsi suppléer la voix au défaut et
manquement de l'esprit désolé, qui pour sa grande suspension (1) ne peut autre chose que souffrir et mourir. Que si
cela encore lui est trop angoisseux et du tout insipide, qu'il
ait patience, ne laissant pas d'élancer cordialement et vocalement quelques plaintes et gémissements vers Dieu. On doit
agir en la même façon lorsqu'on ne peut surmonter quelque
peine touchant l'humilité, ou autre vertu, à cause qu'on a le
fond trop contraire à cela, et qu'il serait trop requis de force.
On formera verbalement et vocalement ses désirs et ses plaintes à Dieu, implorant son secours en ce combat importun : et
on lui dira de parole ce qu'on lui dirait en esprit, en un autre
temps, raisonnant sur ce qu'on sent de fâcheux et de moleste,
et se plaignant à Dieu, de ce qu'on sent une telle contrariété
à l'ordre de son bon plaisir et de sa gloire.

« Ce que fait la tentation lorsqu'elle émeut puissamment la
sensualité à l'encontre de la raison, cela même arrive en ce
que je viens de dire touchant l'humilité. Car le combat qui se
ressent entre ces deux parties, suppose qu'on résiste fortement
et comme il faut : et quoique la force n'étant pas bastante
(suffisante) pour supporter de si grands coups de la part de
la sensualité, il semble qu'on demeure aggravé et vaincu

(1) Il ne faut pas donner ici à l'expression *suspension des puissances*
la signification qu'y attache sainte Thérèse : je dirais volontiers que
les deux sens sont aux antipodes, mais ils se rejoignent par là même.
Pour sainte Thérèse, *la suspension des puissances* est l'état passif *surnaturel*
de nos facultés dans l'oraison d'union pleine, le ravissement et l'extase.
Pour Jean de Saint-Samson, c'est l'état d'obscurité, d'impuissance où
nos facultés se trouvent quant à leur mode d'agir *naturel* ; mais cette
dernière suspension purificatrice est ordinairement le présage de
l'autre dans la vie unitive. Faute d'établir cette différence, on ne
comprendrait rien à plusieurs pages de notre grand mystique.

sous ce faix ; néanmoins on ne pèche pas pour l'ordinaire, d'autant qu'on ne peut pas mieux ni davantage ; puisque ces violents efforts contre la raison ne font pas le péché, si la volonté les abhorre fortement avec la raison. Si on dit que cela ne peut être sans quelque petit péché, d'autant qu'on ne résiste pas assez fortement et de tout son pouvoir, bien soit ; mais cela même est tenu et estimé de Dieu presque comme rien : attendu que tout cet effort est suivi d'une douleur indicible.

« Pourvu donc que ces personnes s'efforcent de faire leur possible, se défiant d'eux-mêmes, et se confiant en Dieu, il a leurs combats et leurs morts très agréables, sa Majesté se servant, plutôt par permission qu'autrement, de ce fâcheux moyen, pour les conserver et les tenir en bride d'humilité et d'humiliation. Sans doute les hommes du commun qui abhorrent fortement le péché, agonisent et meurent hautement en leurs combats ; croyant souventefois que ce qu'ils font est un grand mal. Mais cela leur tourne, dès là même, à très grand bien, s'ils persévèrent constamment sur cette mortelle croix ; faisant en sorte que tout leur exercice réponde à leur non-pouvoir en profonde humilité de cœur. Leur résignation les doit maintenir en vigueur au fond de leur esprit, d'une manière inconnue, adhérant simplement à Dieu, et vivant en Lui d'une foi nue et très abstraite. Plus ils se persuadent le contraire, plus cela est simplement au fond d'eux-mêmes ; où Dieu, par sa force secrète et vertu vivifiante, les préserve d'eux-mêmes et des créatures. Bref, ces âmes, étant véritables en leurs violents et mortels combats, perdent d'une terrible manière leur vie pour Dieu, la lui donnant à chaque moment, qui est un singulier genre de martyre. Si elles n'ont pas vécu en esprit par le passé, ces fréquentes rencontres leur servent de vif purgatoire pour l'expiation de leurs péchés, et de plus leur cause un très grand mérite (1). »

Il y a des degrés dans cette mort, il y a aussi des formes différentes.

(1) Encore ici le saint aveugle est en complète harmonie de doctrine avec Ste Thérèse et S. Jean de la Croix : les purifications passives de l'esprit remplacent le purgatoire, avec cet avantage que les tourments du purgatoire n'ajoutent pas au mérite, ils ne font que disposer l'âme

La distinction qu'il va faire entre morts et mourants, pour être un peu subtile, n'en est pas moins fondée, et nous trouvons là le pourquoi de ce que si peu d'âmes arrivent à l'union transformante. S'il plaît à Dieu, nous reviendrons sur cette question si étudiée de nos jours et que le saint aveugle a si bien élucidée.

Qualités de l'homme mort mystiquement

« Les mystiques nous disent, ce qui est vrai, que trois choses conviennent à l'homme mort : on l'ensevelit, on l'enterre, et puis on marche sur lui jusqu'au jour du Jugement. On ne saurait mieux exprimer l'insensibilité des morts et à cette marque on verra si nous sommes morts entièrement à la nature, si toutes ces choses se trouvent en nous pleinement et de tous point véritables. Cela sera ainsi quand les hommes feront de nous, soit par l'instigation des diables, soit de la part de Dieu, tout ce qu'ils voudront, sans que nous fassions la moindre réflexion sur nous-mêmes ; et cela en temps et en éternité (1).

« C'est donc aux hommes de bien voir s'ils sont morts ou mourants, d'autant qu'il y a entre ces deux choses une très grande distance. Il est vrai que ceux qui sont en perpétuelle agonie sont très proches de la mort, comme aussi cette agonie dure quelque temps sans mourir du tout ; mais je ne pense pas qu'il se trouve beaucoup d'hommes en ce siècle, qui soient entièrement morts, en sorte qu'on en puisse porter ce témoi-

à pouvoir jouir de l'amour qu'elle a mérité sur terre, en ôtant les obstacles à l'épanouissement de cet amour béatifiant. Jean de Saint-Samson distingue ici de façon très claire le double effet des purifications mystiques : elles paient les dettes dues au péché et accroissent le mérite, en creusant dans l'âme de nouvelles capacités à l'amour.

D'où nous concluons que les purifications mystiques, nécessaires à l'entrée directe de l'âme dans le ciel après la mort, sont dans l'ordre normal de la sanctification.

(1) Ce dernier mot ne veut pas dire « pour ce qui est de leur éternité », car il faut le comprendre de ce sur quoi on ne doit pas faire réflexion, à savoir ce que les hommes font de nous. Le sens est donc : sans que nous fassions *jamais* la moindre réflexion sur nous-mêmes quant à ce que les hommes font de nous.

gnage, qu'ils soient conformes à ce que j'ai dit des corps morts,

« Mais il faut qu'on sache que c'est des souverainement parfaits que nous parlons ici, qui ne savent ce que c'est que réfléchir sur eux, tendant à Dieu de toutes leurs forces, et d'un amour indéficient. Mon Dieu, que tout ceci est aisé à dire ! Il est vrai aussi que la gradation en est très grande, selon que les hommes sont plus ou moins parfaits.

« Fort souvent on est si violenté, et si transporté dans la souffrance, et le mouvement dure si peu, qu'il n'y a presque rien de la raison en cela, ou rien du tout. Ne rien ressentir du tout, c'est être joyeusement mort, et je ne sais s'il se peut trouver un homme entièrement tel ; parce que notre vie n'est pas radicalement supprimée, ni notre radicale vitalité supprimable. Celui-là seul est au-dessus de ces mouvements-là, qui est excellent en l'abondante grâce de Dieu, et qui est parfaitement devenu esprit. Il les laisse au dehors murmurer et gronder de fort loin, tandis que l'esprit, maître absolu de tout l'homme, ne fait que s'en rire.

Propriété dans les exercices spirituels est grand empêchement à la perfection

« Mais l'âme attachée à ses propres exercices n'est pas encore disposée pour passer entièrement en Dieu ; d'autant qu'elle ne se quitte pas assez, pour le suivre purement et nuement là où Il la veut tirer en esprit. Ce n'est pas une chose de petite importance de vaquer à Dieu en esprit ; il le faut faire à bon escient, sans relâche et sans réserve. Car la créature doit passer d'elle-même en Dieu : et celle qui a un désir infini de Dieu ne serait pas rassasiée si elle n'était pleine de Lui. Partant elle se doit vider entièrement d'elle-même ici-bas. Quand cela est, alors la terre est esprit, même dans un corps humain, qui participe à ses qualités spirituelles. L'amour ne consiste pas dans les révélations, ravissements d'entendement, visions excellentes, notions intellectuelles, ni dans les secrets d'esprit, selon qu'on le voit en certains excellemment saints. Il consiste parfaitement et entièrement en ce que j'ai spécifié. »

C'est clair : la mort complète en échange de la vie complète, de la « *vraie vie de l'esprit* ». C'est logique. C'est un principe de philosophie qu' « une forme ne peut s'appliquer à un sujet sans en avoir auparavant expulsé la forme contraire ».

Au surplus, il y a la parole de la Vérité même : « Celui qui voudra sauver sa vie la perdra ; et celui qui aura perdu sa vie pour l'amour de moi la retrouvera » (Matth., xvi, 2). Pour beaucoup, cette parole de l'Évangile a perdu sa force ; sous la plume de Jean de Saint-Samson, elle retrouve toute sa vigueur. Il l'a comprise et pratiquée en esprit en vérité, sans pour cela décourager les bonnes volontés moins robustes que la sienne :

« Nous montrons ici ce qui est souverainement parfait, sans néanmoins laisser de fournir les moyens d'y tendre et d'y parvenir. O Dieu ! les grandes suppositions que nous faisons ici. Mais il ne faut pas que les grandes régions que nous vous faisons voir vous épouvantent, si vous ne les pouvez passer. Le peu, le beaucoup, le grand, et le tout sont présents à Dieu. Il a bien vu et su la mesure que vous en deviez avoir, pour sa gloire et pour votre mieux.

« De vrai on peut dire qu'entre les saints il y a des géants pour souffrir quant au corps ; et d'autres qui sont la faiblesse même, à quoi Dieu a très expressément égard. On ne peut nier que ceux qui en la profonde force du Saint-Esprit souffrent des cuisantes douleurs de corps, n'aient en cela reçu un très excellent don de Dieu ; et que cette sorte de sainteté et de saints ne soient grandement rare, et précieuse aux yeux de Dieu. Car l'amour les possède très fortement en leur souffrance, leur corps et leur esprit sont aux exercices de sainteté. C'est pourquoi la félicité et la gloire de tels saints, tant essentielle qu'accidentelle, leur sera doublememt avantageuse (1). « Ah ! pauvre homme ! regarde à quoi tu es né et appelé. Si tu es si

(1) On est heureux de voir les choses mises si au point : Les grandes austérités ne sont pas nécessaires à la grande sainteté, comme on l'a cru souvent ; mais elles ont leur valeur secondaire et leur mérite. On aurait peut-être de nos jours une tendance à en faire un peu trop fi.

favorisé de Dieu, que d'être en Religion, ce n'est pas pour t'y chercher, ni pour y vivre selon la nature : c'est pour le suivre généreusement et incessamment d'une roideur tendue, active et indéficiente, prenant en cela tout ton plaisir, à la vive imitation des saints. Cela doit être tout ton repos et ta félicité en terre, et si tu y manques si peu que ce soit, tu en ressentiras le dommage ; tes ennemis domestiques se soulèveront contre toi : et tu les sentiras si contraires, que tu ne seras plus maître de toi-même. Si tu es fidèle, tu expérimenteras combien l'exercice t'est nécessaire ; si tu ne l'es pas, tu seras la proie de tes ennemis. Enfin si tu vis par-dessus la raison, tout ceci demeurera au-dessous de toi, et ta vue deviendra de plus en plus fixement active (1) et arrêtée à regarder Dieu, et son Fils *Jésus-Christ*. Sa grâce, par succession de temps, fera qu'insensiblement tu te verras avoir traversé toute la région des créatures, et la tienne propre ; et te voyant en la région divine avec les bienheureux esprits, tu n'auras qu'à te garder adroitement de la subtile complaisance en toi-même et de la fine et spiritualisée nature. »

Les Mystiques parlent tantôt en hommes, tantôt en Anges

« On peut ici voir que nous parlons souvent en homme, et souvent en ange : nous parlons en homme pour animer et fortifier à la guerre d'amour les hommes plus ou moins affaiblis par la violence et la longeur de l'exercice. Nous leur disons qu'amour ne recule jamais, et ne dit jamais : C'est assez : — il rougit entendant le terme de difficulté. Là où il est, il opère toujours choses grandes, et sitôt qu'il refuse d'opérer, il n'y est plus. Ce que nous disons de l'amour, nous le disons aussi de ce qui le doit accompagner éternellement. Nous parlons en Anges, lorsque nous parlons aux très saints guerriers d'amour, qui *par expérience et par infusion* (par expérience infuse = science savoureuse et expérimentale) ont toutes ces connaissances et ces pratiques ; qui pour cela ont consommé chair et sang, et les moelles de leur corps et de leur âme ; soit que ces guerriers

(1) Active a ici le sens de fervente.

et si excellents esprits soient connus, ou inconnus, lesquels
sont plutôt en l'ordre des brûlants séraphins, qu'en un ordre
angélique plus bas. »

Avouons cependant que notre saint aveugle parle plus
souvent « en ange qu'en homme » :

« A quoi, je vous prie, tant chercher les raisons de notre
devoir, et de l'amour infini qui est dû à Dieu ? Je laisse la circonférence (c'est-à-dire les limites de la mortification et de l'a-
mour) pour les faibles, pour les languides, et pour les enfants
qui ne savent ce que c'est que du rien, et de l'anéantissement
de l'âme en Dieu. Ils ont pour leur satisfaction une infinité
de livres pleins d'art et de doctrine. Je sais néanmoins qu'il
faut tenir ordre en cette voie, mais si on le faisait selon l'ordre des excellents mystiques, les hommes s'y achemine-
raient bien plus promptement, et plus excellemment. Quoi
que c'en soit, il est raisonnable que ceux qui ne sont pas propres pour ceci demeurent en la basse-cour du palais. Qu'ils
s'attachent donc aux livres qui traitent des moyens de les y
introduire.

Après cette petite saillie d'humour, le Vénérable dicte
son chapitre XIII, qu'il intitule « *Des morts plus subtiles
et plus spirituelles que l'âme doit souffrir constamment en
ces voies mystiques* » :

« Il est certain que les morts, tant selon le sens que selon l'esprit, sont encore plus subtiles que je ne l'ai exprimé jusqu'ici.
Elles sont autres dans les parfaits, et autres dans les imparfaits, et elles répondent toujours au degré de l'esprit. Quant
aux morts que Dieu fait souffrir par la totale suspension des
puissances (1); qui comme étroitement liées sont sans pouvoir
et sans mouvement, et cela souventefois si angoisseusement,
qu'il n'y a point de douleur pareille : telles sont pour l'ordinaire les angoisses du dernier degré et état de l'appétit actif (2);
dont les mystiques ont amplement écrit et moi aussi.

(1) Voir la note p. 66.
(2) État où les facultés, réduites à l'impuissance quant à leur mode

« Sur quoi je dis que l'excellente sainteté dans les hommes est inconnue, d'autant qu'il n'y a moment en la vie, par manière de dire, qu'il ne faille expirer en Dieu, au moins autant que la fidélité est véritable. De sorte qu'à mesure qu'ils sont élevés et subtils, les morts sont plus subtiles, aiguës et profondes ; lesquelles produisent par l'effort de leur douleur, de terribles effets au dehors, qui procèdent du dedans. »

Apologie excellente du saint homme Job

« Telles furent les morts et les douleurs de Job, et les tristes et douloureuses plaintes qu'elles produisent, les font assez voir telles qu'elles ont été ; à savoir les plus cruelles, et les plus horribles qui se puissent penser. Sur quoi on a sujet de s'étonner de ce qu'on voit même plusieurs doctes ignorer ceci : et de ce que plusieurs interprètent ses mortels excès très ignoramment, et contre toute raison et vrai sentiment d'esprit. Que si Dieu même ne l'eût justifié là-dessus, les hommes l'eussent condamné de forcenerie et de blasphème. Voilà ce que c'est qu'ignorer la science des saints, et n'en avoir pas l'expérience ; ne sachant point que Job était à même temps profondément tourmenté en esprit, aussi bien qu'en son corps.

« Toutes ses plaintes n'ont été autre chose qu'un continuel excès de douleur amoureuse ; et tant plus il semble avoir perdu et excédé la raison envers Dieu, tant plus et tant mieux il exprimait par ses plaintes l'amour qui lui causait un cruel tourment. Car, dans son abandonnement universel, il ne savait où asseoir son pied, c'est-à-dire son appétit, pour ne pouvoir trouver repos ni en soi ni aux créatures : tant il était étroitement et de toutes parts assiégé en l'âme et au corps, de très fortes douleurs et angoisses. A quoi ses amis se joignirent, et spécialement sa femme, par leurs opprobres et moqueries pour achever de combler sa misère : car leurs paroles ne servaient qu'à le tourmenter davantage.

« Le même arrive tous les jours aux plus intimes amis de Dieu ; les uns sont tourmentés en l'esprit et au corps, et les autres sont délaissés sans sentiments, sans consolation, et sans

naturel d'agir, ne sont pas encore élevées à un mode surnaturel d'opération d'une façon consciente ou perceptible. C'est déjà de l'état mystique, nous l'établirons plus loin.

connaissance en l'esprit ; de sorte que, dans leurs infernales langueurs, ils sortent quelquefois par paroles à des excès étranges. Ce qu'étant ignoré des hommes, ils les jugent forcenés. Mais les hommes divins, qui ont passé par ce triste et affreux désert, en jugent bien autrement. Ils les estiment autant saints en cela même, qu'ils sont violentés au propre exercice de Dieu, qui leur est très mortel excès, exprimant par leurs plaintes la véhémence des tourments d'amour, qui leur supprime radicalement la vie d'une manière inconcevable. Aussi leurs expressions sont-elles autant éloignées de leur vrai état, qu'ils sont alors perdus inconnuement en Dieu.

« Les hommes même bien saints ignorent les exercices de Dieu sur les esprits de ses plus intimes amis ; c'est pourquoi ils réprouvent ces pauvres affligés, comme chose qui n'a jamais rien été à Dieu. Ce sont ces personnes qui en leurs tourments ne peuvent être consolées, et la consolation des spirituels même augmente de plus en plus leurs tourments. »

D'un autre état d'angoisses intérieures

« Fort souvent, tant plus on devient esprit, tant moins on est puissant contre soi-même ; de sorte qu'on ne peut plus faire que très difficilement par dedans et par dehors tout ce qu'on faisait auparavant très volontiers et très facilement. La partie inférieure se révolte contre la supérieure : ce ne sont que mauvais sentiments et passions révoltées contre Dieu et la vertu, ce qui est si étrange à sentir et à voir, qu'on croit être perdu. Alors un petit fétu à remuer semble une grosse poutre : et enfin on ne se peut imaginer les horribles bourrasques d'un si étrange accident, Dieu tenant ce terrible moyen pour achever d'épurer, et de purger l'âme de ses plus subtiles propriétés. Si l'homme n'est courageux en ce temps de désolation, pour se soumettre à ce qu'on lui dit, comme aussi pour supporter ce mortel état avec patience, croyant qu'il ne fût jamais mieux, il déchoira de l'excellence de son état, retournant peu à peu en soi-même, et reprenant des exercices extérieurs pour affliger son corps, qui lui semble causer cette guerre et cette révolte : en quoi il se trompera extrêmement, et au lieu d'y trouver sa force et son repos, il se sentira violenté de plus grands efforts que jamais.

« Ce degré est ordinairement le dernier de l'appétit actif ;

c'est par ces efforts supportés fortement et avec foi nue et simple, que l'âme est entièrement purgée de ces subtils appétits. Alors elle commence à passer en la région passive et mystique (1), pour recevoir, voir et entendre des notions et des secrets, en exercitation nue et passive, qui ne tombent point sous le sens pour leur ineffable et suréminente excellence. Mais tout le monde n'est pas ici tiré. Seulement ai-je voulu grossièrement tracer ce degré, dû à la fidélité de semblables hommes, dans lequel Dieu les enrichit de ses dons en tout soi-même, d'une manière autant ineffable qu'inconnue. Je l'ai,

(1) Ce passage demande explication et nous est extrêmement précieux pour bien établir nos positions en mystique. Il serait absolument inintelligible, il y aurait flagrante contradiction de l'auteur si l'on confondait — comme on le fait trop souvent et comme ici le rapprochement des mots paraîtrait l'autoriser à première vue — les mots passif et mystique. Ils s'appellent, c'est vrai ; mais ils ont chacun leur sens propre et précis. On ne peut prendre indifféremment l'un pour l'autre, sans aboutir parfois à des conclusions tout à fait fausses. L'auteur s'adresse ici à une âme déjà très parfaite, il vient de parler de « l'excellence de son état », elle subit les dernières purifications passives, « Dieu tenant ce terrible moyen pour achever d'épurer et de purger l'âme de ses plus subtiles propriétés », et il vient nous dire aussitôt après : « *elle commence à passer* en la région passive et mystique ». En la région *mystique*, il y a longtemps que le saint aveugle nous y fait marcher. Pas besoin pour en être convaincu d'avoir lu les chapitres qui précèdent dans le gros in-folio que j'ai sous les yeux. Les extraits que je viens d'en donner y suffisent amplement. Il faut donc comprendre le mot mystique ici dans son degré le plus éminent. C'est sur le mot *passif* que l'auteur met l'accent, c'est évident. Dans la phrase qui précède, il a dit : « Ce degré est le dernier de l'appétit *actif* », c'est-à-dire où l'intellect peut encore agir selon son mode humain. Après ce degré il recevra « des notions et des secrets, en exercitation nue et passive, qui ne sauraient tomber sous le sens pour leur ineffable et suréminente excellence ». C'est donc qu'il y a des états mystiques qui ne comportent pas la passivité de toutes les facultés. Nous l'établirons de façon plus catégorique encore dans la suite de cette étude : le saint aveugle emploie très souvent le mot actif en traitant d'état mystique nettement caractérisé. Il ne parlera d'état passif que quand la passivité sera complète. C'est souvent faute de savoir dans quel sens les mots sont employés qu'on arrive à de si étranges et si douloureux malentendus et à des controverses interminables et stériles. Le saint aveugle nous offre un très beau champ d'entente. Puissions-nous tous en profiter !

dis-je, bien voulu montrer, afin que si quelqu'un se trouvait si
fidèle que d'en venir là, il ne s'étonne point ; mais qu'il demeure
ferme en sa résignation et en sa mort continuelle, pratiquant
en toutes ces actions qu'il trouvera ici de lumières.....

« Pour arriver heureusement à cette transfusion en Dieu, il
faut que toute la créature soit perdue à son vivre, à son sentir,
à son savoir, à son pouvoir, et à son mourir ; pâtissant sans
pâtir, se résignant sans se résigner (1). Dès lors que tout cela
lui est inférieur, en son acte électif (en son acte de choisir et
vouloir Dieu) — ce qui ne se trouve que rarement —, l'âme
est dès là même impassible, inattingible, et immobile (2) :
d'autant qu'il n'y a que Dieu en elle : lequel la créature ni ses
inventions ne peuvent atteindre d'une infinie distance. Mais il
ne faut pas aisément se persuader qu'on soit parvenu à cet
état.

« Il y a une infinie gradation avant que d'être arrivé, voire
au premier degré de cette infinie jouissance ; et elle ne peut et
ne doit être possédée au total de Dieu, que par l'entière suppression de la créature, et de tout ce qu'elle a de créé. Elle ne
réfléchit point même là-dessus, d'autant que cela appartient à
la science, et n'est que réflexion très indigne, faite sur soi. Il
n'y a plus en cet état d'acte de réflexion (3), et par manière de
dire, l'âme est hors de puissance de le faire. *Toutefois le franc
arbitre demeure en sa pleine et entière vigueur.* En ceci il y a
infiniment de quoi s'émerveiller et admirer la force de l'amoureuse activité de Dieu à fondre et convertir totalement en soi
ceux qui lui ont voulu sans réserve répondre de tout soi, tant
en la vie qu'en la mort. »

---

(1) La suite donne l'explication de ces sublimes paradoxes que certains, peu habitués au langage des mystiques, trouveront inintelli-
gibles. Il s'agit ici de mort complète quant à sa manière habituelle
de comprendre, de sentir, d'agir : elle souffre, et c'est comme si elle
ne souffrait pas : « La souffrance est en moi, disait de nos jours Marie
de la Trinité, (*Consummata*) mais moi je n'y suis pas. »

(2) Cet acte électif est certes l'acte de *choisir* ou de délibérer ; mais
c'est un choisir qui est déjà quelque peu comme celui de l'ange :
adhésion à Dieu (car c'est acte d'aimer = dilection) d'une façon tellement convaincue et ferme — sous l'action du Saint-Esprit — qu'elle
est comme immobile, c'est-à-dire comme sans capacité de pouvoir
se reprendre.

(3) De délibération, on se détermine sous l'emprise du don.

Mais — et nous avions hâte de le dire — quelle que soit l'âpreté du chemin que notre grand mystique fait parcourir à son disciple, il ne veut point qu'il oublie jamais le conseil de l'Apôtre : « Réjouissez-vous dans le Seigneur : *Gaudete in Domino semper, iterum dico : Gaudete* » (Phil., v, 4).

« Cependant il faut vivre joyeux et allègres, ainsi qu'il convient aux vrais amoureux de Dieu : d'autant que Dieu est à soi-même tout son bien, et que tout notre plaisir en notre infini amour est que Dieu soit ce qu'il est, qu'Il ait ce qu'Il a, et qu'Il se bienheure présentement soi-même en sa présente éternité. Voilà ce qui réjouit les anges en la gloire, et les hommes en la voie, en quelque condition prospère ou adverse qui se puisse rencontrer ; et c'est ainsi que le bonheur de Dieu et sa félicité dans les hommes est leur félicité en la terre, et que le Paradis de Dieu est en eux.

« A la vérité, comme l'homme est composé de deux parties, il se peut faire qu'il puisse pleurer, en demeurant joyeux au-dedans; mais encore ne voit-on point de sujet raisonnable de pleurer. Car quiconque désire d'un ardent amour la honte, la calomnie, l'opprobre et tout mépris, les maladies, les pertes, la pauvreté, la croix et la douleur, quand il y est, il a ce qu'il désire, et partant il a sujet de se réjouir, si en effet les maux et les oppressions ne le violentent pas trop en la partie sensitive, car alors il peut pleurer et en même temps se réjouir en son homme supérieur, qui est la raison. Cela même est souvent inconnu, d'autant que tout l'homme semble être occupé de la tristesse, et quand cela serait qu'on ne fût aucunement joyeux au-dedans, à cause de la cuisante et profonde tribulation, n'importe, la profonde résignation d'esprit et du sens tiennent en quelque façon le lieu de la joie. Pleurer donc de tristesse et de douleur, et se réjouir à même temps, c'est chose rare; mais cela peut être, et on l'a vu et le voit-on encore aux excellents saints, qui vivent d'une terrible manière dans les présents et éternels exercices de Notre-Seigneur. Enfin la résignation contente et joyeuse est ici nécessaire, et suffisante. C'est ainsi que la vie des hommes est laborieuse et joyeuse, heureuse et malheureuse, et il est vrai que tant moins l'homme aura de soulagement, de joie et de repos, tant plus excellemment et de plus près il imitera Notre Sauveur. »

Beaucoup de nos lecteurs ont vu la belle gravure du temps qu'ont reproduite le P. Sernin dans la Vie du V. Jean de Saint-Samson et l'abbé Bremond dans son histoire « du sentiment religieux en France »; et certainement ils ont été frappés du rayonnement de paix et de joie célestes qui nimbe ce visage d'ascète. C'est beau! beau! Ce portrait est l'illustration de la doctrine de mort et de vie que nous cherchons à esquisser. A défaut de lui, qu'il nous soit permis de donner la vraie physionomie de l'âme du vénérable Frère dans cette exclamation qui s'échappa de ses lèvres dans une heure de délaissement :

Gémissements de l'âme en l'absence sensible de son divin Époux

« Où êtes-vous allé, mon Époux? Où vous êtes-vous retiré, ma très chère vie? pourquoi me faites-vous si tôt veuve et orpheline de votre très douce présence? et comment me vois-je aussitôt veuve qu'épouse? Hélas! si vous aviez vu des défauts en moi, que ne les répariez-vous par l'exubérance de vos dons, plutôt que de me quitter ainsi? Ne saviez-vous pas, ô mon Époux et ma vie, que comme je ne suis et ne puis rien sans vous, aussi je ne vis et ne respire que vous, et ne puis vivre que dans votre sein amoureux, qui donne vie, et le comble de délices à moi et à tous mes semblables.....

« Quoi donc? la bonté même, que vous êtes, pour avoir été peut-être offensée de votre Épouse que je suis, cessera-t-elle d'être ce qu'elle est? Quelle bonté, ô mon amour, quelque offensée qu'elle soit, parmi les Anges ou entre les hommes, refusera de se rendre flexible aux voix plaintives, aux lamentations, et aux satisfactions de son semblable? Quoi? souffrirez-vous que le ruisseau, je veux dire les perfections créées, produisent des effets de bonté, et que vous qui êtes la mer d'où dépendent, d'où procèdent, et où retournent tous les effets créés comme en leur centre originaire, soyez vaincu par vos créatures? Quoi? les fleuves seront-ils plus féconds que vous en leurs effets, qui néanmoins n'expriment et ne manifestent autre chose que l'excellence de leur Auteur que vous êtes, et qui en êtes la source et la mer originaire?

« Père Céleste, Éternel et divin, permettez-moi d'entrer en raison avec vous. Il est vrai que vous m'avez donné votre Fils et votre même Déité pour mon Époux ; mais je ne sais par quel malheur, soit de ma part, ou autrement, il s'est absenté ; et m'a misérablement quittée, et abandonnée comme une personne de néant. Comment l'avez-vous permis, vu l'importance du sujet, et que je ne puis vivre ni respirer qu'en lui et pour lui, non plus que sans vous-même ? Que si vous voulez avec lui vous ressouvenir de mon ancienne vie de dissemblance d'avec vous, comment contractiez-vous à votre mariage, et à vos noces divines, consommées réciproquement en nous ? ne savez-vous pas que c'est là ma propre et entière félicité ? Il est vrai qu'elle n'est pas entière en ce corps mortel. Mais au moins l'estimais-je telle, tandis que l'amour et les délices de mon possesseur m'ont tenue fortement occupée, et attentive à la contemplation et jouissance objective de sa ravissante, incomparable et incompréhensible beauté. Ne craignez-vous point que mes désastreuses langueurs, mes morts et mes angoisses ne vous fassent juger pour un Dieu de trop grande rigueur et sévérité ? Que serait-ce cela ? et qui pourrait supporter ce jugement ? Quant à moi je mourrais au même instant de douleur aussi bien que d'amour, si j'entendais ou connaissais porter un tel jugement par vos créatures. Mais, ô Père Éternel, une chose suffit pour y remédier, c'est que vous me rendiez mon Époux, et que l'Époux revienne à moi qui suis son Épouse, et nous serons hors de ce reproche.

« Et vous, mon très aimé et très cher Époux, n'aurez-vous point égard à mes plaintes ? que dira-t-on et comment vous pourra-t-on donner le titre de tout miséricordieux et amoureux, si vous quittez si tôt votre Épouse, qui n'aime éperdûment que vous, et rien du tout hors de vous ; si on vous voit ainsi vous retirer, et mépriser ses amoureux embrasements, on dira sans doute que, vous souvenant du passé, vous vous serez voulu venger d'elle par cette retraite et par cette absence.

« Pour donc éviter ces sujets de plainte, venez, ô ma vie, revenez et prenez derechef possession de moi, qui suis votre Épouse, quoiqu'indigne. Faites en moi votre séjour éternel, comme en votre Royaume, en qualité d'Époux et de Roi de gloire éternelle. Ah ! ne voyez-vous pas que ce présent hiver détruit votre jardin ? les plantes et les fleurs semblent n'y avoir plus de vie. La terre y est stérile et sans fécondité, à cause de la longue absence et retraite de son Soleil que vous êtes. Et si vous ne lui apparaissez, et ne la frappez de votre clarté, la ranimant de votre chaleur et de vos divins rayons, ses fleurs et ses fruits ne sortiront point en évidence.

« Voyez donc, ô les amours, et le centre de mon cœur, voyez à ne plus longuement différer votre très attendu et très désiré retour. Ne vous laissez pas vaincre en compassion à vos créatures : quel honneur et quelle louange en recevriez-vous? Mais je dis mieux, laissez-vous vaincre à moi, non comme à votre créature, mais comme à votre épouse éplorée et désolée que je suis par votre absence. Et je vous promets, ô mon amour et ma vie, toute la fidélité qui me sera possible, et de ne me rendre jamais dissemblable d'avec vous. Et bien que je sois contrainte de demeurer si longtemps, et à regret, exilée dans cette prison et dans cette région de dissemblance : soit que vous retourniez ou non, n'importe, ô mon cher Amour, je suis contente, votre volonté soit faite. Si je ne puis vous posséder en moi et pour moi, je vous posséderai hors de moi, de vous et pour vous et par-dessus vos dons. »

(ch. xvii du *Vrai Esprit du Carmel.*)

CHAPITRE IV

Ce qu'il faut faire pour devenir « spirituel »

2° Revêtir l'homme nouveau :

Pratique des Vertus

A) *Humilité.*

Au fur et à mesure que « l'homme terrestre » s'affaiblit
par la mortification et les purifications passives, « l'homme
céleste » croît. Il n'en est point pour l'édifice de notre perfection comme pour les temples matériels. Veut-on élever
une maison neuve sur l'emplacement d'une vieille : on commencera par tout raser. Ici, il s'agit bien de « tout restau-
rer dans le Christ » (Eph. i, 4) jusqu'aux fondations, mais
l'édification doit marcher de pair avec la démolition. « Le
vice ne se détruit que par la vertu. » C'est par cet en-tête
que débute le chapitre v « du vrai Esprit du Carmel »
intitulé : « La nécessité des vertus ; et comme elles sont
le moyen et la preuve de l'amour divin. »

« Les Vertus, compagnes inséparables de la mortification,
sont si nécessaires à l'homme spirituel, qu'il n'y a point d'autre voie sûre pour parvenir au vrai Esprit du Carmel, ou plutôt du Christianisme qui est l'amour divin. C'est pourquoi il
les faut nécessairement acquérir, à force d'en exercer les actes ;

supposant toujours l'infusion et la grâce (1). Surtout il faut être résolu dès le commencement à cet exercice, et s'y porter non mollement, mais avec vigueur ; d'autant que toute notre vie, et nos appétits corrompus, ne produisent rien de meilleur que ce qu'il y a de naturel en nous : à savoir les vices du corps et de l'esprit, nos propres recherches, et satisfactions. Partant il faut nous y opposer avec générosité, et leur faire par le moyen des vertus une guerre continuelle et bien ordonnée. »

Mais le vaillant apôtre de « *l'Esprit* » ne laissera pas son disciple s'épuiser à la poursuite de multiples vertus isolées ; il lui apprendra à concentrer tous ses efforts sur deux points : l'*Humilité* et l'*Amour*. Et même, ces deux vertus sont tellement inséparables dans sa pensée, qu'il ne saurait traiter de l'une sans parler de l'autre en même temps. C'est dans le même rayon de vérité qu'il a vu l'*Être* de la Cause Première et le *non-être* de la créature, l'amour que mérite Dieu et le mépris qu'il doit faire de lui-même. Aussi ne sera-t-il satisfait, semble-t-il, que lorsqu'il pourra identifier — si je puis ainsi parler — ses deux chères vertus dans son beau chapitre « de l'Amour pur ». Nous arriverons là au centre de son enseignement, à la moelle de sa doctrine :

« Nous réduisons ici à l'amour toutes les vertus, qui sortent de la vraie humilité, ou pour mieux dire, de l'amour souverainement humble. Car jamais les vertus ne doivent être distinguées ni séparées de l'amour, sinon dans leur action qui sort et paraît aux hommes : et non jamais en leur essence, qui doit être unique en l'essence de l'amour. »

Mais il n'oublie pas que ce n'est que sur la cime de la montagne de la perfection que, dans la pratique, cette heureuse fusion se réalise. Et il met son disciple en

(1) Remarquons, en passant, que jamais Jean de Saint-Samson ne sépare l'action de l'homme de l'action de Dieu.

garde contre les illusions d'un amour tout sensible qui ferait bon marché de l'amour effectif.

L'amour doit être accompagné des vertus

« En matière de perfection, les Vertus doivent être informées de l'amour, comme de leur principal motif. Mais l'amour ne peut suffire à soi-même, si les vertus ne lui ont préparé la voie. Elles le doivent précéder, jusqu'à ce qu'on se sente les avoir surpassées en fond et en vérité de désir ; et il faut que les continuelles occasions qui se présentent de les pratiquer nous fassent remarquer si notre désir est efficace et véritable, ou non. C'est pourquoi nous devons bien remarquer si, par exemple, nous sommes émus d'amour ou de haine vers le prochain, dans les occasions ; si nous voulons être aimés, loués, estimés, et non blâmés des créatures ; et autres choses semblables, qui nous font voir combien nous sommes près ou loin de Dieu, ou de nous-mêmes. Il faut donc surpasser les vertus, avant que de nous exercer seulement dans les sujets et les matières de l'amour divin ; d'autant que, comme j'ai dit, les vices qui règnent en nous ne peuvent être détruits qu'en acquérant excellemment leur contraire qui sont les vertus.

« Le pur amour (1) ne convient qu'aux souverainement parfaits, et personne ne le saurait incessamment exercer en pureté et vérité d'esprit, s'il n'est souverainement vertueux. Ce sont les vertus qui aboutissent immédiatement à l'amour comme à leur fin ; après quoi elles ne sont plus qu'une seule chose avec lui. Bref, l'amour se conserve par les vertus qu'il a transformées en soi ; et lorsque cela est, il suffit de là en avant de plus en plus à soi-même, au plaisir de son Objet infini qui est Dieu. Néanmoins les bons exercices bien affectifs, et bien pratiqués sont fort avantageux pour l'avancement de ceux qui s'en servent. »

(1) Qu'on comprenne bien : l'auteur ne veut pas dire qu'il es interdit à l'âme encore imparfaite de produire des actes d'amour pur, mais seulement qu'il ne convient qu'aux souverainement parfaits de ne s'exercer qu'à l'amour. Nous avons là une mise au point excellente de cette magnifique parole de saint Augustin : « Aime et fais tout ce que tu voudras. »

L'amour et la vertu se conservent l'un l'autre

« L'amour donc conserve les vertus, et les vertus conservent l'amour, elles nous montrent si nous aimons ou non. L'un ne peut être sans l'autre, vu que dans notre constitution humaine, la nature, au défaut d'être tirée de Dieu, cherche toujours à se répandre, et ne peut supporter d'être dans la nudité. C'est cet ordre perfectif qui sanctifie les hommes, à proportion qu'ils sont fidèles à lui répondre amoureusement de tout soi, en toutes occasions. *Celui qui meurt davantage est plus saint, et plus esprit,* tant selon la théorie que selon la pratique. C'est ainsi que les hommes recoulent en leur éternelle origine, sans faire réflexion sur eux-mêmes hors de temps et de raison. »

(Vrai esprit du Carmel, ch. v.)

Dans le chapitre suivant, le saint aveugle indique « le principal moyen d'acquérir les vertus » :

Jésus-Christ est la source et le modèle des vertus.

« Comme nous avons une très grande région à traverser pour sortir de notre rien, et passer en Dieu qui est notre tout ; il faut par nécessité que nous empruntions les moyens de ce retour, de *Notre-Seigneur Jésus-Christ,* qui, s'étant fait homme pour notre amour, nous les a seul abondamment fournis en lui-même : ayant pris pour cela toutes nos faiblesses, qui ne lui pouvaient convenir selon sa Divinité. Ces moyens ne sont autre chose que les vertus, lesquelles nous ne pouvons avoir méritoirement sans lui, mais seulement par le mérite de celles qu'il a exercées entre les hommes, pour leur remède et pour leur exemple.

« Cela ravit en admiration pour jamais ses plus chers et plus excellents Élus : et l'ayant incessamment pour leur miroir et pour leur exemple, son amour, qui ravit incessamment leur volonté, les excite à l'imiter vivement, et à le représenter tant en la vie de son esprit intérieur et divin qu'en celle de son corps, et tant en sa Divinité par le dedans, qu'en son Humanité par le dehors : représentant le plus vivement qu'il leur est possible ses gestes, ses paroles, et toutes ses sacrées vertus.

Si bien que nous ne cherchons point ailleurs notre éternel miroir, notre modèle, et notre exemplaire ; puisque nous voyons en lui suréminemment et suressentiellement tout cela, comme une seule chose. Voilà comme quoi il est merveilleusement sorti en temps et lieu à la production de ses merveilles, dont les effets infinis ravissent pour jamais les Anges et les hommes, tant ceux qui jouissent déjà du fruit de ses travaux, que ceux qui sont dans le continuel exercice de cette amoureuse et glorieuse conquête. »

Toutes ces vertus qui doivent faire cortège à l'amour découlent comme nécessairement de l'**HUMILITÉ** :

Humilité mère des vertus

« Allez toujours à sens contraire de vous-même, et suivez *Jésus-Christ* en profond amour, et dans la pratique de toutes les vertus, qui sont les suites de son humilité. *Si vous êtes parfaitement humbles, vous serez quant et quant parfaits en toutes les vertus.* Car cette sainte vertu est comme un arbre précieux, planté profondément en tous les cœurs saints, qui produit toutes les vertus évangéliques : l'obéissance, la patience, la diligence, la force, la pauvreté, la chasteté d'esprit et de corps, la sobriété, la tempérance, et autres semblables, qu'il faut incessamment pratiquer, en toutes occasions, en bon ordre, et avec largesse et discrétion. »

A vrai dire, notre Vénérable fait consister tout son ascétisme dans l'humilité, qu'il comprend de manière très large, très haute, très pratique. Il en parle très longuement dans son traité « le Vrai Esprit du Carmel » ; il en fait l'objet des trois chapitres VII, VIII, IX. Nous donnons *in extenso* le ch. VIII (1). C'est, à notre humble avis, un écrin qui renferme des perles d'un très grand prix ; nous nous contenterons de glaner quelques épis dans le vaste champ que nous offre le IXe chapitre avec ses multiples

----

(1) On le trouvera dans ce n° aux « Textes Anciens ».

paragraphes, car nous ne pouvons abuser de la large hospitalité que la *Vie Spirituelle* nous a offerte si fraternellement. Nous laissons enfouis bien des trésors ; mais notre ambition, dans cette si médiocre étude, n'a été que d'inspirer à plus habile écrivain que nous le désir de les faire sortir de l'oubli où on les a laissés tomber.

Le chapitre vii traite « de la connaissance de soi-même ».

La nécessité et l'utilité
de la connaissance de soi-même.

« La connaissance de soi-même est une si haute et si nécessaire science, que sans elle rien ne peut profiter à nos âmes. Le propre effet de la sapience infuse, et de cette noble science, est que l'homme, goûtant Dieu, voie et sente à même temps la vérité de son rien : et c'est ce qui fait que le pécheur vraiment converti ne peut assez s'étonner de voir un amour de Dieu si excessif et si démesuré à son endroit, et de ce que cette souveraine Majesté l'a daigné prévenir si abondamment des bénédictions de sa douceur. Voyant, en cette immense lumière, la laideur de ses péchés, cela le pénètre tellement, que c'est merveille comment il peut subsister en ce prodigieux aspect. De vrai, si la divine Majesté ne le préservait en cette vue, il mourrait à l'instant : mais quoique cette sorte de mort fût douce et bienheureuse, Dieu néanmoins veut qu'il continue à vivre, dans la vue et en l'expérience de son rien : et qu'il expérimente toujours de plus, que tout être créé n'est rien, au respect de l'être infini de Dieu. Cette vue et cette impression l'abîment jusqu'au fin fond des enfers, d'où il se voit miséricordieusement délivré, par la forte prévention de l'immense bonté de Dieu. Il se juge la pire créature de tout le monde, et sait très bien que, sans le secours actuel de la grâce, dont Dieu le prévient fortement, et l'accompagne abondamment, il ne ferait que tomber sans cesse dans l'abîme du péché. C'est pourquoi, il emploie tout son effort à s'humilier, et se confondre au-dessous de toute créature, non seulement en considération de son propre rien, mais encore en la vue présente, et vif ressentiment qu'il a des innombrables injures qu'il a fait à sa Majesté infinie : ce qui l'ayant autant de fois réduit au non-être quant à la grâce, l'eût anéanti même quant à la nature, dès son premier péché, si la justice de Dieu eût retiré son concours comme elle le pouvait. Vérité si abyssale, que c'est de quoi se confondre éternellement : aussi ne perd-elle jamais cela de vue ni de sentiment.

« ... C'est là que les abîmes s'invoquent l'un l'autre, et que tous les hommes réduits au non-être, comme ce qui n'a jamais été, se perdent dans l'infiniment spacieuse mer de la bonté et miséricorde de Dieu, dont l'abîme ne peut être conçu ni exprimé.

« De là est que la créature se résout à se soumettre dorénavant à l'aveugle et sans raisonnement à l'équitable justice de Dieu. S'il plaît à sa divine Majesté que tout l'univers s'arme contre elle, elle s'y soumet volontiers, afin de satisfaire à ses péchés, jusqu'à souffrir des peines infinies si Dieu le veut ainsi, et la mort même, voire en l'éternité (1). Surtout elle se défie de soi-même, voyant par expérience qu'elle n'a rien de soi, sinon la chute, le malheur, et l'éternel non-être. »

Nous voyons comment le V. Fr. Jean de Saint-Samson entend la connaissance de soi-même : elle doit nous venir bien plus de la lumière d'en haut que d'un regard prolongé sur nous-mêmes. Pour lui, se connaître soi-même, c'est se considérer en face de sa chère Cause première. Que cette connaissance-là donne de paix et de magnanimité ! quelle force dans les vicissitudes de la vie !

La vraie humilité est ce qui rend l'homme plus agréable à Dieu.

« La créature est très méchante qui fait ce tort à Dieu, que de vouloir être quelque chose, même au respect de qui que ce soit. Où donc nous mettra-t-on ? haut, ou bas ? loin ou près ?

---

(1) Il ne s'agit pas évidemment ici de l'indifférence pour son salut; mais le Vénérable fait allusion aux souffrances terribles des purifications passives où l'on se croit damné et dans lesquelles pourtant il faut garder une certaine résignation et se jeter en plein dans l'abandon.

en l'honneur, ou en l'infamie? au bien, ou au mal, que nous
ne soyons également contents, sans réfléchir ni raisonner bassement sur nous-mêmes : mais en Dieu seul, duquel et dans
lequel nous vivons, pour le posséder pleinement, et pour être
mutuellement et réciproquement possédés de lui? Car il est
notre éternel et bienheureux centre, auquel étant parvenus,
transfus et perdus par la totale transformation de notre volonté,
et de tout notre appétit en lui, nous jouissons dès ici de la
plénitude des saints, dans laquelle nous demeurons en grand
plaisir et repos d'esprit et de cœur, même au plus fort de nos
batailles et de nos croix. Ceci est une chose si merveilleuse,
que Dieu prend un singulier plaisir à polir tous ceux qu'Il
aime, par toutes sortes d'exercices; quoique fort diversement,
et en différentes voies. Que si on veut savoir, de certaine
science, ceux qui lui sont plus agréables en cette vie, qu'on
sache et qu'on croie assurément que ce sont ceux qui marchent
entièrement anéantis en sa présence.

« Dans ce néant, et là où il n'y a rien, l'humilité est en son
centre et a pour lors son continuel effet. Car le vrai rien ne
peut nous paraître par soi-même, mais en son lieu la mort
nous apparaît. Nous voyons les mourants, tandis que le rien
nous demeure inconnu, et même à celui qui y est réduit, tant
il est profondément abîmé en Dieu. Mais mon Dieu, de qui
parlons-nous ? Pour mon regard, je ne sais ; car ceux-là même
qui semblent parfaitement anéantis veulent sentir, entendre,
voir et connaître. »

Feuilletons maintenant rapidement le chapitre IX
« Traité plus ample de l'Humilité » :

De l'humilité claire ou raisonnable : et de celle qui surpasse la raison appelée fervente par S. Bernard.

« Il faut remarquer, avec saint Bernard et les autres mystiques, qu'il y a deux sortes d'humilité, l'une qu'ils appellent
claire, et l'autre *fervente*. La première s'exerce par la raison
persuadée et convaincue : par exemple, voyant qu'un Dieu,
qui est la cause et l'objet final de toute créature, s'est tant
abaissé, humilié, et totalement anéanti : en vivant et mourant

pour le salut des hommes. Toutes les œuvres de ce divin Sauveur nous étonnent tellement, et nous ravissent en une si profonde admiration, qu'éternellement anéantis sur cet aspect, nous ne savons alors que faire, que dire ni que penser. Nous voyons clairement qu'il faut répondre à cela par œuvres, par renonciations, et par morts; et convaincus et persuadés des infinies raisons de contraires si opposés l'un à l'autre, nous nous rendons et rangeons à notre devoir, qui est de recouler activement, sans cesse, et de toutes nos forces en notre Centre divin, éternel et désirable. »

Humilité fervente et qui surpasse la raison

« L'âme, tombant dans ces profonds abîmes, épuise bientôt sa raison et soi-même en Dieu infini, auquel elle est arrêtée et attachée fixement, à contempler en profonde admiration les infinies merveilles qu'il a tirées et manifestées aux hommes pour leur bien éternel. Ici la raison cède, et l'homme demeure ravi dans le silence éternel; et ayant surpassé toute son intelligence, sa raison, et soi-même, il tombe et défaut totalement à sa compréhension. Il voit en cet abîme combien le pouvoir humain est court et limité pour la compréhension de cette infinie immensité; et cela fait que l'homme se ravit et se perd de plus en plus en l'aspect de cet objet, qui, par ses attouchements divins, remplit le cœur et toutes les puissances sensitives d'un amour admirable. Si bien qu'il est déjà par ceci totalement changé de ce qu'il était, avant qu'il eût la connaissance de Dieu (1). »

L'humilité qui n'est appuyée que sur la raison n'est pas de durée.

« L'humilité donc de ces passionnés qui ne sont que dans le sens, n'est que plâtre, et mensonge, qui ne durera, à tout le plus, qu'autant que durera l'influence divine. Ils feront assez

---

(1) On voit déjà ici comment la contemplation mystique aide à l'acquisition de l'humilité. En un autre endroit, il dira : « Ceux qui sont vraiment humbles ne le sont devenus que par l'influence de la Sagesse divine. »

voir ce que je dis, quand on les exercera en quelque façon que ce soit au dedans et au dehors, contre leur raison et leur jugement. On les verra murmurer, contester, et piquer mortellement, et si quelques-uns d'entr'eux dissimulent et endurent les pointes qu'on leur donnera, ils seront sages au respect des fous qui remplissent la terre à l'infini.

« Il est donc vrai que s'il y a plus de raison que d'amour dans le motif de l'humilité, elle n'est que feinte et apparente : elle n'endurera jamais l'exercice des hommes au dehors, et ils excéderont toujours plus ou moins sa raison. C'est pourquoi il se faut plus exercer par l'amour que par la raison, et si on ne s'exerce que selon la raison, on bâtira sur le sable. Les païens même ont bien reconnu cette vérité, qui, envisageant l'excellente beauté de la vertu, se sont souvent plus exercés dans l'amour d'icelle que non pas en la seule raison.

« Animons donc ardemment notre objet qui est en Dieu. Animons notre raison et notre connaissance d'un ardent amour, mais qui soit véritable, et qui soit au-dessus du raisonnement humain. Car si l'amour ne surpasse cela, l'homme n'outrepassera jamais soi-même : et ne faisant point mourir son homme extérieur, qui est le sens et la raison inférieure, pour le rendre esprit par le motif et la voie d'amour, il ne se sentira jamais convenablement élevé, même à la première et plus basse unité du cœur. »

Nous reconnaissons bien là le langage de l'apôtre de « l'Esprit »; il insiste encore auprès des directeurs pour qu'ils conduisent dans ce sens les sujets qui leur sont confiés :

Quelle est la meilleure manière de conduire les âmes dans la vertu d'Humilité.

« Quelques-uns donnent des préceptes d'humilité, qui n'exercent l'homme que par le dehors, et ne sont propres qu'à crucifier le sens à force d'extrême et continuelle violence : c'est pourquoi l'onction divine ne s'y trouve point. Ces préceptes encore servent de fin, d'objet, et de moyen tout ensemble à ceux qui les observent; s'y arrêtant en sorte que leur esprit demeure toujours sec et vide de la Sapience divine, et de sa connaissance et onction savoureuse et mystique, qui se communique ordinairement à ceux qui s'exercent comme il faut par le dedans, en bon ordre, et avec vérité. Ces conducteurs même ne craignent pas de défendre la lecture des excellents auteurs mystiques, et je me persuade qu'en cela ils ont bonne intention; mais cela ne suffit pas pour faire qu'on les doive croire.

« Je dis donc que les directeurs ne se doivent point servir de cette sorte de conduite, vu que l'onction divine et la vraie habitude d'humilité *plus infuse qu'acquise*, produira toujours à point nommé des meilleures lumières et préceptes. Cette conduite par préceptes extérieurs ne convient qu'à personnes sévères, austères, et critiques qui, demeurant toutes vives au dedans, seront toujours pleines de mauvais sentiments, de soupçons et de jugements téméraires. Et quand elles n'en auraient pas de sujet au dehors, à raison du bon exemple qu'on leur donne, leur nature, toute vive et corrompue, leur représenterait quelque chose du passé pour cela.

« Enfin cette vie du sens et de continuelle réflexion sur soi n'a pas le moindre vestige de vérité. Mais quoi? au défaut d'un pain délicat, on se repait d'un pain grossier, qui n'est propre quasi que pour les animaux. »

Effets merveilleux de l'humilité fervente

« Nous avons assez manifestement montré que l'humilité *claire*, toute seule, n'est guère de chose, et que plus on va profitant *en la voie de l'esprit*, plus facilement on quitte la raison, pour suivre Dieu et ses divins attraits. Car l'homme tiré au dedans par ce moyen est déjà rendu simple, pour entrer et pénétrer d'un esprit actif, fervent et d'une simple et très facile application dans les perfections et grandeurs de Dieu, et en son essence divine : ce qu'il contemple et pénètre comme une seule chose si clairement, si à découvert, et avec si grand plaisir d'esprit, que tous les plaisirs créés ne sont rien en comparaison. L'âme désormais s'avance tellement en ce feu et en ce négoce d'amour, que le moindre détour de là lui est une mort très amère. Aussi ne peut-elle plus se résoudre de s'en détourner, à moins que d'être totalement méchante et déloyale à son amour, qui va tirant, ou pour dire ravissant le sien à soi. C'est pourquoi ces âmes redoublent de plus en plus leur activité

6

amoureuse, jusques à ce qu'elles défaillent du tout à leurs forces et à leurs opérations, en l'abîme de Dieu leur amoureux objet. »

Voies rigoureuses qui doivent précéder
la perte de l'âme en Dieu.

Mais avant d'être arrivées là, il leur a fallu souffrir les profondes et mortelles rigueurs de fervente humilité en un temps, et plus que fervente en l'autre temps ; en nudité, morts, renonciations, pertes, résignations, indifférences, conformités, et toutes autres semblables voies ; qu'il a fallu généreusement passer, sans appui ni consolation aucune. De sorte que les misères souffertes ne se peuvent exprimer de bien loin, telles qu'on les a senties et passées successivement, et très diversement en chacun de ces degrés. Car l'amour illumine en un temps, il illumine et commence à purger en l'autre, et puis il purge purement sans consolation ni lumière, et enfin cet objet infini se montre à l'âme en toute sa beauté, qui la ravit en un moment à soi : de sorte qu'elle est toute liquéfiée, et fondue éternellement dedans toute l'immensité de son feu très actif et très dévorant. »

A cette action purificatrice de Dieu, le Vénérable entend bien d'ailleurs que son disciple joigne son effort personnel. Il exige même beaucoup. Écoutons-le plutôt. Peut-être quelques-uns de nos lecteurs trouveront qu'il exige trop ; mais n'oublions pas qu'il s'adresse à des âmes qui ont obligation de tendre à la perfection, aux « *vrais enfants de l'esprit* ». Il ne se dissimule pas d'ailleurs que le nombre de ceux-ci est très restreint :

Le vrai mourant avale avec joie le calice
de la mortification

« Quant aux vrais mourants, ils avalent très joyeusement ce calice, comme chose très sortable à leur âme, et pour leur vrai bien. Cela fait voir combien la vraie humilité est rare, puisque personne ne se trouve qui en veuille aborder les moyens et les chemins, qui sont la vive et continuelle mortification, et le vrai mépris de soi-même. Un chacun voudrait avoir couru cette carrière insensiblement, et sans avoir rien frayé du sien : et les meilleurs voudraient être exercés à ceci selon leur invention et leur jugement : ce qui est comme s'ils disaient : Ne me touchez pas au fond, ni en l'honneur, ni en ma réputation : car je ne l'endurerai jamais, et je quitterai tout là infailliblement. On ne trouve personne qui se veuille laisser toucher ainsi, et qui veuille mourir comme il faut, et entièrement à soi-même. C'est pourquoi la vraie humilité est si rare, qu'elle ne se trouve quasi point. »

Il souffre avec joie les persécutions

« Les humbles de cœur et d'esprit sont outre cela très joyeux : de sorte que ceux-là qui les maltraitent croient assurément que ces humbles personnes, dont ils font leur jouet et leur plaisir, n'endurent point, ou qu'ils souffrent leurs cruels efforts et leurs mortelles pointes avec extrême regret et crève-cœur, de ne se pouvoir promptement venger : et qu'ils ne s'en abstiennent que par vraie hypocrisie. C'est ici une vraie marque et un vrai effet des hommes souverainement humbles, et l'apôtre l'a manifestement montré par ces paroles : *Nous sommes* (dit-il) *estimés de ceux qui nous maltraitent, comme des séducteurs, quoique nous soyons véritables ; comme inconnus, et néanmoins on nous connaît bien ; comme chatiés et non mortifiés ; comme tristes et toujours joyeux ; comme mourants, encore que nous vivions ; comme indigents, quoique nous départions des richesses à plusieurs ; comme n'ayant rien, quoique nous possédions toutes choses* (II Cor., VI). »

Le Vénérable Frère pousse l'humilité encore plus loin. Il admire — sans toutefois les proposer à notre imitation — ceux qui, pour échapper aux dangers de la vaine gloire, ou pour entrer plus profondément dans les abaissements de Celui qui par amour pour nous a voulu être traité comme un insensé, « se sont résolus, par inspiration du Saint-

Esprit, de contrefaire les fous par une héroïque vertu et sagesse.

Il appelle justement cette humilité « irraisonnable ou surraisonnable », non pas toutefois, — il a bien soin de le faire remarquer un peu plus loin — que cette humilité soit ni sans raison ni contraire à la raison, mais parce qu'elle est infiniment au-delà de toute raison. Cette humilité est d'ailleurs très rare, « si rare qu'elle ne se trouve quasi point », c'est le lot « des souverainement parfaits » parmi « les enfants de l'Esprit ». « Elle n'est qu'en ceux qui agonisent et meurent incessamment à sa poursuite, pour le seul amour et bon plaisir de Dieu, à la vive et perpétuelle imitation de notre bon Sauveur, tant au dedans qu'au dehors ». Déjà, il nous avait montré la grande distance qui sépare « les morts » des « mourants » (1) ; il dépassera ceux-ci encore :

(1) Voyez le chapitre précédent, p. 68. Il y revient dans ce chapitre IX de l'humilité au § 10 :

« Il y a grande différence entre mourir, et être mort. Mourant en détail et peu à peu, on acquiert les habitudes de toutes les vertus, spécialement de l'humilité, comme dame et motrice de toutes les autres, ses inséparables compagnes. Mais quand on est mort en vérité, on est en jouissance de toutes les mêmes habitudes parfaitement acquises, et parfaitement pratiquées en temps et lieu. C'est ce que disent et montrent évidemment les plus excellents mystiques en termes équivalents. Ils disent que trois choses conviennent à l'homme mort, à savoir, être inhumé, qu'on marche sur lui jusqu'au jour du jugement, et qu'il est réduit en cendre. Ce sont ces vrais morts, qui sont véritablement en possession et jouissance de tout le vrai bien du parfait viateur. Quant aux mourants, comme il y a pour eux une haute ascension à faire, avant que d'arriver à la jouissance de tout bien, et à leur mort sensible et spirituelle en Dieu, lequel est leur propre sépulcre ; cela fait qu'il nous faut toujours plus parler à ces vivants non encore totalement morts, qu'à ceux qui sont morts en vérité. Et cela non tant par raisonnement et persuasion, qu'en pur esprit et avec simplicité. »

De la mort, de l'anéantissement
et de la vraie liberté de l'âme perdue en Dieu.

« Parlant maintenant à ceux qui sont vraiment morts, je dis que ce leur est toute autre chose d'être entièrement anéantis, que d'être entièrement morts : car la mort est l'entrée à l'anéantissement. Mais, bon Dieu, que disons-nous ? de quoi, et à qui parlons-nous, puisque si peu se trouvent être entièrement morts ? N'importe, disons que ceux qui sont vraiment anéantis selon le dernier et suprême état, demeurent dès là même ignorés et inconnus, et qu'ils sont différents de beaucoup d'assez saints et excellents mystiques. Il n'y a saint, par manière de dire, si spirituel, qu'il ne s'en trouve d'autres plus excellents et plus élevés que lui. Mais on peut dire qu'il y a des hommes de si suréminente sainteté, et dont la perte est si vraie et si entière, qu'elle les rend tous tels que leur infini objet (1). Ce n'est pas mon dessein de particulariser autrement ce sujet, à ceux qui gisent au dehors, quoique ce soit en esprit. C'est assez qu'on sache que les plus excellentes personnes de cette vie divine sont telles dans ce suprême et dernier état, entre tout ce qui est pur esprit.

« On ne voit et on ne comprend point comment cela peut-être vrai en eux, attendu qu'on les voit très libres à l'action dont même les bons et les saints font conscience (2). Mais il

---

(1) Il s'agit évidemment ici d'union transformante. Tout ce passage — soit dit en passant — laisse suffisamment entendre qu'il y a bien des degrés dans la vie mystique avant d'arriver là.

(2) Nous dirions en langage familier maintenant : « se font scrupule » ; autrement dit, ces âmes si éminemment saintes peuvent se permettre, sans aucune imperfection, des licences que d'autres moins saintes ne se permettraient pas, justement parce qu'elles ne sont pas arrivées à cette liberté de cœur et d'esprit.

En lisant ce passage, j'en fis aussitôt l'application à notre Bienheureuse petite Sœur Thérèse de l'Enfant-Jésus. C'est bien à cet anéantissement qu'elle était arrivée quand elle disait qu'autrefois elle avait ambitionné le mépris, mais que c'était maintenant l'oubli des créatures qu'elle désirait. L'oubli est pour le « rien », le mépris s'attaque encore à quelque chose. Et j'admirais — sous des formes absolument opposées — la même simplicité et la même sublimité de doctrine dans notre grand mystique et notre suave petite Sœur. Certains, avant que les miracles et l'Église eussent parlé, n'avaient pas su

faut savoir que plus on est devenu esprit, et divin, à force d'agir, de fluer, de pâtir, et de mourir en Dieu, et à force d'aimer soit dans l'amour, soit par-dessus l'amour, moins doit-on être compris et jugé en ses voies, si ce n'est par un esprit tout semblable. Si bien que les esprits inférieurs à tout ceci n'ont qu'à tenir leur chemin, sans s'empêcher nullement de ce qui surpasse leur atteinte. S'ils ne se voient pas si libres que ceux-là en leurs sorties (1), ils doivent assurément croire que c'est parce qu'ils ne sont pas tant esprit, que ceux desquels je viens de parler. »

Il ne cherche pas à être estimé humble mais très vil.

« Davantage le vrai humble, en parfaite habitude, ne pense quant à soi aucunement à l'humilité ni à sainteté. Il a un sentiment très vil de soi-même, et attend incessamment qu'on le traite conformément à cela, selon l'ordre éternel de Dieu ; auquel et duquel il vit, et en qui il meurt, très content en tous événements. Il ne réfléchit jamais au dehors sur soi, pour se rechercher, ni sur les créatures ; et reçoit d'elles à très grand plaisir tout mauvais traitement, en désirant toujours recevoir et endurer davantage : et il fait cela en l'amour infini de son amoureux objet : son très vif exemplaire, son modèle très parfait, son miroir et son tout, auquel il désire parfaitement ressembler.

« Cela l'anime toujours à dévorer toutes sortes de peines et de croix, aimant en perfection celui qui se rend plus actif et plus cruel à le tourmenter, et y employant toute l'étendue de son amour très humble, très fort, et très vigoureux à tout soutenir en très grande joie d'esprit. »

De la sainte haine que le vrai humble porte à soi-même et que sa vie est plus angélique qu'humaine.

Si quelqu'un se haïssait si parfaitement, qu'il se procurât

découvrir les secrets de haute sainteté que cachaient les mots enfantins de « l'histoire d'une petite fleur blanche ». Certains ne sauront pas davantage, craignons-nous, comprendre dans le style solennel de notre Vénérable l'exquise simplicité de son âme et de sa doctrine.

(1) Leur manière d'être extérieure.

tout le mal qui lui serait possible, par acte d'appétit continuel ; ou s'il ne l'osait faire, à raison de quelques circonstances, s'il l'attendait au moins de pied ferme et arrêté ; aucune créature ne lui ferait peine et rien ne l'offenserait. Car on ne le pourrait nullement trouver, et il serait à jamais imperturbable, et totalement impénétrable ; non seulement dans son propre fond, mais en tout Dieu, auquel étant totalement perdu, il vivrait là dedans très caché et très inconnu, en totale solitude d'esprit et de corps, autant qu'il lui serait possible. Encore que tels hommes communiquent au dehors avec les serviteurs de Dieu leurs semblables, n'importe, ils ne seraient pas moins cachés quant à eux ; d'autant que toute leur pratique et leur communication n'est que de pure nécessité, en l'ordre et en l'étendue de la discrétion divine.

« Mais comme il y a si peu de telles personnes sur la terre, de là est qu'on voit si peu de vrais humbles, selon toute l'étendue de la très forte habitude de l'humilité, *en partie acquise et en partie infuse.* Car cette habitude très excellente n'est le lustre et l'ornement que de ceux qui sont vraiment morts, comme vivant hors de soi, dans la vie et le plaisir de son propre objet (Dieu).....

« De sorte que quand il faut faire ou endurer quelque chose, ces âmes sont en leur centre ; et tant plus il faut travailler, tant plus elles ont de plaisir et de satisfaction.....

« Qu'on ne me dise point que ceci est exagéré à plaisir, puisqu'on ne connaît point de semblables hommes. Je sais qu'il y en a, et partant qu'on ne laisse pas de les connaître (1), quoiqu'il soit vrai que le nombre en est très petit. Car pour l'ordinaire, ce qui semble pur et fin or, se résout et s'évapore en fumée, étant mis dans le violent feu de la tribulation. »

(1) On les connaît, en ce sens qu'on vit près d'eux ; mais on ne les connaît pas quant à leur fond et à ce que Dieu y opère.

Ici encore, je pensais à la bienheureuse Thérèse de l'Enfant-Jésus et à ses heureuses compagnes. Qui parmi elles soupçonnait qu'elles possédaient un de ces « petits » consommés dans l'humilité ? Qu'on me pardonne ce nouveau rapprochement. La gracieuse physionomie de notre petite Sœur me sourit constamment tout au long de ces pages austères. Jean de Saint-Samson et Thérèse de l'Enfant-Jésus ont vécu du même esprit.

Le vrai humble fait place à Dieu au dedans de soi, et lui édifie une maison de plaisance.

« On ne doute point que l'humilité ne soit la vertu des vertus, leur base, leur soutien, leur vie, leur bien-être, leur force, et leur nerf principal. Toutes les vertus morales reçoivent d'elle abondamment leur influence, leur vie, et leur vertu ; et son fond est si fécond pour cela qu'on ne le saurait épuiser. Quoi qu'on en dise, on ne l'épuisera jamais : encore qu'il soit vrai qu'il n'est pas nécessaire absolument de le tant approfondir, et pénétrer, pour l'établissement de la vie de l'Esprit, que nous le faisons en ce traité (1). Mais n'importe, on verra au moins que c'est le fond très fécond et abondant, qui nous a fourni de ses riches minières de quoi bâtir la maison de plaisance d'amour, en laquelle l'homme étant entré par un ardent désir de vivre à Dieu, et non plus à soi ni aux créatures, s'efforce de monter de là en avant l'escalier d'amour, pour s'unir et se joindre étroitement à Dieu, souverain Seigneur de ce lieu de plaisance en la créature. »

---

(1) Et ceci est bien encourageant pour qui n'est pas arrivé à ces hauteurs. « Il y a plusieurs demeures en la maison de mon Père » (Joa., xiv, 2). Nous appuierons sur ce point si consolant en étudiant, d'après le saint aveugle, l'appel à la vie mystique.

CHAPITRE V

La pratique des Vertus
(suite)

B) *L'Amour*.

Les abîmes d'humilité où le V. Frère Jean de Saint-Samson nous a fait descendre (1) nous ont déjà fait soupçonner les cimes d'amour où il élèvera son disciple. Car il en est de l'humilité et de l'amour comme des deux plateaux d'une balance : plus l'un s'abaisse, plus l'autre s'élève. C'est le même poids qui produit ce double mouvement de bascule. Le poids ici, c'est le rayon de Vérité qui descend de l'Être de Dieu dans l'intelligence créée. Au chapitre XIII du Vray Esprit du Carmel, l'Époux dit à l'épouse : « Vous voyez votre petitesse dans ma grandeur, et dans mon tout, votre rien, lequel enfin est fait tout en mon tout. »

Comme l'orgueil est « l'amour de soi jusqu'au mépris de Dieu », l'humilité est « l'amour de Dieu jusqu'au mépris de soi ». Tous les auteurs ascétiques sont d'accord là-dessus avec saint Augustin. Il en est cependant qui attirent davantage l'attention de leurs disciples sur le mépris de soi, sur le sacrifice : Il faut d'abord faire place à

(1) Cf. le chapitre IV.

Dieu, disent-ils avec raison ; l'amour suivra nécessairement. D'autres ne craignent pas de stimuler dès le début
de la carrière la générosité des âmes par l'appât de l'a-
mour, — méthode plus rapide et plus douce qui devrait
toujours avoir la préférence, si, avec certaines natures, il
n'y avait à craindre l'écueil de la sentimentalité : « Dès
que le Maître du monde vient à paraître, il met tout
dehors », a pu dire sainte Thérèse, avec son grand sens du
pratique.

Quelle a été la méthode préconisée par Jean de Saint-
Samson ? Il serait malaisé de le dire, tant il a fait des deux
tendances un juste accord. « L'amour et l'humilité bâtissent la maison de la Sagesse » avec un ensemble admirable. Dans l'impossibilité de tout dire en même temps,
nous avons insisté d'abord, dans cette petite étude, sur les
vertus négatives, si je puis m'exprimer ainsi : mortification, humilité. Il est temps, pour ne pas déformer la doctrine spirituelle de notre Vénérable, de faire à l'amour la
part si large qu'il lui a donnée.

Toujours égal à lui-même, il nous a appris à aimer en
« esprit ». Il a, pour ainsi dire, dégagé l'amour de tout ce
qu'il pouvait avoir de matériel, soit dans son motif, soit
dans son exercice. Il s'est fait l'apôtre du *pur amour*.
Constamment il revient à ces deux considérations :

1º L'amour, pour être pur, ne doit s'appuyer sur aucune
impression ou sentiment sensible. Il aime parce Dieu est
infiniment aimable en Lui-même, il ne s'arrête ni à ses
dons, ni à la consolation attachée à son service. C'est l'a-
mour désintéressé qui ne fait aucun retour sur soi, qui
sait « aimer à ses dépens ».

2º L'amour, pour être pur, ne doit pas s'appuyer non
plus sur une image ou une idée particulière et distincte.

Autrement dit : la seule excellence de la Perfection, de
la Réalité de Dieu — connue, goûtée par la foi et la Sagesse

— dans une idée générale, confuse, obscure, meut l'âme à aimer. Voilà l'objet formel du pur amour.

L'exercice de cet amour, pour répondre à la transcendance de son objet, dépassera toute méthode, tout moyen, toute pratique, comme il a dépassé tout sentiment et tout concept.

Nous avions d'abord essayé de grouper les textes autour de ces deux pensées maîtresses ; mais le simple — ce qui est pur — ne se prête pas volontiers à l'analyse; et le même texte souvent faisait double emploi. Nous nous sommes donc contentés de les transcrire dans l'ordre où nous les avons recueillis au cours de nos lectures. Telle sera la première partie de cet article. Les quelques indications que nous venons de donner suffiront au bienveillant lecteur pour saisir dans ce pêle-mêle l'unité de ce profond enseignement et le double aspect sous lequel on peut envisager le pur amour.

Dans une seconde partie, nous montrerons que cet amour pur, désintéressé, n'est point un amour sans espérance, et que, pour être très simple, très spirituel, il n'en est pas moins actif, généreux et très pratique. Il se sépare ainsi nettement du pur amour des quiétistes.

« ..... Ainsi nous posséderons Dieu en Dieu même, et sa gloire essentielle, à la mesure et proportion de l'amour avec lequel nous nous efforcerons de *fluer* en cette Éternité. Car c'est de là que nous sommes issus pour y refluer activement, par notre généreuse et constante fidélité ; par le moyen de laquelle, tendant incessamment à l'infini sans jamais nous relâcher, nous serons souverainement agréables à Dieu. C'est lui qui, étant ce qu'il est, sans nom et ineffable, en excellence et en éminence de négation, doit être aimé de nous autres en admiration, et par-dessus l'admiration ; soit en nous, soit hors de nous, et hors du créé, en sa même Éternité ; en laquelle il désire à l'infini que nous nous plongions éperdument, par totale perte et abandonnement de nous-mêmes. Et cela *non pas pour la comprendre, car il est impossible, mais pour nous* remplir *totalement de lui-même.* Il faut et il veut que nous soyons perdus, et totalement transfus en toute l'étendue éternelle de cette immensité : pour demeurer ainsi morts à nous-mêmes, et vivants en sa vie vivifiante et éternelle.

« Je crois que vous vous sentirez puissamment excités par ces vérités à aimer souverainement notre souverain Bien, *par ce seul motif, qu'il est, et qu'il subsiste par soi-même,* bienheureux en soi, et de soi, en plénitude de satiété et de suffisance, capable de tout surcombler de bonheur et de gloire. Vous l'aimerez, dis-je, pour cela seul, sans autres raisons, quelles qu'elles soient : vous excitant à un tout raisonnable amour, qui doit être néanmoins exercé par-dessus toute raison, appréhension et discrétion, et tout essentiellement ; pour vous rendre enfin totalement suressentiels en la même suressentialité ; là où l'Éternité ni Déité ne se perçoivent et ne se distinguent plus en certaine façon comme auparavant : parce qu'on est totalement passé, voir même consommé en elle-même, au-delà du temps, du créé et du moyen. »

(Ch. III du Vrai Esprit du Carmel : « Ce que c'est qu'être vrai et parfait religieux ») (1).

« ..... C'est ainsi que Dieu revêt l'être chétif de sa créature, de son être infini ; la réformant en sorte que sa perfection s'accroît et se consomme toujours en lui de plus en plus sans qu'elle y fasse réflexion. Elle suit roidement les voies, et gagne pays, comme on dit, *sans penser si elle avance ou non,* d'autant que son amour est infini dans les petits termes de ses œuvres, et bien plus dans ses désirs. Cette forte et ordonnée application à recouler en Dieu, fait qu'enfin on devient *esprit,* excellement divin, par sentiment unique et savoureux, et selon toute perfection. Et l'âme ainsi faite *esprit* se trouve si pleinement ornée et illustrée, qu'elle n'admet plus rien du dehors au dedans de soi. Elle habite désormais la région des Esprits amoureux, en laquelle la grâce l'a fait parvenir à ses propres dépens. Là elle vit heureuse, très éloignée (quant à l'appétit) du corps qu'elle anime comme par nécessité, et avec patience,

(1) Sauf avis contraire, lorsqu'on indiquera un chapitre, il sera toujours pris, au cours de cet article, au traité « Vray Esprit du Carmel ».

jusqu'à ce qu'il plaise à Dieu l'en séparer, pour la mettre en pleine possession de son infinie beauté, au total de soi-même. Telle est la vie des saints en ce triste séjour ; et par là, on voit combien vif et continuel est leur reflux amoureux en leur divin objet..... Ainsi tout ce qui est saint recoule incessamment en son principe qui est Dieu ; et pour lui ressembler parfaitement, il éloigne de soi toute la figure et la substance de ce monde, dont les impressions lui sont plus horribles que la mort. C'est pourquoi il est incessamment en action contre soi-même, pour se donner éternellement à Dieu, et se rendre à lui en holocauste d'amour, moyennant le flux amoureux de la divine Sapience ; à quoi Dieu prend d'autant plus de plaisir, qu'il se plaît de l'allécher par ses dons, qui lui étant aussitôt renvoyés par sa créature, elle en reçoit encore de nouveaux de plus en plus : si bien que, par ce succès amoureux, elle est faite lui-même, d'une manière ineffable et incompréhensible. »

(Ch. vi : « Du principal moyen d'acquérir les vertus. »)

Le meilleur pour l'homme, en cette vie,
est d'ignorer s'il est agréable à Dieu,
et de se perdre en suprême pauvreté d'esprit.

« Le meilleur pour l'homme est d'ignorer en cette vie en quel degré de grâce et de charité il est, et même d'ignorer du tout s'il est agréable à Dieu : à cause de sa profonde superbe. Dieu use de bonté et de miséricorde infinie envers tous ceux à qui Il cache ainsi les riches trésors de son amour et de ses grâces, et l'homme n'a rien à faire de meilleur, que se laisser et abandonner à chaque moment à Dieu, avec ordre et raison, et par-dessus tout ordre et toute raison : se donnant en éternelle proie à Dieu, par l'entière perte de sa volonté. Perte heureuse qui rend l'homme très riche, pour se donner soi-même et toutes ses richesses à Dieu ; soit dedans le feu de la profonde tribulation, accompagnée de la suprême pauvreté en tout sens et manière possible ; ou encore dedans le double feu de l'amoureuse résignation, qui supprime tout sentiment tant dedans que dehors, et même jusques aux moelles de l'âme, et du plus intime de son fond. »

(Ch. ix : de l'Humilité.)

Profonde résignation de certaines âmes.

« L'âme qui est réduite au point d'une telle désolation et impuissance brûle son holocauste par-dessus toute connaissance distincte et propre satisfaction ; et alors elle ne sait si elle est digne d'amour ou de haine, si elle connaît Dieu, et si elle lui adhère, en ce très nu et très simple amour. Néanmoins c'est la vérité que, par une secrète force passive, elle adhère très nuement et simplement à Dieu, ne pensant nullement à chercher les moyens de sa délivrance : et tout son plaisir est de mourir en cette croix éternellement, si tel était le bon plaisir de Dieu, sans qu'aucune créature soit capable de la consoler ; au contraire, leurs consolations ne lui servent qu'à rengréner son mal, et à l'augmenter de plus en plus.

« Ces âmes ici sont bien des plus excellentes et des plus pures qui vivent sur la terre. Mais, hélas ! à peine savons-nous de qui nous parlons. Il est pourtant vrai qu'il ne laisse pas de s'en trouver qui sont mourantes presque continuellement d'une mort si amère : si ce n'est si universellement en leur total, c'est pour le moins par dedans, voire au plus intime de leur fond, dont elles ne font non plus de démonstration visible, que de ce qui n'est point. Car elles font gloire d'être inconnues des hommes, et de mourir inconnuement, afin de se rendre très conformes au Fils de Dieu notre Sauveur. Ces âmes sont arrivées au plus haut de leur féconde demeure, qu'elles ont édifiée et construite comme à leurs propres frais et dépens, sans le savoir et sans le connaître, mais non sans souffrir et combattre, et sans cruellement mourir. Car elles ont soutenu pour cet effet très fortement et constamment les angoisseuses opérations de Dieu, dont la véhémence se peut mieux expérimenter et déplorer, que se concevoir, et s'exprimer par un langage humain. »

(Ibid.)

L'âme simple en amour demeure stablement
en son fond, sans adhérer à ce qui s'écoule de là
dans ses facultés, même supérieures.

« Au reste, celui qui est simple selon ces vérités se donne bien de garde de s'empêcher au dehors ni au dedans ; il fait infiniment plus de cas de son simple fond, auquel il est totalement réduit et transfus, que de tout ce que son fond même lui puisse produire, pour l'occuper et le tirer tant au dehors qu'au dedans. S'il a présentement quelque occupation attractive au dedans, c'est Dieu qui l'a fait pour telle raison qu'il sait et qu'il lui plaît : et l'esprit demeure en cette constitution toujours arrêtée au dedans, pour regarder son Objet fixement, nuement et simplement.

« L'âme arrête là son repos et sa vie, y mettant tout son bien et sa joie ; et comme il n'y a là ni formes ni images, *elle se donne bien de garde de se laisser écouler au dehors à ces images*, si subtilement que ce soit. Elle ne doit pas même appéter ici quoi que ce soit, d'autant qu'en cette noble constitution et arrêt, *Dieu est simplement vu et goûté, et véritablement possédé en lui-même, par un nu et simple aspect* de l'âme toute réduite et transfuse en son esprit.

C'est là qu'elle se délecte de lui-même en simplicité d'esprit et de repos, *par-dessus la compréhension* : à quoi étant toute attentive et tirée, elle se donne bien de garde d'en sortir, quelque violence que lui fasse le sens pour son soulagement.

« Car il lui persuade, par son effort subtil et naturel, de s'occuper spirituellement aux objets les plus hauts qui se puissent appréhender ; désirant toujours voir, entendre et sentir quelque chose de plus, pour sa secrète et propre satisfaction. Mais l'âme très prudente, et très arrêtée en sa vue, science, et fidélité qu'elle doit à son objet intime, endure patiemment et constamment ces fines et subtiles appréhensions, sans lésion, et sans y rien contribuer de sa part. Au contraire, cela la rend plus attentive, plus forte, et plus fixement arrêtée à regarder *son Objet*, qui la tire et la ravit du sens et d'elle-même en lui, où elle jouit de ces délices très simplement et ineffablement. C'est pourquoi elle ignore cela même jusques à ce qu'elle soit revenue à soi (1). »

(Ch. xv : « De l'amour de Dieu et de ses divers effets et degrés ».)

(1) Il s'agit évidemment, comme du reste de la plupart des extraits donnés, de contemplation infuse, qu'il s'agisse de quiétude aride, obscure, ou d'une union savoureuse.

La mort du sens pourrait, si on n'est attentif à soi,
rappeler l'âme à sa propre vie,
à cause des réflexions.

« Mais pour ne point varier de cet état, il faut à la vérité qu'une telle âme se rende grandement circonspecte à ne se point chercher finement, en faisant sa proie de la mort du sens. Elle doit vivre là toute perdue à elle-même, sans science ni vue de ce qu'elle est en ce noble état, pour le seul bien et plaisir de celui qu'elle veut infiniment délecter, en sa perpétuelle et profonde mort, qui la fait adhérer simplement et totalement à lui. »

Que cette recommandation est juste ! On rencontre des âmes qui, bien informées d'ailleurs du prix de la nuit des sens, la recherchent avec une certaine inquiétude, un certain empressement, et s'y reposent avec une certaine complaisance. A les entendre, il semble que tout soit à mépriser, à rejeter de ce qui les retirerait tant soit peu de leur chère « nuit ».

En lisant ces sages conseils de notre saint aveugle, nous avons fait un rapprochement avec l'enseignement de Bossuet magistralement formulé dans les déclarations d'Issy. Le fond de doctrine est identique, c'est absolument la même spiritualité. L'humble convers du Carmel n'a pas, il est vrai, la concision et la clarté du grand évêque de Meaux ; mais, en revanche, il est plus chaud, plus savoureux et plus profond. L'un comme l'autre ne proscrivent les actes des facultés qu'en tant qu'ils sont retours sur le moi qui deviennent pâture à l'esprit réflexe ou à l'amour-propre ; ils s'accordent pour dire qu'il n'appartient qu'à l'action de l'Esprit-Saint de les supprimer. C'est ainsi qu'immédiate-

(1) Qu'on se rapporte en particulier au dialogue quatrième des « Instructions spirituelles sur les divers états d'oraison suivant la doctrine de Bossuet par le P. de Caussade ».

ment après le conseil que nous venons de relever, Jean de Saint-Samson ajoute celui-ci :

« Encore que cette sorte de vie soit d'une foi simple et une, il est permis, sauf tout meilleur jugement, de s'adresser quelquefois à Dieu amoureusement, par un affectueux raisonnement vocal, non à dessein de s'introvertir (de se replier sur soi), mais simplement comme étant chose licite et convenable, laquelle l'amour parfaitement consommé requiert souventefois, comme acte de bienveillance. »

On le répète à satiété : l'amour fervent n'est pas synonyme d'amour sensible. Mais rares sont les âmes qui ne tombent jamais pratiquement dans cette confusion. L'amour est un acte d'âme; donc, qui relève de l'intelligence et de la volonté, et nullement des facultés sensibles inférieures. Cependant — et cela arrive surtout aux débutants — il semble que, si l'on n'a pas fait grande dépense de forces nerveuses, cérébrales, on n'ait rien fait, comme si l'amour s'évaluait au kilogramme ou au thermomètre ! La vérité est bien pourtant que plus l'amour s'élève et devient intense, plus il participe aux qualités de l'esprit, plus il devient simple et nu. C'est là le thème favori de notre cher aveugle.

Dans ce chapitre xv, il insiste beaucoup sur cette vérité :

« Au commencement, cet amour est sensible et facile ; mais à la fin, et même dès le milieu, il est très nu et très simple, par-dessus toute raison et appréhension (de ce qu'on peut comprendre).

..... Il faut remarquer qu'encore que l'amour sensible raisonne pour aimer, il ne laisse pas d'être excellent, et son opération est de Dieu. Mais aussi faut-il avouer que, tandis que l'amour est sensible, en quelque élévation que ce puisse être, il s'en faut de beaucoup qu'il soit aussi noble et aussi excellent que l'amour abstrait, nu, simple et totalement éloigné du sens : lequel fait endurer toutes choses comme hors de soi, et, ce semble, à ses propres dépens. »

(Ibid.)

L'amour pur n'est pas fondé sur le raisonnement.

« Pour m'expliquer sur ceci, je dis que là où il y a de la raison pour aimer, l'amour n'est point : d'autant que l'amour est suffisant de soi-même pour tirer et ravir en unité d'esprit tout le sujet qu'il anime, sans l'aide et le concours des raisons réflexes. Aussi les amoureux versés en cette science d'amour, aiment mieux mourir de mille morts, par manière de dire, que d'aider leur amour actif et passif (1) avec des motifs purement raisonnables. Ces âmes aiment mieux être transpercées de mille flèches par dehors et par les sens, que de sortir ainsi, pour chercher consolation et appui de la part des sens dans les choses créées. Elles ne s'en veulent plus jamais servir en tel cas ; d'autant qu'elles voient que le moyen réflexe est infiniment distant du moyen unique et efficace, qui est le droit et pur amour.

« C'est donc de cet unique moyen qu'elles se servent continuellement par des aspirations vives, simples, et de peu de formes (paroles), de peur de réfléchir ailleurs qu'en Dieu leur amour unique et objectif. »

(Ch. xvi : De l'amour pur et de son excellence au plus haut point de son état actif) (2).

Amour nu, amour languissant.

« A vrai dire, cet exercice fidèlement pratiqué par l'âme profondément navrée de l'amour de son Bien-Aimé, est un des plus hauts que les saints puissent pratiquer en cette vie. Car dans son action il est fondé sur le pur et unique amour ; et dans la souffrance il est fondé sur l'amour pur et nu. L'Ame fidèlement aimante s'abandonne par cet amour aux angoisses et langueurs mortelles, que son Bien-Aimé lui fait souffrir en sa présence, sans se montrer à elle : et cela lui cause ces tristes, désolées et mortelles langueurs, pendant lesquelles elle meurt

(1) C'est-à-dire qu'il s'agisse d'agir ou de souffrir. Il ne semble pas que l'auteur semble faire ici distinction entre l'amour acquis et l'amour infus.

(2) Ici *actif* n'est point opposé à *infus*, à *mystique*, mais à *passif*. Il s'agit du dernier effort de l'activité personnelle sous l'influence du don. Ce chapitre s'adresse à des âmes déjà élevées à l'état mystique.

et expire par un amour impatient, et toutefois tranquille, entre les bras de son Époux, sans le vouloir chercher, soit au dedans, soit au dehors, par l'aide des sens ni par les créatures, en quelque façon que ce soit.

« Tout cela est aisé à dire, malaisé à faire, difficile à endurer, très difficile à surmonter. Car il faut demeurer stable, ferme et immobile au-dedans de l'esprit, en simple repos, par-dessus l'action et l'intention ; par-dessus le flux sensible présent et essentiel de l'Époux : et cela éternellement, parce qu'on croit ne devoir jamais vivre autrement, et que cet aimable Époux ne doit jamais retourner, pous donner encore le baiser de sa bouche à sa très chaste et très aimée épouse (1). »

(Ibid.)

Il n'y a pas de souffrance pareille à celle de l'épouse privée de la présence de son Bien-Aimé.

« C'est ici que l'industrie humaine est épuisée. C'est ici que cesse le concours actif, l'action sensible de l'Époux fluant en son épouse, et de l'épouse refluant en lui. C'est pourquoi sa fidélité est parfaitement éprouvée : car se montrant généreuse et constante à souffrir l'absence de son Bien-Aimé, elle pâtit extrêmement, ne cherchant, comme j'ai dit, consolation ni au dehors, ni au dedans, directement ni indirectement. Elle ne se console que de ses propres désolations, de ses plaintes, et de ses gémissements plus amoureux ; par lesquels elle exprime à son Époux, comme elle peut, ses regrets tristes, lamentables et angoisseux, si toutefois il lui reste quelque respir actif pour cela : sinon, elle se plaint encore plus douloureusement dans sa totale suspension (impuissance), dans ses souffrances, angoisses et langueurs mortelles : par le continuel regard de son esprit vers son Époux.

« L'épouse, dis-je, souffre plus ainsi, qu'on ne peut exprimer ; étant en cette manière attentive et arrêtée au regard de son Époux ; sans qu'elle y pense, pendant que l'action de ses

(1) Saint Jean de la Croix s'est exprimé tout à fait de la même façon dans la *Nuit obscure*, l. II, ch. VI et VII. C'est justement cette impression à laquelle l'âme ne peut échapper, cette conviction involontaire, qui donnent l'occasion d'un acte héroïque d'espérance et d'amour pur.

puissances est totalement suspendue (réduite à rien). Car encore qu'elle ait souvent expérimenté les rigueurs de l'absence de son Époux dans les précédents moyens et de grâce et d'amour, celui-ci toutefois lui est beaucoup plus pénible. Il lui semble ici qu'elle est toute nouvelle et sans expérience en matière de souffrance, à cause des effets rigoureux qu'elle ressent, tous autres que les précédents ; elle ne sait, par manière de dire, si elle est morte ou vive, ni si elle est à elle ou à son Époux. L'unique consolation qu'elle a, est qu'aucune créature ne peut la consoler dans la perte qu'elle pense avoir fait : quoique néanmoins elle soit en possession de son Bien-Aimé, sans le savoir ni le croire : *mais non pas sans le désirer ardemment et avidement.*

« En cela même il est évident qu'elle est dans sa possession objective (possède réellement Dieu), laquelle tire et ravit à soi la plus noble partie de l'Ame (la Volonté). En effet, elle réside, demeure, et subsiste totalement en Lui ; le regardant fixement, tandis que, vide de son affluence sensible et lumineuse, elle va plaignant et lamentant son infortune dans sa secrète solitude. »

(Ibid.)

Combien purement l'âme se doit résigner à l'absence sensible de son divin Époux.

« Ici donc il faut s'armer de force, de patience, et de constance, pour ne varier jamais ni à droite, ni à gauche ; sans faire autre chose que pâtir, si on ne peut autrement, et attendre, en pleine et amoureuse confiance, le bienheureux et agréable retour de l'Époux.

« Il faut, dis-je, que l'Épouse, toute dépouillée de soi-même et de toute satisfaction, soit totalement résignée et renoncée, se conformant toute à la volonté divine, pour souffrir en temps et en éternité les rigueurs d'un tel hiver, je veux dire de l'absence de son Époux ; et se sentir toute vide et destituée de lui, et totalement insipide en ses sentiments.

« C'est en ceci que consiste la fidélité, et la sainteté des Amantes dignes d'un tel Époux ; et non dans les grandes connaissances, réplétions, goûts, dilatations, simplifications, révélations, visions, et ravissements de l'entendement humain. Cela est grandement considérable, et il importe beaucoup de faire voir à ceux qui désirent aimer que la sainteté et la fidélité de l'amour ne consiste pas dans les visites et réplétions sensibles de Dieu en l'âme, mais en la satisfaction de Dieu en elle et par elle, sans elle : et que, hors de là, elle consiste à pâtir et à souffrir la retraite de son Bien-Aimé. Car cela n'arrive qu'afin que les âmes ne se satisfassent point en elles-mêmes d'un désir glouton et affamé de posséder Dieu plus pour elles, que pour lui-même.

« Qu'elles lui satisfassent donc en criant, en lamentant, et en toute manière possible ; surtout par leur patience, et simple résignation d'esprit, par laquelle elles se donnent en proie à lui, avec tous leurs propres actes, en conformité et déiformité. Car le moins est contenu éminemment au plus, et faire ainsi toute sa vie, c'est être au monde sans y être. »

(Ibid.)

Comment l'âme se doit comporter en l'état d'aridité intérieure.

« Quand vous ressentirez l'absence de votre divin Époux, et que vous vous verrez tout aride, vous pourrez vous servir de vos apirations. Ne vous mettez pas en peine si vos actes ne vous semblent pas savoureux ni efficaces au dedans ; cela ne vient que de la suspension (1) de vos puissances actives. Et au cas que cette suspension fût entière, ainsi qu'il arrivera souvent, en sorte qu'il vous fallût cruellement mourir en cette destitution d'action, demeurez alors content et tranquille au-dedans de vous, ou pour mieux dire, en votre Époux. Regardez-le fixement et attentivement en lui-même, par votre immobile regard : et nonobstant les grands efforts et cruelles douleurs qu'il faut endurer, non en vous, mais en lui, quoiqu'il vous semble être hors de lui, et qu'il vous ait totalement abandonné et rejeté, donnez-vous bien de garde de croire qu'il en soit ainsi. Il faut que vous ayez cette vérité de la présence et assistance continuelle de Dieu, en foi vive et profonde ; cela donnera quelque allègement à vos langueurs et rendra votre esprit

(1) Toujours donner au mot « suspension » le sens particulier que notre auteur lui donne : « impuissance ».

ferme, immobile, et tranquille à souffrir les mortelles rigueurs de l'Époux apparemment absent. »

(Ch. xviii : « Divers avis et enseignements pour s'avancer et se conserver dans le vrai amour de Dieu. »)

Efforts dangereux en l'état d'aridité.

« Il ne faut pas vous porter à faire des cris plaintifs et lamentables, avec effort impétueux, ni même notable, de vos puissances actives. Cela est dangereux et vous produirait de plus grandes ténèbres. Mais il faudra doucement élancer les regards simples et essentiels de votre esprit en Dieu : soupirant et gémissant simplement, et du pur fond de l'esprit, après la présence de ce divin Époux ; et désirant toujours et par tout son parfait contentement, qui doit être le vôtre. Attendez ainsi en humble et patient amour son retour très désiré, et croyez que cet état vous est plus utile qu'on ne peut penser : car c'est par ce seul moyen, qu'il fait voir à son épouse si elle est véritablement fidèle ou non. »

(Ibid.)

*Comment elle doit faire
en l'état d'abondance intérieure ou d'amour unitif.*

« Mais quand l'Époux se montre et se rend actuellement présent à son épouse, quand il la remplit toute de lui ; quand il la tire toute en lui par ses divines opérations, et par ce qu'il est en lui-même, la faisant être manifestement ce qu'il est, et la dilatant largement en lui, en sorte qu'alors elle se sent en une admirable simplification d'esprit, et dans une largeur de ses puissances toutes tirées en unité d'esprit, et même en l'unité de l'Époux : ce qui se fait tout d'un coup, et sans qu'elle sache comment, dans cette rencontre l'âme se doit laisser élever, emporter, et transporter sans rien faire, et suivre ainsi le trait lumineux et simple de son Époux au dedans de lui, là où il réside en lui et pour lui. Par après, quand le flux attractif est cessé, il faut qu'elle ménage dextrement ce qui lui est demeuré de la pleine et abondante lumière qui lui a été communiquée : agissant d'une douce activité à la faveur de ce reste de lumière, sans se forcer ni se violenter selon le sens. Car, par

cette lumière, elle est rendue très disposée pour agir avec facilité, et pour se dilater simplement en son Époux selon son
état, et son exercice accoutumé.

« Si l'Épouse se trouvait souvent regorgeant d'amour et de
lumière, même en ses puissances sensitives, le corps s'en sen-
tirait débilité et affaibli. C'est pourquoi, pendant cette influence
sensible, il ne s'y faut pas rendre attentif ni suivre son trait :
on se pourra alors occuper saintement à l'extérieur comme à
lire, étudier, prier, ou à quelqu'autre occupation extérieure
s'il s'en rencontre. Et quand on sentira cette influence passée,
on reprendra le cours de sa douce, simple et unique introversion, et de son simple et unitif amour.

« Il ne se faut non plus soucier de telles influences, que de
rien ; mais seulement des bonnes et solides, qui sont simples,
qui dilatent saintement l'esprit au dedans, et en simple
lumière, et ne redondent point grossièrement au corps ni à la
partie inférieure. Je ne dis pas que les premières soient mauvaises, pourvu que l'on s'y comporte comme nous avons dit :
mais je dis que les autres sont pures, et plus dignes de l'É-
poux qui flue en ses épouses déjà hautement et excellemment
réformées, et lesquelles, à mesure et proportion de leur réformation, le sentiront s'écouler plus doucement, plus simplement
ment, et plus largement au plus intime fond de l'unité de
leur esprit. Tout cet avis est de grande importance. »

(Ibid.)

Avec la même sagesse, la même expérience, il met aussi
son disciple en garde contre l'attache à des exercices particuliers :

*L'âme se doit perdre au-delà des sens et de la raison,
pour parvenir à l'union divine.*

« Toute cette pratique que nous vous prescrivons est faite
en amour unique et profond, et ne sait ce que c'est que se
divertir tant soit peu de son centre objectif. Elle vous
montre assez manifestement, et à découvert, que vous ne
devez pas faire grand état de vos exercices, s'ils ne surpassent
ce que la nature fait facilement dans les hommes du commun
qui sont d'un naturel disposé seulement à certaines choses,

conformes à leur appétit de propre excellence : par exemple,
à jeûner, prier vocalement ou mentalement, visiter les églises,
donner l'aumône aux pauvres, prendre même la discipline, se
mortifier à leur fantaisie, veiller longuement, et toutes autres
choses semblables, auxquelles la nature prend son plaisir, à
cause du bien qui lui en doit résulter.

« On reconnaît ceux qui sont de cette trempe, en ce qu'ils
ne savent et ne veulent savoir que cela, sans jamais passer au-
delà de ces pratiques; étant ignorants et totalement aveugles
en la connaissance, et aux œuvres des sujets surnaturels, qui
font uniquement reposer l'âme en Dieu, et qui la portent
toujours à épurer, dénuer, et perfectionner souverainement
son amour. Ces gens-là ne connaissent que les sens et l'ani-
malité, et pour le plus (qui est pis) leurs puissances sensuali-
sées dans les goûts, lumières, et attraits sensibles de Dieu,
desquels ayant un long temps abusé, ils s'y attachent avec
avidité, comme les bêtes à leur pâture; dont le premier aspect
emporte par nécessité leur appétit brutal. Cela ne se peut
assez déplorer dans une âme, choisie entre mille pour choses
grandes; je veux dire pour jouir souverainement de Dieu en
cette vie, en suprême liberté et exercitation d'esprit, pour être
rendue totalement divine, et se reposer simplement et uniquement en la jouissance de son Objet souverainement aimable en
lui, et digne de l'amour infiniment excessif de ses amoureux.

« Par tout ce que j'ai dit, jusqu'ici, on peut voir combien il
se faut profondémnnt et pour jamais abandonner, en vraie
renonciation et destitution d'esprit, non seulement dans les
sujets de mortification, et en tout ce qui porte à nous dénuer,
mais encore dans les dons plus savoureux et plus délicieux,
qui puissent fluer de Dieu en l'âme, et en tout ce qui regarde
le corps, et le reste de ses appétits inférieurs, naturels, et
même raisonnables; afin de suivre Dieu et Jésus-Christ notre
Époux en totale destitution et nudité, tant au dedans qu'au
dehors de nous-mêmes; et mourir et expirer ainsi tous nus
sur la Croix d'un amour langoureux, et continuellement
affamé de sa souveraine union avec son divin Époux. »

     (Ibid.)

Qu'on se garde bien toutefois de penser qu'il n'y ait
place que pour la souffrance dans cet état d'amour pur.
Il y a aussi et surtout de la joie :

Quel est le sujet de la joie continuelle des âmes parfaites.

« Il faut un peu parler de la vraie et perpétuelle joie des amoureux, qui s'éjouissent continuellement en l'unité de leur Époux par toute cette fidèle pratique. *Le sujet de leur joie perpétuelle est l'être total et infiniment infini de Dieu.* C'est lui qui produit et fait fluer toute joie en ses épouses par le flux fécond et abondant de ses divines visites, lesquelles les remplissent et les noient totalement de divines délices. Au défaut de ces divines inondations, le sujet de leur perpétuelle joie est la vue très simple de ce même Époux, laquelle est le fruit et l'effet de la science qu'elles ont de lui, comme immobile, existant, se contemplant soi-même en sa gloire infiniment infinie, immobilement immobile, également égale, au-delà du temps et de l'éternité. L'aise que leur produit cette connaissance, cette vue, et cette expérience, les soulève toujours également par une égale égalité d'esprit, et par une joie abstraite au plus profond d'elle-même ; et au dehors, elles s'élèvent par le sens le mieux qu'elles peuvent, au temps même des plus fâcheuses maladies, et des plus pénibles adversités qui s'efforcent de les déprimer et atterrer.

« Encore donc que les épouses d'un tel Époux semblent être capables de tristesse, elles sont infiniment loin d'y adhérer quant à l'acte au dedans et au plus profond d'elle-même, en la simple unité de l'esprit, là où, par inclination jouissante, elles adhèrent continuellement et comme immobilement à leur suprême Époux. Ce que je dirais plus au long sur ceci serait de moindre poids et de moindre élévation et efficace que le fond essentiel de toute cette vérité. Je l'ai exprimée jusqu'ici, pour exciter de plus en plus vivement, subtilement, et divinement l'épouse d'un tel Époux, à lui être vraiment et de tout point fidèle, au plus fort de ses langoureux abandonnements, jusqu'au dernier soupir de la vie. Vie qu'elle supporte avec patience, se plaignant de ce qu'elle lui est tant prolongée, vu le désir infini et très affamé qu'elle a de jouir de son Époux nuement et à découvert, pour le comble de sa satiété en la plénitude même de la délicieuse satiété de Dieu, non en elle, mais en lui ; non pour elle, mais pour lui : et ainsi l'Époux est et sera très pleinement satisfait en ses fidèles épouses.

« Qu'on sache donc que la joie et la vie de l'épouse ne vient que de son Époux et n'est qu'en son Époux. Car comme l'amour et la joie sont le bien, la vie, le plaisir, et la félicité de l'Époux ; ainsi le bien, la vie, la joie, et la pleine félicité de l'épouse est non en elle, mais en la félicité même de son Époux, soit en elle, soit dehors d'elle, soit en amour pur et actif non reflexe, soit en amour nu et passif, en simple aspiration de simple admiration, soit en aspiration très simple au-dessus de l'admiration, au simple et nu regard presque exempt de formes et d'espèces sensibles en son sujet ou en soi-même. Cela se dit ainsi pour montrer la grande agilité et subtilité de l'épouse qui a acquis (1) cet amour par le moyen de son exercitation amoureuse, pratiquée en amour rigoureux, et impatient qu'il n'a la jouissance de son Époux. »

(Ibid.)

Dans son traité « Le Miroir et les Flammes de l'amour divin disposant l'âme à aimer Dieu en lui-même », au chapitre VII, nous retrouvons la même préoccupation de pureté, de simplicité dans le motif et l'exercice de l'amour :

(1) Il convient de relever ce mot *acquis*. Faute de le bien entendre, on arrive à de très regrettables méprises et à des malentendus sans issue.

Si nous lui donnons ici son sens strict opposé à *infus*, à *mystique*, on n'a plus qu'un contresens, la phrase devient inintelligible. L'auteur vient de parler « d'amour nu et passif » d'une contemplation déjà si élevée qu'elle est « presque exempte de formes et d'espèces sensibles », et il dit que « l'épouse a *acquis* cet amour par le moyen de son exercitation amoureuse ». Pour qu'il n'y ait pas de contradiction dans les termes, il ne faut donc pas prendre cette expression à la lettre, matériellement, il faut l'interpréter en fonction du contexte. Ce mot « *acquis* » veut dire dire tout simplement que l'âme l'a en sa possession. Cet amour, au reste, est bien infus et laisse loin derrière lui celui que l'âme pourrait se procurer par elle-même. réduite à ses seules industries ; c'est un don « surnaturel », mais elle l'a mérité d'un certain mérite « de congruo » par son *exercitation* fervente.

Nous retrouvons l'équivalent de cette expression *acquis* dans saint Jean de la Croix (*Montée du Carmel*, l. II, ch. XIII, p. 115, trad. Hoornaert) : « ... La méditation s'impose alors, et devra se poursuivre aussi longtemps que l'âme n'aura pas *acquis* l'habitude de contempler de façon à peu près parfaite. » Nous reviendrons sur cette importante question en traitant de l'oraison.

« Sa règle est unique, et son motif éternel est la volonté infinie de Dieu, et par conséquent Dieu même. Si bien qu'il ne sort jamais en façon quelconque de son Objet, et ne réfléchit jamais bassement hors d'icelui : non pas même aux occasions des plus grandes souffrances et morts ; vu que tels sentiments et réflexions sont indignes d'une âme généreuse qui désire tout surmonter, et qui en effet surmonte tout, en l'effort de son amour actif ou passif, bien loin au-delà de l'action. Que si quelquefois elle semble réfléchir bassement, cela ne se trouve que pour le moment ; se plongeant à même temps par son effort amoureux, ou par son amoureuse patience, en l'abîme infini de son Amour objectif.

« En ce véritable amour l'âme est tellement une seule chose avec son Bien-Aimé qu'elle n'a comme plus d'ordre, d'égard, ni de réflexion sur la diversité des temps ; son Amour unique lui étant toujours un en toutes choses, et en lui-même. Attendu qu'amour est tout le plaisir, tout le feu, toute la joie, gloire, félicité, réplétion, sainteté, essence, et totalité de son infini Objet.

Introversion et unité d'esprit.

Résolvez-vous de bonne heure à ne point reposer en la multiplicité des objets : à savoir en ce qui semble beau, bon, parfait, excellent, et choses pareilles, auxquelles ceux-là s'arrêtent ordinairement qui ne cherchent Dieu que par le dehors, et pour eux-mêmes ; à cause de la grande récompense et des mérites qu'ils y prétendent. Mais sans avoir égard ni considération à tout le dehors, qui semble spécieux et délectable, soyez un en toutes choses ; simple, fondu, perdu en nue et simple abstraction : laquelle ne soit point violentée. Car *il faut que Dieu la fasse et la cause en vous : en sorte néanmoins que vous lui répondiez toujours en cela même, par une élévation et exercitation telle que je la suppose.* »

*
* *

En lisant ces différents extraits, déjà nous avons pu nous convaincre que *l'amour pur* n'est pas celui qui exclut le désir, l'espérance du Bien Suprême ; celui-ci c'est l'a-

mour des *quiétistes*, des hérétiques, et il est à mille lieues
de l'amour de notre grand mystique, qui est tout au contraire un amour *d'aspiration* — c'est le nom qu'il donne à
sa méthode d'oraison. Nous y reviendrons dans le prochain article. — Qu'il nous soit permis, dès aujourd'hui,
de montrer que le pur amour orthodoxe est un amour
plein d'espérance et un amour actif, généreux.

Quel est l'esprit assez fermé à toute synthèse pour voir
opposition entre l'amour pur et l'espérance ? Ne sont-
ce pas deux vertus théologales qui ont pour objet formel
Dieu même ? Comment l'une pourrait-elle nuire à l'autre ?
Si au ciel l'espérance n'entre pas, ce n'est pas parce qu'elle
est opposée à l'amour, mais parce qu'elle est incompatible
avec la jouissance, parce qu'elle a été remplacée par la
possession. Mais, sur cette terre où l'amour s'exerce et
croît dans la foi, l'amour pur est l'inexpugnable rempart
de l'espérance. Je ne sais si l'on peut trouver une formule
plus théologique et plus tendre à la fois de l'alliance de
l'espérance avec le pur amour que cette exclamation du
saint aveugle blessé par la disparition de son Bien-Aimé :
« Soit que vous retourniez ou non, n'importe, ô mon cher
Amour, je suis content, votre volonté soit faite. Si je ne
puis vous posséder en moi et pour moi, je vous posséderai
hors de moi, de vous et pour vous et *par-dessus vos
dons* ! » (ch. XVII)

Peut-on concevoir un amour qui ne désirerait pas la
possession de l'objet aimé? Si l'objet est infiniment aimable, il devrait être — si cela était possible — infiniment
aimé. Mais dans l'amour pur, il est désiré en fonction de
l'Objet, si je puis m'exprimer ainsi, et non en fonction
du sujet. L'espérance n'est pas réflexe, elle ne recourbe
pas vers le sujet, elle vise droit à l'Objet et l'atteint ainsi
beaucoup plus sûrement, bien plus excellemment.

Toutefois, cette pureté d'espérance et d'amour n'exclut

pas la souffrance dans les délais de la possession ou les absences sensibles du Bien-Aimé qui s'est éloigné après avoir décoché une flèche d'amour ; mais cette souffrance, pour être d'autant plus ressentie qu'on aime plus tendrement, n'altère pas la paix de l'âme. Le cher aveugle s'est surpassé quand il a traité ce sujet, maintes fois il y revient au cours de ses écrits ; déjà en traitant des purifications de l'âme (1), nous avons transcrit le commencement de la belle prière de l'épouse à la recherche de l'Époux. Elle continue ainsi :

« Où êtes-vous allé, mon Époux ? Où vous êtes-vous retiré, ma très chère vie ? pourquoi me faites-vous si tôt veuve et orpheline de votre très douce présence ? et comment me vois-je aussitôt veuve qu'épouse ? Hélas ! si vous aviez vu des défauts en moi, que ne les répariez-vous pas l'exubérance de vos dons, plutôt que de me quitter ainsi ? Ne saviez-vous pas, ô mon Époux et ma vie, que comme je ne suis et ne puis rien sans vous, aussi je ne vis et ne respire que vous, et ne puis vivre que dans votre sein amoureux, qui donne vie, et le comble de délices à moi et à tous mes semblables.

Pleurez, ô fidèles épouses, et lamentez avec moi : déplorez mon infortune en l'abondance de votre regorgeante charité. Ayez compassion de l'angoisseuse calamité que je souffre ; puisque, aussi bien que vous, j'avais un Époux le plus riche, le plus beau, et le plus aimable qui se puisse jamais concevoir. Je l'ai perdu, j'en suis privée, il m'a abandonnée à la merci de mes ennemis, et m'a laissée autant de regrets et d'afflictions pour son absence, que sa présence m'avait auparavant comblée de joie et de délices. Hélas ! je ne m'attendais pas à m'en voir si promptement et inopinément privée. Conviez-le de retourner pour un moment ; *qu'il me donne encore un baiser de sa bouche* (Cantic., i, i). Qu'au moins pour un seul moment, je ressente ce gracieux retour, qu'il me montre derechef sa très gracieuse face, et que sa jouissance m'enivre encore une fois de son amour. Je consens qu'après ce bienfait il m'ôte la vie. Aussi bien, ne fais-je plus que languir, attendant le bien de ma totale

(1) Cf. article du mois d'avril.

et très désirée dissolution. Afin que, par ce moyen, je sois rendue pleinement jouissante de son Essence divine, puisqu'il est notre souverain Bien, notre repos, et notre très cher et unique Époux. Ne vous étonnez pas, ô mes très chères compagnes, si vous me voyez défigurée et décolorée comme je suis ; puisque mon Époux et mon soleil s'est absenté, sans que j'en sache le pourquoi. *Je vous conjure* toutes, par sa charité infinie, que *vous ayez à lui dire* sans délai *que je languis* de douleur pour son absence (Cant., v, 8). Dites-lui qu'il descende dans son jardin. Il y verra ses vignes florissantes, qui vont exhalant l'odeur de mes très chastes et épurés désirs, produits par l'excellence de ses dons en lui-même. Dites-lui que son petit lit est semé de fleurs, et surtout de mon nard qui rend sa très douce odeur. Mais, hélas ! tout cela ne m'est rien, et ne me peut satisfaire. Ce ne sont qu'indices et témoignages que la présence visible de mon Époux s'est écoulée et éloignée de moi, dans les délices de laquelle consistait mon Paradis : comme tout au contraire cette retraite, et son absence me fait languir, misérablement gisante au-dedans de mon homme sensitif. Si vous me demandiez un même plaisir, en cas de pareille nécessité, hélas ! je sortirais librement, et ne cesserais de solliciter votre Époux par toutes sortes d'instances d'amour, jusqu'à ce qu'il retournât à vous, et vous montrât derechef sa divine face, pour vous combler de l'aise et de l'amour infini qui en résulte, pour la propre félicité de ses amantes. Mais, hélas ! que me sert-il de me plaindre et de crier, puisque mon Époux fait le sourd à mes lamentables voix ?

« Si vous ignoriez, ô mon Époux, que mes soupirs, mes cris et mes gémissements procédassent du plus profond de mon cœur, vous auriez juste sujet et raison de ne les pas exaucer. Mais puisque vous voyez qu'il n'en est pas ainsi, et que je suis totalement, et au plus profond de moi-même, attentive à cette action amoureuse, pour vous manifester ma langueur ; sans doute vous devriez être ému de compassion, et retourner vitement et légèrement à moi, qui suis votre indigne Épouse. »

(Ch. xvii.)

Se peut-il recherche plus tendre de la présence du Bien-Aimé ? Il n'y a rien dans cette paisible sollicitude qui ressemble à la froide indifférence de Madame Guyon et de ses disciples. Mais il y a une autre différence à noter, et celle-là *essentielle* : Tandis que la quiétude de Molinos et des faux mystiques est une réelle, une foncière oisiveté des facultés, celle des vrais mystiques en est le plus noble exercice. Les premiers ont essayé de suspendre l'opération naturelle de leurs facultés avant que Dieu ne soit intervenu, alors il n'y a ni travail humain, ni œuvre divine, c'est la stérile inertie. Les autres n'ont cessé d'agir que contraints par le rayon de lumière infuse qui a plongé leurs facultés dans l'obscurité et l'impuissance.

Tandis que les « quiétistes » ne préconisent que l'inaction, Jean de Saint-Samson, avec tous les mystiques orthodoxes, insiste sur le travail de l'âme, qui doit précéder et accompagner l'action divine.

Il ne faut pas un petit effort de l'intelligence et de la volonté pour s'élever au-dessus des impressions des images — surtout quand on a une imagination ardente — pour y substituer l'idée, dépasser même celle-ci, et chercher son repos dans l'Objet lui-même. Nous insisterons là-dessus en traitant de la contemplation selon Jean de Saint-Samson. Il y a d'étranges méprises à cette occasion : L'artisan, le laboureur qui manient péniblement son rabot ou sa pioche taxeraient volontiers d'oisiveté le penseur, le savant, le philosophe assis à leur bureau de travail; et ceux-ci feraient erreur non moins grossière s'ils refusaient d'admettre qu'au-dessus de leur travail il y a celui de l'esprit « agi » par l'Esprit divin, de l'âme « qui adhère à Dieu » :

La simple adhésion de l'âme à Dieu
n'est pas sans action.

« Car quoique nous parlions ainsi ici et ailleurs, si est-ce que que, dans ce noble et profond prolongement actif, l'âme n'est pas sans action ni sans espèces formées de sa part. Mais on dit que son action en cet endroit est faite si subtilement, et sous des formes si subtiles, qu'à peine elle-même les aperçoit-elle, par manière de dire. Néanmoins, c'est bien la vérité qu'elle n'est pas ignorante de son action, qui est toujours faite avec un désir simple, avide, et toujours également affamé de posséder son Époux sans dissimilitudes, *non pour la satisfaction d'elle-même, mais pour celle de Dieu.* De le posséder, dis-je, nuement, passivement, et tranquillement, et du tout hors d'elle-même, dedans son simple fond où autre ne peut habiter que lui, pour se produire, s'il faut ainsi parler, soi-même en soi-même, pour ses Épouses plus intimes. De là aussi il se plaît de sortir, assez souvent avec l'exubérance de ses dons pour l'ornement suprême, et la suprême délectation de ses épouses; ce qui s'accomplit par l'écoulement qu'il fait de soi-même en leurs puissances rendues uniques et toutes tirées en sa suprême unité, par ses divins et sacrés attouchements. »

(Ch. XVIII.)

C'est dans cette passivité *complète* qu'est, à le bien entendre, l'activité la plus excellente d'un esprit créé. Mais avant d'en arriver là, l'âme a, sous l'influence du don de Dieu, à agir longtemps activement. Rappelons-nous avec quelle sagesse notre bon aveugle a appris à son disciple à recourir à son « exercitation amoureuse » quand « le flux attractif a cessé ». Il faut alors, dit-il, « qu'elle ménage dextrement ce qui lui est demeuré de la pleine et abondante lumière qui lui a été communiquée, agissant d'une douce activité à la faveur de ce reste de lumière ». Cette lumière, ajoute-t-il, lui est donnée « pour qu'elle agisse avec facilité et pour se dilater simplement en son Époux selon son état et son exercice accoutumé. Dans l'état de soustraction de la grâce sensible, il y a aussi à fournir un effort généreux :

Avec quel soin l'âme en l'état de privation
se doit tirer à l'intérieur.

« De là on voit, qu'en ce degré d'amour pur, les âmes doivent être ferventes et actives pour se tirer au-dedans, afin de n'être jamais oisives si peu que ce soit. On voit combien elles doivent frayer et dépenser pour répondre par amour à leur Époux : et pour mieux dire, qu'elles doivent y employer toutes leurs forces, et y parvenir par leur entière consommation au feu de l'amour divin, lequel les dévorera et les engloutira pour les transformer en soi, moyennant leur réciproque fidélité. »

(Ch. XVI.)

Et qu'on ne craigne pas qu'une telle âme attentive à « recouler » ainsi constamment en Dieu, ainsi consommée au feu de l'amour divin, soit perdue pour le prochain, inapte pour l'action. C'est tout le contraire, s'il faut en croire notre bon aveugle. Voici une remarque qui ne manque pas de piquant en notre siècle où tout le monde est « si pressé » :

*Les personnes spirituelles doivent faire prompte-
ment leurs actions, et pourquoi?*

« Or pour conserver cette joie susdite, et cette simple adhésion à Dieu, ceux qui sont intérieurs savent bien ce que c'est que de ne se point relâcher dans l'action de ce qu'ils doivent à sa divine Majesté. Ils font toutes les choses extérieures qui sont d'obligation, promptement et avec diligence; et c'est une marque vraie et certaine d'une âme intérieure, quand elle fait vitement les choses extérieures. La raison pourquoi les personnes vraiment intérieures (desquelles seules je parle en ce lieu, et non de ceux qui sont tous dans les sens et sans dévotion) ne sortent à l'action, et n'agissent que vitement dans les choses extérieures : c'est parce que leur amour est au dedans et au fin fond d'elles-mêmes, et qu'elles craignent d'être dépeintes des images et des espèces de ce qui se fait ou se dit à trop longue haleine. Cela diviserait leur esprit, et le détournerait de sa simple et intérieure unité, dans laquelle il jouit de sa paix et de son unique repos, par-dessus les espèces, et les images des créatures. »

Ce paragraphe est tiré du chapitre XVIII : « Divers avis

8

et enseignements pour s'avancer et se conserver dans le vrai amour de Dieu ». Parcourons-le rapidement et relevons-en les principaux enseignements. Ils sont tous d'une grande sagesse :

Il faut s'abandonner aux choses extérieures et quitter Dieu pour Dieu quand il le désire.

« Une telle âme sait très bien ce que c'est que de laisser l'Époux (quant à elle et à son propre intérêt) pour le plaisir, la joie, et la satisfaction du même Époux. Ce qui se fait dans ses dérélictions, abandonnements et sorties amoureuses : et ce que j'ai dit ci-devant de l'état de l'amour pur et de son excellence, le manifeste et le déclare assez. On ne dit point ici quand et combien de fois cet abandon se fera : car il le faut toujours pratiquer en l'amour unique de l'Époux, autant de fois qu'il le désirera. Ceci semblera peut-être bien difficile au commencement : mais quand on sera bien résolu d'être fidèle à ses amours, on se trouvera autant enclin à aimer en sortant au dehors, qu'en demeurant au dedans : et on tirera les choses extérieures au dedans, pour n'être jamais entièrement distrait ni séparé de l'union divine.

« Il faudra néanmoins autant appliquer son esprit et son attention aux choses extérieures, que l'action bien ordonnée le requerra, sans avoir égard à ce qu'on se sent distrait ou non. Il ne faut avoir égard qu'aux désirs de l'Époux qui doivent être ceux de l'épouse en conformité, pour s'y conformer; en uniformité, pour totalement unir sa volonté à la sienne; en déiformité, pour demeurer immobile, et bien ordonnée en l'union intime de son même Époux, et agir, pâtir, et mourir en lui en déiformité.

« De là, on voit manifestement quelle infidélité c'est d'abaisser si peu que ce soit son esprit, et ralentir et diminuer son action vers Dieu, quand on est à soi. Mais quand on est beaucoup occupé au dehors, pour s'introvertir, il faut se servir de simples regards et mouvements d'esprit qui, par leur force active, tirent toutes les facultés de l'âme en son simple et amoureux Objet. Voilà les moyens de pratiquer divinement l'action, tant au dehors qu'au dedans.

« Mais quand vous êtes occupé à quelque notable exercice au

dehors, qui vous empêche l'effet de cet amour totalement actif,
il faut convertir votre occupation extérieure en amour. et la
faire comme l'action interne du même amour vigoureux et
vigoureusement actif. C'est pourquoi, il ne faut pas oublier, pen
dant votre action, d'élancer en Dieu vos œillades et vos regards
très intérieurs, très simples et très légers. Que si l'exercice dont
il est question était de soi si abaissant et si distrayant, qu'il
vous tient attaché et tout occupé à le bien faire, il suffira que,
par intervalles de temps, vous jetiez vos regards en Dieu durant
cette occupation. Car la perfection ne consiste pas à sentir
l'Époux noyant les puissances de son épouse, mais à le voir, le
désirer, et lui adhérer sans sentiment, par une simple vue très
nue, et très éloignée du sens : ce que je dis même des plus
parfaits.

« Quand vous serez à vous-même, vous ferez cette amoureuse
aspiration interne à votre Époux : « Vous et moi, mon Amour,
vous et moi, et non plus. Vous êtes la même Bonté. l'Essence
qui remplit toute essence et tout être ; qui opère en tout être,
qui le conserve, et qui le perfectionne. Vous êtes sans borne et
sans limites, au-dessus de la compréhension de l'être. Vous êtes
la fin et l'infinité de l'être, pour le non-être que je suis. Vous
êtes l'Amour de l'être divin, et l'amour de l'être créé réduit
en l'unité de votre être. » Vous pourrez faire aussi cette autre
aspiration : « *Je vous festoyerai, ô mon Amour et mon Époux;
je vous festoierai du moût de mes pommes de Grenade* (Cant.,
VIII, 2), qui est un secret entre nous deux, ô ma chère vie ! »

« Au reste vous savez les effets de l'Esprit de Dieu, et ceux de
la charité en ses épouses, selon la déduction qu'en fait l'apôtre. *La charité est patiente, bénigne, et mansuète* (I Cor., XIII, 4),
etc. Ce que je vous dis pour très profondes raisons. Car que
serait-ce si vous vous portiez volontairement et librement à ne
vouloir pas endurer dans l'occasion, et si vouliez agir au contraire de ces belles qualités de la charité? Que feriez-vous?
Que diriez-vous? Sachez que comme il nous est libre d'aller à
l'Époux en amour, de même il nous est libre de nous recourber et nous réfléchir sur nous-mêmes par amour-propre. »

*Il doit porter de bon cœur
les nécessités et les besoins du corps.*

« Or c'est une vérité très assurée et très importante, que

l'homme n'a pas plus de vertu, ni de vraie charité, qu'il a de
force, et de constance pour porter généreusement les nécessités
tant de l'esprit que du corps, mais signamment celles-ci. Par
exemple, ayant grand soif, ou grand appétit de manger ou de
manger quelque chose particulière, on vous en fait refus,
même en la maladie : Si vous vous impatientez et grondez là-
dessus, dites-moi, qui serait l'homme de bon jugement qui crût
que *vous eussiez la Charité, qui est forte comme la mort, et*
laquelle les grandes eaux ne peuvent ni éteindre ni diminuer si
peu que ce soit.

« Cet avis compendieux est d'une pratique et d'une importance infinie à l'épouse fidèle. Néanmoins elle doit demander
ses nécessités, signamment (en particulier) en maladie ; sans
aucune crainte. Mais si on les lui refuse, qu'elle fasse lors plus
de cas de ce qu'elle désire en Dieu, lui adhérant uniquement,
nuement, et simplement, que de ses ressentiments naturels ;
lesquels, au reste, sont matière de combat, et de victoire en son
amour et en son Époux. Hélas! c'est ici où la fidélité manque
le plus souvent à l'âme, et qu'elle donne du nez en terre, se
laissant vaincre à son amour naturel et sensuel. De sorte qu'en
cela même Dieu se trouve offensé, et pour punition, il la laisse,
quoiqu'à très grand regret, en proie à son amour naturel et
à ses appétits bestiaux : chose extrêmement lamentable. »

Quel profit l'âme doit retirer
des afflictions et des persécutions des créatures.

« Quand vous vous verrez affligé contre tout droit et raison
par les créatures, ou même par vos supérieurs, excitez votre
amour en Dieu ; non par aspirations de longues formes, mais
par simples soupirs, mouvements, et regards vivement et fréquemment réitérés et élancés de tout votre cœur en lui. Fai-
tes-le même quand vous vous trouverez grandement malade.
Si vous souffrez de grandes douleurs, signamment de la tête,
les plus simples soupirs, mouvements et regards, par lesquels
vous vous convertirez et unirez à l'Époux, seront les meilleurs ;
et il n'importera pas qu'ils ne soient point si fréquents, encore
qu'il n'est pas possible que la pierre jetée d'en haut ne tende
à son centre.

« Enfin, je n'ai pas prétendu jusqu'ici que vous dussiez être
insensible aux coups de la mortification, on vous les fera bien

ressentir. Je ne prétends pas non plus que vous ne deviez pas voir que ce qu'on vous fera parfois sera contraire à toute bonne raison, et que les persécutions que vous souffrirez seront bien injustes. Mais patience, il n'y a remède. Il faudra toujours avaler ces pilules, quoique très amères, sans faire aucun état de votre ressentiment naturel ; et demeurant dans le profond désir que vous avez d'être inconnu aux hommes pour jamais ; et connu de Dieu seul, le divin Époux de votre âme. Ainsi faisant, laissez les choses être ce qu'elles sont, et ne les regardez point selon ce qu'elles apparaissent. Suivez seulement votre chemin en toute assurance, et avec amour, soit dans l'action, soit dans la souffrance. »

Pourquoi les hommes ont à souffrir les uns des autres.

« Chacun sait que de tous les hommes qui remplissent la terre, ceux-là même qui ont la connaissance de Dieu, ont tous divers appétits, diverses humeurs, et des raisonnements tous différents. Cela fait que ceux qui s'attachent à la raison et au raisonnement sur les actions d'autrui, vivent en continuelle inquiétude et comme dans un enfer. Or, c'est chose très excellente et recommandable, et un chemin très court, de supprimer et surpasser la raison, pour aimer uniquement, et se rendre amoureux en raison très simple par-dessus la raison. Cela requiert à la vérité une grande force et générosité d'esprit pour ne se laisser jamais atterrer ni recourber sous le faix des pressures dont on se trouve souvent aggravé, et cela, moyennant son abstraction.

« Mais aussi, ne faut-il pas que vous soyez si simple et si stupide que de ne pas vous garantir ou délivrer de ces croix, par moyens bien ordinaires et en bonne discrétion, et de ne les pas prévenir, afin de n'en être pas chargé mal à propos ; parce que Dieu votre Époux le veut ainsi, et non autrement. C'est pourquoi, nonobstant ce que j'ai dit, quand vous vous trouverez faible et sans force d'esprit, en sorte qu'il vous semblera ne pouvoir résister aux impétueux assauts qui vous sont livrés sans merci de la part des créatures, et que vous vous sentirez prêt à tomber en dépit et en impatience d'esprit, soit entre Dieu et vous, soit en présence des créatures, recourez plutôt aux raisons humaines qui pourront émouvoir sensiblement

votre amour envers lui, ou, pour le moins, vous faire souvenir
de ce divin Époux, que de tomber en dépit et en impatience
d'esprit, et ce qui est encore le pis, en passion manifeste. »

Contre les inquiétudes.

« Toutefois vous saurez sur ceci, que le simple mouvement
d'impatience, aussitôt étouffé que ressenti, et qui n'aura point
paru au dehors, ne sera rien. Supposez que vous ayez un profond regret de l'avoir senti, il ne faudra que poursuivre votre
action interne, comme si rien ne vous était arrivé. Que si vous
vous êtes emporté au dehors devant quelqu'un par impatience,
demandez-lui incontinent pardon, et satisfaites à votre Époux,
suivant la pratique de l'avis qu'on vous a donné. Sur toutes
choses vous ne devez jamais vous inquiéter, pour quelque accident si funeste et si désastreux qu'il soit, d'autant que l'inquiétude est la porte qui donne entrée au démon dans l'âme ; c'est
son nid, c'est le nourrisson, voire la fille même de l'amour-
propre. De sorte que les vertus, la perfection, et Dieu même
désiré avec inquiétude d'esprit, ce n'est que recherche et satisfaction de soi-même. Cela est grandement à noter, pour ne se
laisser point appâter à la nature, ni tomber dans ses pièges ;
car elle est très subtile à se rechercher et à se délecter dans les
dons de Dieu, et en Dieu même : et cela d'autant plus, qu'elle
est plus profondément illuminée.

« L'Esprit de Dieu possède son Épouse toujours en tranquillité parfaite et entière, et elle le possède aussi en parfait contentement, quoiqu'elle puisse souffrir en sa présence, ou pour
mieux dire, en lui-même. Aussi l'Esprit de Dieu produit-il en
elle, au dedans et au dehors, des effets très bons et dignes de
lui. Il fait toujours en cela ce qui est le meilleur pour elle, et
ne cesse de s'écouler effectivement et amoureusement en elle,
jusqu'à ce qu'il l'ait embellie et ornée de tout point, tant au
dedans qu'au dehors, de toutes les vertus et de son amour, si
nécessaire pour sa suprême réformation, transformation, et
déiformité, tant active que passive. Voilà pourquoi il importe
à l'Épouse d'être à jamais fidèle à son Époux.....

« Pour conclure cet avis, j'en ajoute un autre d'une très
grande valeur : qui est que *La vertu se perfectionne en l'infirmité* (II Cor., xii, 9); et que *vous pouvez tout en votre Époux,*

qui vous conforte, et vous confortera toujours. Il en sera entre vous et Lui ce que vous voudrez, et autant que vous voudrez ; mais non pas comme vous le voudrez. Car, en toutes choses, vous devez vouloir et procurer de vivre et de mourir en lui, en son amour, et pour son seul contentement infini, et non plus jamais pour le vôtre comme tel. Les personnes vraiment fidèles peuvent et doivent prendre plaisir à ce qu'elles font, puisque tout est pour leur époux, et rien pour elles. »

Comment l'âme qui aime Dieu
se doit comporter dans ses chutes.

« Ceux qui sont en cet état, soit commençants, soit profitants, voire même parfaits, ne sont pas impeccables. Au contraire, je dis que l'Époux prend un extrême plaisir d'exercer diversement les âmes ses épouses par des chutes (non pas grièves, mais de toute commune infirmité) de peur de les voir s'élever et s'enfler de superbe et d'amour-propre, de ce qu'elles ont reçu de lui, et de ce qu'elles sont en lui. Il aime mieux leurs chutes, non comme chutes, mais à raison de ce qu'elles produisent, qui est la profonde humilité, l'abnégation, la rectitude, la stabilité en l'union simple et amoureuse avec lui : et il faut bien croire qu'il ne permettrait qu'elles tombassent, si ce n'était pour ce sujet. Car Sa Majesté, qui ne désire en cela que sa gloire, veut être satisfaite en ces rencontres, par la renonciation et l'abnégation de ses épouses.

« C'est donc à l'âme fidèle qui désire uniquement plaire à son Époux, de lui donner ce contentement si désiré, en se relevant de ces chutes et extroversions avec le même amour que si elle n'était point tombée : et rentrant en son exercice actif comme si rien ne lui était arrivé. C'est assez qu'elle lui dise : O mon amour et ma vie ! à quoi me suis-je portée ? je me suis alléchée et délectée de moi-même. Ah ! qu'ai-je fait ? je me suis faite dissemblable à vous. Pardonnez-moi cette offense, ô mon Amour ! Il n'en sera jamais plus ainsi, moyennant votre grâce. Encore qu'il vous arrivât de tomber plusieurs fois le jour, il faudra toujours vous relever ainsi, avec pleine, fidèle et amoureuse confiance en ce divin Époux. »

Comment les plus spirituels doivent prier pour ceux qui leur sont recommandés.

« Quand on recommandera quelque chose de particulier à vos prières, il ne faut pas que vous vous contentiez de présenter cela à Dieu par un simple mouvement ou regard d'esprit, quoique cela soit bon et que ce soit le moyen d'y satisfaire comme il faut : mais il est bon d'être quelque temps attentif en oraison sur cela, voire un temps notable,. si la chose est de grande importance, et si elle vous touche de près. Ensuite de quoi, il faut s'en ressouvenir quelquefois, et présenter cela à Dieu par des mouvements et regards affectueux. Si parfois vous vous trouvez occupé de l'espèce de quelqu'un qui se présente à vous, sachez que cela est ordonné de l'Époux pour le besoin qu'a cette personne de votre secours. C'est pourquoi vous la présenterez à la divine Majesté par un simple et amoureux regard sans plus y penser. »

Ainsi se termine ce chapitre xviii, d'un enseignement si pratique. Il montre assez comme tout se simplifie pour les *vrais enfants de l'Esprit*, pour ceux qui aiment purement, en vérité.

Je devrais moi aussi clore ici ce long article dans lequel j'ai peut-être abusé de l'attention du lecteur. Ce n'est qu'à regret pourtant que je laisse dans le gros in-folio tant de trésors oubliés, et je cède à la tentation de donner encore cette page qui exhale un si doux parfum d'humilité, de confiance et d'amour. Elle résume assez bien, me semble-t-il, ce que nous avons dit sur la pratique des vertus, et surtout, elle caractérise bien la spiritualité si simple, si forte et si encourageante de notre cher aveugle :

Pratiques vertueuses des vrais Enfants de l'esprit.

Les vrais enfants de l'Esprit, oubliant incessamment ce qui est en arrière, s'étendent vers ce qui est leur véritable objet. Ils font tout en esprit, et réduisent tout là, portant en tous lieux

leur solitude intérieure, et ainsi leur conversation est très fructueuse. Ils ont atteint par la pureté de cœur le doux et secret silence du repos intérieur de l'esprit, et sont diligemment attentifs et actifs au continuel culte de leur fond, qu'ils ne laissent dépeindre d'aucune espèce, image ou figure. Ils ne pensent ni à sainteté ni à pureté par réflexion, quoiqu'ils en fassent les exercices d'une continuelle et entière application de toutes leurs forces en Dieu. Par ce moyen ils acquièrent très excellemment la pureté et la sainteté, dont ils sont revêtus comme d'un précieux ornement, au plaisir et à la gloire de Dieu..... Ils ne savent ce que c'est que réfléchir sur les œuvres d'autrui. Le bon exemple les touche et les édifie profondément, et le mauvais demeure au dehors; sans entrer nullement en eux; si bien qu'ils vivent exemplairement par-dessus l'exemple, c'est-à-dire qu'ils donnent exemple tels qu'ils doivent, au prochain, sans se soucier de le recevoir des autres : par ce moyen ils vivent sans souffrir aucun dommage des choses extérieures.

Voyez, mes frères, si ceci vous convient, et quel chemin vous avez à faire pour arriver à cet état de pureté; car je vous montre et vous dis beaucoup. Quant à ceux d'entre vous qui ont passé cette expérience, cette doctrine ne leur est point nouvelle : j'avoue que ce sont des grands maitres en matière d'amour. Mais vous autres, ne perdez pas courage, et s'il arrive que vous tombiez souvent, relevez-vous comme vaillants champions à la lutte d'amour. Ne craignez point de communiquer avec ceux qui pourront être vos maitres, d'autant qu'ils vivent dans une région d'esprit qui vous est encore inconnue. Mais prenez garde à la faiblesse de ceux qui ne vivent que d'exemple; et tâchez de ne pas les offenser, même par votre innocente liberté : car ils s'offensent de tout. Pour vous autres qui êtes entièrement possédés de l'Amour divin, ou qui avez appris par expérience de vous convertir à Dieu, le mauvais exemple d'autrui vous servira même pour vous y convertir davantage. Car c'est le propre de l'amour, de regarder son unique objet, même dans ses propres chutes, sans les envisager directement. Aussi d'ordinaire ne sont-elles que de fragilité et d'infirmité; c'est pourquoi Dieu les oublie, et les remet fort facilement.

(Ch. vii.)

CHAPITRE IV

Oraison — Contemplation
Aspiration

Il est une école de spiritualité qui voit dans l'oraison surtout un moyen d'assurer le progrès des vertus : c'est la méditation, exercice d'ascèse. Dans l'École carmélitaine, il en est tout autrement. C'est la contemplation qu'on assigne pour fin à l'ascèse. On en fait le centre de la vie spirituelle, parce qu'on en fait l'exercice d'amour par excellence ; je dirais même volontiers qu'on en fait un but, car non seulement elle réalise un moyen d'union, mais quand elle est arrivée à son degré de perfection, elle devient l'union même. C'est ainsi qu'en parle saint Jean de la Croix au ch. xxiv de la *Montée du Carmel*.

La contemplation étant la fin principale de l'Ordre du Carmel, pour revivifier son Ordre dans l'esprit primitif, le saint réformateur que fut Jean de Saint-Samson devait s'acharner, s'il m'est permis de m'exprimer ainsi, à ramener ses frères à l'oraison ; disons mieux : il devait recevoir de Dieu une grâce spéciale pour leur enseigner une manière d'oraison permettant d'en parcourir rapidement toutes les étapes. Il a donné à cette méthode — si tant est qu'on peut employer ce mot pour un exercice où le Saint-Esprit a la plus large part — le nom d'*Aspiration*. Le nom est parfaitement choisi ; il répond à la pensée dominante de l'Ordre du Carmel, sur laquelle j'ai souvent insisté au cours de cette étude : Dieu, Cause Première.

Dieu était libre de créer ou de ne pas créer ; mais, créant, il ne pouvait créer que pour sa gloire. Que l'homme ne trouve pas cette nécessité humiliante pour lui, si j'ose dire ainsi. C'est son plus beau titre de gloire d'être créé à la ressemblance et à la gloire de Dieu. L'Être subsistant ne pouvait lui assigner une plus noble fin que lui-même. Ce n'est qu'ainsi qu'il pouvait le faire « entrer dans sa gloire ». L'orgueilleux aura beau faire et beau dire, il n'en restera pas moins le relatif, et Dieu, l'absolu ; et il n'échappera pas aux droits qu'a sur lui sa Cause Première. Les humbles comprennent qu'ils ne valent et ne peuvent quelque chose que par cette dépendance ; et, loin de vouloir échapper à son emprise, ils mettent leur félicité à la subir en pleine sujétion volontaire. Loin de vouloir notre autonomie, nous ne trouverons le plein repos, la vraie satiété que dans ce que Jean de Saint-Samson appelle, après Ruysbroeck, « la consommation du sujet en son objet ». D'amabilités pour ce qui nous concerne, nous n'en voyons et n'en voulons qu'en dehors de nous, qu'en ce que nous sommes dans la pensée de Dieu, dans son acte d'amour nous donnant l'existence. Quand une âme a été frappée par ce que le saint aveugle appelle un rayon de « raison illuminée », elle s'élance vers sa Fin dernière, vers son « Objet », aussi naturellement que le fleuve court à l'océan, que la pierre se précipite vers le centre de la terre, quand aucun obstacle n'entrave sa chute. Elle « flue », elle « recoule » vers son « principe éternel ».

Les mots *fluer, refluer, recouler,* reviennent constamment sur les lèvres du saint aveugle. Pour être tombés en désuétude dans notre vocabulaire d'ascétisme, ils n'en sont pas moins expressifs. Recouler, refluer, c'est se tourner vers Dieu de tout son cœur, de toute son âme, c'est aspirer vers lui de toutes ses forces, c'est lui rapporter, sans s'en attribuer un iota, tous les dons dont on a été gratifié ; « c'est aller de tout à lui » sans se laisser arrêter par rien, que ce soit jouissance ou souffrance ; dans son style énergique le Vénérable dira : « c'est courir roidement à la lice d'amour ».

Telle est, esquissée à grands traits, la voie, l'oraison *d'aspiration*. Mais, selon notre méthode de procéder, c'est avec les textes mêmes du maître que nous devons exposer, développer sa pensée. Nous fouillerons surtout les chapitres vi et vii du livre IV des Œuvres complètes (p. 302 et ss.). Le traité est intitulé : « Le miroir et les flammes de l'amour divin disposant l'âme à aimer Dieu en lui-même », et les chapitres ont pour titre : « De l'aspiration ». Nous donnerons aussi de larges extraits du ch. xvii du *Vrai Esprit du Carmel* : « Les industries de l'âme et les conduites que Dieu tient sur elle, pour l'élever à l'état d'amour pur ». Rien que par ces titres nous voyons la connexion qui existe entre l'amour pur et la méthode d'oraison enseignée par le Vénérable.

De l'aspiration. — Ce que c'est.

« C'est ici qu'il nous faut réduire la voie mystique en elle-même et par ordre d'exercice et de pratique. Mais avant que de le faire, il faut un peu parler de l'effet de l'Aspiration : ce que nous verrons par sa propre définition. Aspiration n'est pas seulement un colloque affectueux, quoique de soi-même ce soit un bon exercice ; d'où même naît et procède l'Aspiration. *C'est un élancement amoureux et enflammé du cœur et de l'esprit,* par lequel l'âme, se surpassant et toute chose créée, va *s'unir étroitement à Dieu* en la vivacité de son expression amoureuse. Cette expression, ainsi essentiellement faite, surpasse tout amour sensible, raisonnable, intellectuel et compréhensible ; arrivant par l'impétuosité de *l'Esprit de Dieu et de son effort*, à l'union divine non tellement quellement, mais par une soudaine transformation de l'Esprit en Dieu. L'esprit, dis-je, surpasse en Dieu même tout l'amour connaissable et intelligible en l'abondance et ineffable suavité de Dieu même, dans lequel il est amoureusement englouti. Voilà ce que c'est que l'aspiration essentielle en elle-même, en sa cause, et en son effet. » (ch. vi du l. IV) (1).

Dès l'entrée de ce chapitre, l'auteur pose, si j'ose dire, le problème si discuté de nos jours : contemplation acquise — contemplation infuse —. Il annonce qu'il va parler d'une voie mystique, et immédiatement il parle d'ordre d'exercice et de pratique. D'une part, il définit l'aspiration : colloque affectueux, bon exercice ; d'autre part, élancement amoureux du cœur et de l'esprit, arrivant par l'impétuosité de l'Esprit de Dieu et de son effort à l'union divine, non une union commune, « telle quelle », mais à l'union transformante. Y aurait-il donc deux sortes d'aspiration ? Non pas précisément, « l'une naît et procède de l'autre. Il n'enseigne qu'*une* méthode d'oraison d'aspiration. Mais il en montre le début et l'aboutissement, « la cause et l'effet ». La *cause*, disons mieux, la double cause, « impétuosité de l'Esprit de Dieu *et* de son effort (effort de l'âme, s'entend). L'*effet* : l'esprit surpassant en Dieu même tout l'amour connaissable et intelligible, englouti dans la suavité de Dieu. Autant de contradictions, dira-t-on

(1) N. B. Lorsque, dans cet article, nous donnerons comme référence les ch. vi et vii, sans autre indication, c'est toujours du traité « Le miroir et les flammes de l'amour divin disposant l'âme à aimer Dieu en lui-même » dont il s'agira.

peut-être ? Non, pas du tout. Les choses vont s'éclairer.
Déjà, dans le ch. xvii du *Vrai Esprit du Carmel* il avait
parlé de degrés :

De l'aspiration de l'âme vers Dieu :
et de ses quatre degrés.

« Elle a plusieurs degrés, qui sont tous réduits et distingués
en quatre principaux, c'est-à-dire quatre principales industries (1). La première, est d'*offrir* à Dieu soi-même et tout le

(1) Le Vénérable semble avoir attaché une certaine importance à
cette succession d'actes, car il y revient plusieurs fois ; cependant à
la fin du ch. xvii il dit expressément que « *l'exercice de l'aspiration
est au-dessus de toute méthode* » : « Il faut savoir qu'encore que je
semble donner une méthode déterminée à cet Exercice, cela n'a lieu
que pour ceux qui le commencent ; et les mystiques n'ont entendu
d'y établir cet ordre, qu'afin de le rendre plus méthodique et plus
facile. Car il est permis à quiconque s'en sert d'agir selon le degré
de son amour actif, sans qu'il importe comment, combien, ni en
quoi, pourvu que son activité soit vigoureuse, enflammée et déta-
chée des sens : et sur quelque sujet et matière que ce soit, pourvu
qu'elle soit d'amour unitif. » Au chapitre suivant, même remarque :
« Je ne prétends pas que vous vous serviez exactement des manières
d'aspirations que j'ai composées ; en sorte que si vous ne faisiez
ainsi, vous crussiez n'avoir rien fait. Je désire vous laisser votre
liberté d'aspirer de vous-même comme vous pourrez. Toutefois il
sera très bon que vous preniez de là votre matière et vos sujets d'entretien avec Dieu, en unité simple ; et que vous imitiez cette manière-
là autant que vous pourrez, en la même profondeur et unique simplicité. La cause pourquoi on vous les a faites et exprimées à si
longue haleine et en cette profondeur, c'est pour vous manifester à
découvert l'état auquel il faut que vous parveniez, qui est nettement
exprimé ; et encore à ce que vous ne demeuriez point court de
matières d'amour unitif, pour vous pouvoir à jamais dilater en votre
Époux. » (Ch. xviii du V. Esp. du C.) Malgré son souci constant de
mettre son disciple à l'abri du quiétisme, le Vénérable reste bien
dans l'esprit, dans la tradition du Carmel, où l'on n'assujettit pas les
âmes à une méthode d'oraison proprement dite. On y laisse les âmes
prier à la manière des Anciens. Jean de Saint-Samson donne plutôt
une direction générale, des principes qu'une méthode.

créé, et plus, si faire se peut, en abstraction (1). La seconde, est de *demander* ses dons en lui, et pour lui-même. La troisième, est *se conformer* à lui par une pleine et entière *conformité* de tout soi, très haute, très parfaite et très amoureuse; et le désirer pour toutes les créatures capables de si haut amour. La quatrième est *s'unir*, ou l'amour *unitif*, qui est un degré de transcendance, contenant les précédents en souveraine éminence. Non que les précédents degrés ne soient faits en union profonde et parfaite, selon le progrès de l'âme en cet exercice : mais, en ce dernier degré, l'âme n'a aucun sujet ni matière que *l'union* même, pour aller à son Bien-Aimé.

« Voilà les quatre degrés ou principales matières de l'*amour actif* de l'Épouse, qui va par cet amour vigoureux à son Époux : j'en pourrai dire quelque chose ci-après; mais pour maintenant, je m'arrêterai à montrer, selon mon pouvoir, les effets des divins états, et succès de ce très noble exercice de l'âme fidèle, afin de lui persuader d'entreprendre cet exercice dès le commencement jusqu'à la fin, et que, par la consommation active des moyens de celui-ci, elle arrive à une autre consommation plus parfaite de soi-même en Dieu (2). Ce sera alors entrer d'un abîme de profonde jouissance, en un autre abîme de jouissance qui est d'une infinie profondeur. Je veux dire en l'abîme final et objectif, où tout le sujet sera entièrement perdu et abîmé d'infinies délices en son abissal et éternel Principe. »

Au chapitre VI du livre IV, il fait luire la même espérance :

« Cette voie d'aspiration largement exercée par un familier, respectueux, facile et amoureux colloque, qui élève l'âme à Dieu, est si excellente que *par elle on arrivera bientôt au comble de toute perfection* (3), et on deviendra amoureux de l'Amour par cet exercice. »

(1) C'est-à-dire lui offrir les créatures qu'Il aurait pu créer.

(2) Nous traiterons dans le prochain article de cette autre consommation « suréminente » plus parfaite à laquelle l'âme ne peut être élevée — état de complète passivité, « d'oisiveté simple » — qu'après avoir épuisé toutes les ressources de son activité dans les états mystiques inférieurs. Remarquons en passant la continuité de la voie à travers ces successives ascensions.

(3) Jean de St-Samson n'est pas seul à prendre cet engagement. Le

Voilà déjà qui est clair : l'aspiration est exercice ; mais un exercice si excellent, qu'il va nous mener en peu de temps au comble de la perfection. Cela vaut la peine de s'informer de cet exercice, d'en suivre la marche ascendante.

Examinons d'abord les conditions pour l'aborder : Il importe, remarque Jean de Saint-Samson, « qu'on n'aborde point cet exercice plus tôt que je l'ai dit » (Ibid.) :

« Il faut que la pratique et l'exercice continuel de l'aspiration *succède* à la méditation et à l'oraison affective (1) et facile. Je dis affective et facile, pour faire voir que ce n'est pas ici qu'il faut remplir l'entendement de curiosité ; et que l'entendement s'étant représenté les œuvres divines, et les ayant vues et connues suffisamment, il les doit donner à la volonté pour s'en enflammer et s'en nourrir. Car tout ainsi qu'en se servant du chien pour chasser, lorsqu'il a pris la proie, on ne lui en laisse pas faire sa curée ; ainsi l'entendement ne doit pas jouir plus qu'il ne faut, ni autrement, de la lumière et vérité découverte. Et on ne doit pas la lui laisser pour l'étendre lui-même comme il voudra, mais quand il l'aura pénétrée suffisamment, la

Vénérable P. Jean de Jésus Marie, parlant des actes de cette oraison d'aspiration, s'exprime ainsi : « Admirable sûrement ce qui nous est transmis sur la noblesse et le charme de la théologie mystique, mais plus admirable encore apparaît la possibilité de parvenir facilement et rapidement à une familiarité si insigne avec Dieu. L'avis unanime de tous ceux que j'ai lus, c'est que l'âme, grâce à la pratique des aspirations, s'élève à une très haute connaissance et au sentiment ou expérience de Dieu de telle sorte que si elle répète cet exercice angélique que des louanges admirables ont célébré, et si elle le place avant tous les autres, elle avance beaucoup. Il a en effet un stimulant si remarquable et une ardeur si divine, qu'à lui seul, entouré des circonstances convenables et accompagné du zèle pour les vertus, il conduit nos cœurs à la perfection suprême et à la pureté de la vie chrétienne. » (V. P. Joh. a Jesu Maria, *Theol. mystica*, cap. ix.)

(1) Cette indication nous est très précieuse. Elle nous permet de situer très nettement cette oraison : elle commence avec les signes qu'exige S. Jean de la Croix dans la *Montée* pour abandonner l'oraison discursive. C'est bien de la même oraison dont tous les deux ont parlé : l'oraison des profitants, de la voie illuminative, qui va, en s'élevant, devenir l'oraison des parfaits de la vie unitive. Il n'y a pas de doute à cela.

volonté la doit prendre comme sa propre et surnaturelle nourriture, pour s'en exciter et s'enflammer de tout son pouvoir.....
C'est la volonté, qui a tout en cet exercice, par manière de
dire, quoiqu'il soit très à propos que la considération précède
l'aspiration un long temps; c'est-à-dire que l'affection a besoin
du mouvement précédent de l'entendement et de sa représentation lumineuse, après quoi elle embrasse incontinent cette
connaissance, s'en excitant et s'en enflammant, en l'ordre de
l'amour de Dieu. » (ch. VII)

Comment il faut y entrer.

« Or ce qu'il faut que vous fassiez en cette divine voie, c'est
de tâcher de l'aborder de tout loin par colloques amoureux,
vous excitant à aimer l'Amour en lui-même, surtout les effets
de son amour dans la nature, de la grâce, et dans la gloire.
Tout ainsi que les hommes s'araisonnent par admiration les
uns les autres, sur les effets de la bonté et de l'amour d'un
roi, spécialement s'ils sont excessifs, prodigieux et admirables :
à bien plus forte raison tous les hommes, et signamment (particulièrement) vous, ont infini sujet d'éternelle admiration et
ravissement, sur les prodiges infinis de Dieu en son amour
extatique en lui-même, qui est sorti à nous autres pauvres et
chétifs, en tant de façons si surnaturelles pour sa gloire infinie,
et pour notre bien. *Comme donc, c'est en lui que nous sommes,
que nous vivons, et que nous nous mouvons*: c'est aussi en lui qu'il
faut que nous *recoulions* d'un très actif et indéficient amour ; non
seulement pour le connaître excellemment, mais pour l'aimer
très ardemment et continuellement, et pour en jouir en tout
nous très excellemment en attendant notre pleine et consommée jouissance béatifique en l'immensité de son Tout, et dans
la fournaise amoureuse, infiniment spacieuse et ardente de son
feu infini, après cette vie, que je puis vraiment appeler misérable ; puisque si sainte et amoureuse qu'elle soit, elle nous fait
assez connaître et sentir par expérience que nous sommes via-
teurs : et par conséquent qu'il n'y a rien plus misérable que
nous. » (ch. VI)

Comme se doit pratiquer l'exercice d'aspiration.

« Pour pratiquer au commencement ce noble exercice, c'est à l'entendement de ravir la volonté après soi ; et de l'enflammer des sujets et motifs tirés du fond de l'Amour, tels que j'ai mis ci-devant, ou autres meilleurs : car si vous voyez l'amour en lui-même et en ses effets, vous délectant également en l'un et en l'autre ; et vous servant de votre industrie et activité amoureuse, Dieu vous secondera infailliblement selon sa bonté et miséricorde immense dont il ne manque jamais de prévenir, aider et fortifier l'âme qui désire humblement aborder cet infini Amour en lui-même.

« Il ne faut pas néanmoins vous fatiguer la tête, ni vous violenter ou blesser les facultés naturelles dans l'Aspiration : il y faut aller doucement, et d'une médiocre activité qui soit autant raisonnable que sensible. Il ne faut pas vous ennuyer si vous pouvez ; il faut vous reposer certain temps, sans agir sinon de l'esprit, afin de délasser vos puissances qui ont été trop longuement tendues. Et cependant demeurer fixe et arrêté à contempler votre infini Objet, en très grande admiration par un simple regard et en profond silence, jusqu'à ce que vous vous sentiez abaissé de là, et que la nature se répande à elle-même. Alors vous recommencerez doucement, et par fréquents intervalles de temps, votre humble, respectueuse et amoureuse action : et continuerez toujours de faire ainsi.

« Néanmoins, quand vous serez parvenu à certain état et degré d'amour, il vaudra beaucoup mieux contempler et regarder votre divin Objet, que de parler ou agir. Car à quoi nous sert notre industrie, sinon pour nous élever moyennant le secours attractif de Dieu ? Que si nous le sommes déjà, ou par son seul trait amoureux qui nous a pénétrés, ou conjointement avec notre industrie, à quoi pour lors tant multiplier nos actes ? » (ch. VII)

Notre saint aveugle dans ce passage caractérise très exactement l'oraison propre du Carmel et en pose nettement la base : c'est une oraison où l'amour a la plus large part, où il « a le beau rôle », si je puis m'exprimer ainsi : parce que son amour devient vite contemplatif et mystique, c'est un amour qui voit. Mais pour devenir intense à ce point, pour se lancer dans des régions si sublimes, il a besoin d'une base solide, d'une foi éclairée par la doctrine. L'amour ne peut rester dans la spéculation, c'est entendu ; mais il a besoin de connaître le Bien vers lequel il aspire. A la base de l'oraison d'aspiration il y a forcément la méditation. Il nous donne tout au long un exemple de cette manière de faire oraison au chapitre VI :

Exercice d'aspiration.

« Il faut que je vous forme ici un exercice d'aspiration pratique, laquelle vous mènera heureusement, comme par la main, dans ce chemin si saint, si amoureux et si délicieux à toute âme qui le sait, et le veut amoureusement pratiquer, à ses propres frais et dépens.

« Qu'aviez-vous à faire, ô Seigneur mon Dieu, de créer l'univers, puisque vous n'en n'êtes pas pour cela plus heureux en vous-même ? Ne suffisiez-vous pas à vous-même, pour votre béatitude infinie, sans vous communiquer par la création à tant de diverses créatures, que vous saviez bien n'en devoir jamais faire leur profit, pour la plus grande partie ?

« O Bonté, ô Amour immense ! vous avez voulu tirer ces créatures en évidence à elles-mêmes, de vos divines et éternelles idées, pour vous connaître, vous aimer et agir toujours conformément à votre excellent amour. Vous les avez créées pour ne connaître et n'aimer que vous sur toute autre chose ; afin que par ce moyen elles demeurassent toujours également ornées de votre divine similitude, qui est leur beauté et leur accomplissement surnaturel.

« Qu'est-ce que cela, ô amateur des hommes et des anges ? Quelle distance y a-t-il de l'être au non-être et au rien, duquel tout ce monde est créé en si grande et si haute excellence ce qu'il est ? Si l'ange a sujet de s'émerveiller de cela en l'infinité infinie de votre Majesté, de son amour et de sa beauté ; combien à plus forte raison nous autres qui ne sommes rien au respect de la nature angélique, avons-nous sujet de nous en étonner ?

« Or sus, à la bonne heure, eux et nous sommes les effets

admirables de votre extatique et de votre extasiant amour en
vous-même dans les anges bienheureux et dans les hommes
saints. C'est là que vous faites des effets qui sont tous assez
puissants pour anéantir les hommes qui ne correspondent
point à ce que vous faites en eux ; qui reçoivent tout et gâtent
tout ce que vous leur donnez, l'employant et tout eux-mêmes
à mauvais usage. Cependant mon cher Amour, ils vivent contents et paisibles dans leur bien-être naturel, sans considération
aucune de vous, qui êtes leur être et tout leur bien.

« Mais, mon Seigneur, qui suis-je, et d'où m'avez-vous tiré
par la création et par la rédemption, sinon de la boue, de toute
corruption, et de la terre : où j'étais à la vérité plus pauvre
que la pauvreté même quant à la vraie intelligence et opération
d'amour ? et cela, Seigneur, pour me faire seoir entre les prin-
ces de votre peuple élu et choisi.

« O amour, ô bonté, ô miséricorde immense ! ô Majesté infinie, qui remplissez tout, et qui sanctifiez tout homme qui
vient au monde, et qui n'aime pas le monde ! Qui vous donnera des bornes et des limites en cela seulement que vous avez
fait en moi, et ce que je suis ? Personne. Seigneur, personne ne
le saurait faire. Car je me sens infiniment obligé à votre
Majesté infinie, tant pour ce qu'elle est en soi-même, que pour
tous les bienfaits que j'ai reçus d'elle, à mon entier bien-être
jusqu'ici, tant selon l'être de la grâce, que selon l'être de la
nature.....

« Non, mon amour et ma vie, je suis muet sur ceci en mon
admiration, attendu que je n'ai rien qui soit à moi : et si j'ai
quelque chose, à savoir moi-même, je suis si pauvre et si cor-
ruptible, que je vais continuellement m'abîmant en l'abîme de
toute corruption qui est le péché.

« Mais, ô ma chère vie et mon cher amour, puisque vous
m'avez donné moi-même à moi-même, par mon franc arbitre ;
par cela même je me donne à vous en pur et éternel holocauste, autant qu'il m'est possible : et suis infiniment déplai-
sant de vous avoir si tard connu et si tard aimé, ô vérité si
nouvelle et si éternelle !

« O que les créatures m'ont souvent demandé en leur vie
large : où est ton Dieu ? Auxquelles je répondais ce qu'il n'é-
tait pas convenable. Car vous êtes en moi comme en votre
propre royaume, et néanmoins je ne l'ai pas toujours su par
une connaissance et amour efficace qui m'ont librement con-

traint à vous chercher, vous connaître, vous sentir, vous aimer, et vous posséder en moi, comme au lieu de votre propre royaume dont vous avez éternellement désiré la sanctification. C'est, mon cher Amour, de quoi je suis infiniment marri.

« Ah ! quelle plus grande misère se peut penser, que de vivre à soi et pour soi-même, sans entendre et agir selon l'amour perfectif de Dieu en soi-même !

« Qu'est-ce que ceci, ô ma vie, que vous m'avez dit que je fusse parfait et saint comme vous l'êtes ; et néanmoins comme si je ne vous eusse point ouï, je ne m'y suis nullement appliqué ?

« Mais, mon cher Amour et ma chère vie, c'est maintenant que regrettant, non en moi, mais en vous, la perte que je me suis causée, je désire mettre vigoureusement la main à l'œuvre, et le ferai sans rémission, ni indulgence à moi-même. C'est maintenant que je veux *refluer* de toute l'activité de mes puissances internes, et de tout mon cœur en vous, pour vous aimer éternellement à quelque prix que ce soit.

« Hélas ! hélas, mon cher Amour ! mon cœur a été continuellement agité par le passé, comme une mer de tempêtes furieuses ; de sorte que je vivais instable et sans repos de cœur, et ignorais la cause de ma misère.

« Ah ! mon cher Amour et ma chère vie, qu'est-ce qu'un cœur qui ne s'applique point à vous aimer, sinon un réceptacle de toutes sortes de larrons, chacun desquels tâche de le tirer à soi pour en avoir sa part ? De sorte que l'homme si misérablement violenté par ses propres et volontaires hôtes, est misérable par-dessus toute misère en sa captivité à laquelle chacun contribue, de peur que la prise ne leur échappe. O mille et mille fois inconcevable misère des hommes, d'autant plus misérable, qu'ils se plaisent en leur misérable servitude : cherchant et désirant s'assujettir à tant et tant de malheureux maîtres !

« Or sus, mon Amour et ma vie, puisque par votre miséricorde le filet est rompu, et que je suis délivré de ceux qui me ravissaient avec eux à perdition ; c'est vous qui l'avez fait ; que je veux aimer d'amour souverainement perfectif, d'amour fort, d'amour excellent. C'est en votre bonté que je me confie totalement pour cela, autant que j'ai sujet de me défier de moi-même.

« Par ceci vous voyez le large de l'amour, lequel autant qu'il croit, autant s'étreint-il par la vive et enflammée aspiration. Or, tout est bon à l'Amour qui, sans ordre ni recherche, jette les flammes de son cœur ardemment et simplement, abondamment et continuellement, ignorant toute discrétion, moyen et mesure, parce que son Bien-Aimé le ravit de sa douce impulsion et de sa beauté très aimable, en qui il désire se perdre sans ressource, et s'y abîme de plus en plus (1). » (Ch. vi.)

Voilà une seconde chose bien établie : comme préparation à l'oraison d'aspiration il y a une certaine habitude de la méditation proprement dite et de l'oraison affective.

Ce qu'il exige plus impérieusement encore, c'est la pratique de la mortification et l'humilité. « L'aspiration ne s'accommode pas avec l'imperfection volontaire », dira-t-il en son style énergique.

L'exercice de l'amour aspiratif
présuppose la haine et mépris de soi-même.

« C'est chose assurée, que nous ne saurions être tirés, et pénétrés intérieurement des sentiments savoureux et délicieux, que l'Amour a coutume de produire en l'âme, si la divine Majesté ne nous tire à soi par son rayon vivifique, *qui brûle et consomme tout ce qu'il rencontre de disposé. Or il ne fait cela, qu'à mesure de notre fidélité active, à mourir à nous-mêmes,* et à nous perdre pour jamais en Dieu.

« Pour donc commencer cet exercice, il est absolument nécessaire de mourir à nous, de nous humilier, et de nous mépriser parfaitement. Tels doivent être les raisonnables effets de la haine que nous devons nous porter, considérant que Dieu étant d'une grandeur infinie, nous l'avons détruit et anéanti autant qu'il était en nous, par nos péchés volontaires.

(1) C'est bien vers une oraison surnaturelle qu'il nous conduit ; jamais il ne perd de vue ce que sainte Thérèse appelle « la source d'eau vive ».

et nous devons donc nous haïr implacablement, néanmoins avec ordre et discrétion.

« Pour combattre comme il faut, contre un si maudit ennemi, qui est le péché, et les habitudes de corruption qu'il a produit en nous, il faut aller éternellement et indéfiniment en sens contraire de nous-mêmes, en toutes choses, tant grandes que petites, ne nous appuyant qu'en Dieu seul, et nous confiant en lui par amour très filial et très confident. Enfin, il faut nous ranger entièrement, en tous événements d'adversité et de prospérité, sous la règle et le niveau de son très désiré et désirable plaisir, et sous sa divine et éternelle conduite.

« De plus, il faut qu'élevés et répandus de cœur et d'esprit en sa continuelle présence, nous vivions profondément humiliés, en la vue et l'aspect du rien de toutes choses et de nous-mêmes, sous sa toute-puissante main, et sous toute humaine créature, pour l'amour de lui. »

Quelles personnes sont propres à cet exercice d'aspiration.

« ..... L'entrée de cette voie est facile aux affectifs, et difficile à ceux qui ne le sont pas. Les uns sont très facilement ravis par la connaissance de la beauté de l'Objet : les autres sans tant de connaissance sont ravis à l'aimer, pour ce que l'Objet qui les ravit fortement, entraîne rapidement leur volonté avec leur entendement. Et même cet amour est si fort en beaucoup, que la volonté entre toute seule au sein amoureux de Dieu : où elle le goûte par-dessus toute intelligence, ineffablement, et par-dessus toute expression : tandis que l'entendement demeure à la porte comme étonné, et suspendu à son action. » (Ch. VI.)

Mais pour que l'on ne prenne pas le change sur ces dispositions amatives, le sage maître a eu soin d'ajouter :

« Il y a encore des natures sensuelles, qui sont fort amoureuses d'elles-mêmes, dont l'affection et l'amour n'est que mollesse de nature. A celle-ci encore cet exercice amoureux n'est point propre ni conforme : mais seulement à ceux qui par amour raisonnable, *moyennant les opérations de Dieu en*

eux, auront acquis cet amour très pur et très spirituel (1). Si **bien**
que ce n'est point pour des enfants, ni pour des mous et **effé-**
minés, que nous écrivons ceci, mais pour des Ames généreuses,
très robustes et très fortes qui sont les vraies Épouses de Notre
Sauveur. Très fortes, dis-je, en toute l'étendue de son infini
Amour, pour de plus en plus exalter, élever et illustrer sa
divine ressemblance en elles, selon que nous le déduisons en
cet exercice. De sorte que, qui le voudrait prendre de soi-
même (2), et sans conduite, il n'y trouverait qu'écueils, que
rochers et que précipices. » (Ch. vii.)

Notre Mère sainte Thérèse avait fait une constatation
analogue à celle de notre pieux aveugle : « Ceux qui ne peuvent faire travailler leur entendement parviendront plus
vite à la contemplation, s'ils persévèrent ; mais leur voie est
très pénible et très douloureuse » (*Vie*, ch. iv). On ne le saurait nier ; il y a à tenir compte du tempérament de la terrible « cause matérielle », comme disent les philosophes,
dans l'appel prochain à la vie mystique ; mais nous nous
rangeons nettement à ce qu'a toujours soutenu dans la
Vie Spirituelle le R. P. Garrigou-Lagrange : la grâce, jointe
à la générosité de l'effort, peut toujours triompher des
obstacles de tempérament et de milieu. Les imaginations
ardentes auront fort à faire pour dépasser leurs images et
y substituer des idées abstraites ; les intellectuels n'auront
pas moins d'effort à fournir pour ne pas n'enliser dans
leurs abstractions et les beaux discours de leur entendement ; les affectifs qui paraissent les mieux partagés pour
la contemplation auront aussi à s'élever au-dessus de leurs

(1) Relevons cette apparente contradiction dans les termes : cet
amour *s'acquiert* (= acquis, actif) moyennant les opérations de Dieu
(= passif, mystique). Nous allons bientôt résoudre le délicat problème.

(2) Qu'on le remarque : il faut, pour entrer dans cette voie mystique, un appel prochain et particulier — cela contre les quiétistes — ;
et pour y avancer, être bien dirigé.

impressions, de leurs sentiments, pour parvenir jusqu'à l'amour nu. En somme, il y a pour tous un long chemin à parcourir pour arriver à la simplicité de la contemplation, à la pureté de l'amour. Il y a un double écueil à éviter : l'inaction quiétiste, stérile, et l'effort malencontreux, indiscret, bruyant, qui gêne l'action de Dieu, empêche le silence intérieur qu'elle exige et ferme l'âme pour ainsi dire à la lumière infuse, obscure, générale, d'où procède l'amour mystique (1). Jean de Saint-Samson excelle dans les conseils pratiques qu'il donne à ce sujet. Déjà, nous avons pu nous en convaincre, quand nous avons traité de l'amour pur, mais il est nécessaire que nous y revenions à propos de sa manière d'oraison. Voici ce qui est dit au ch. XVII « du Vrai Esprit du Carmel » :

Efforts sensibles doivent être ici évités.

« Il faut se donner de garde de violenter et altérer ses forces naturelles, en exerçant cette action trop au sens ou par le sens, d'autant que l'âme mettrait grand obstacle et entredeux entre l'Époux et elle, et se rendrait par ce moyen inapte et inhabile à son entière, prompte, et parfaite union : outre d'autres grands inconvénients qui lui arriveraient. Il faut que les élévations soient plutôt du plus intérieur, que du pur sens animal ; car vouloir enfermer et emprisonner Dieu dans le pourpris du sentiment animal, c'est grandement se tromper. Ce n'est pas là que consiste le suprême bien de l'Épouse : c'est en l'action vigoureuse séparée et abstraite du sens, unissant par sa force l'esprit et le sens à son suprême et déifique Objet. »

Il se faut faire une violence raisonnable pour aspirer à Dieu.

« Au commencement de cette exercitation, et lorsque les objets contraires s'efforcent d'occuper le siège de l'Époux, il est

(1) Cf. *Vive Flamme*, str. III.

bon de se faire un peu de violence, jusques à ce que l'on ait surpassé le sens, et ses imaginations : et même de ne point cesser d'agir ainsi amoureusement, jusqu'à ce qu'on se sente surpassé, et immédiatement uni à Dieu (1).

« Quand on aura fait quelques bons progrès en cette exercitation d'esprit, par *Aspirations formées*, et vigoureusement *dilatées* (2), on pourra se plonger, et s'écouler en Dieu par un simple et vigoureux regard, contemplant la beauté de l'Époux comme en lui-même, par-dessus toutes formes et similitudes. Pendant cette action intuitive et jouissante, on sera totalement perdu et fondu en l'Unité divine ; et cependant (qui est fort peu de temps) l'Ame se renouvelle totalement, et reprend nouvelles forces, pour s'employer derechef à son action intérieure.

« Or quand le temps de cette intuitive et simple introversion est fini, quand l'Ame se retrouve du tout revenue aux sens et aux objets sensibles, dont elle se voit environnée, alors elle commence son action active formée et dilatée, selon la mesure et proportion de son degré (3). Toutefois, à cause de la distance de ces deux extrémités, elle se sent avoir grande force pour agir, mais avec un peu d'effort : et par ce moyen elle se reguinde (se rehausse) au même état et degré dont elle est déchue. Heureuse et infiniment heureuse l'Ame attentive à cet exercice d'amour ! car elle mérite de goûter et de savourer au plein de son vaisseau les savoureuses délices du même amour, qui va s'écoulant de son Bien-Aimé en elle, par diverses saillies, communications et effets. »

Dans le traité « Le Miroir et les flammes de l'amour divin », même enseignement :

Ce qu'il faut éviter en cet exercice d'aspiration

« Ce qu'il faut éviter ici, spécialement au commencement de

(1) Voilà qui ne sent pas le quiétisme !

(2) Par cette expression qui revient souvent dans les écrits de Jean de Saint-Samson, il faut entendre les aspirations formulées soit mentalement, soit verbalement sous l'impulsion d'un amour intense.

(3) Dans la mesure où elle en est capable. Tout cela paraît un peu compliqué sur le papier — en théorie —, mais en réalité c'est bien simple. Il n'y a tout bonnement qu'à suivre le mouvement du bon Dieu.

cet exercice, c'est le trop grand effort, non seulement de la tête, mais encore du cœur. Cela rendrait l'âme peut-être inhabile à ce noble et excellent exercice qui moyenne si parfaitement, si facilement et si puissamment l'union au delà de l'union, s'il faut ainsi dire, de la créature amante à Dieu son bienheureux Amant. On doit donc soigneusement éviter de s'appliquer ainsi sans discrétion, spécialement pour son propre plaisir, ce que serait chose perverse et indigne du même Amour. Car quoique ces élévations soient le bien de Dieu en la créature, et le bien de la créature en Lui; si est-ce que sa Majesté veut qu'on se réserve des forces bâtantes pour les fonctions et exercices de la vie humaine et de sa propre vacation et condition.

« Pour ce qui est des efforts, transports, impétuosités, divers ravissements et extases que Dieu fait par lui-même en sa bien-aimée Épouse, il le faut laisser faire. Il est le Maître, et doit faire pleinement et entièrement d'elle ce qu'il voudra, comme de son excellent domaine. Et elle, se voyant tant chérie et caressée de sa Majesté, doit l'endurer et le soutenir à quelque prix que ce soit. O qu'une si douce vie serait suivie d'une douce mort, s'il y fallait mourir! » (ch. VI.)

Ce que l'âme doit faire
quand elle se sent élevée au-dessus de son industrie.

« Quand vous *aurez acquis la très excellente habitude de cet amour* (1), en tout le très simple fond du même amour, là vous vous sentirez tout réduit et perdu en très simple et profonde pénétration de tout votre fond, où vous vous sentirez avoir tant de vue et de goût en hauteur, largeur, longueur, profondeur et simplicité, que vous n'aurez aucun besoin de vous élever et guinder là, par aucune action de votre amoureuse industrie.

« C'est ainsi qu'on est élevé dans cet état en simplicité et éminente vue, regard et contemplation de Dieu, *par dessus toute propre industrie :* si bien qu'assez souvent l'âme se sent reboucher à son industrie et activité, par le doux effort et effet

---

(1) Retenons encore l'expression pour notre thèse de tout à l'heure. Pas de doute, nous sommes en pleine contemplation mystique, le paragraphe précédent l'a bien prouvé.

de la simple, nue et délicieuse pensée de l'Amour objectif, qui est Dieu. Or Dieu étant pour lors hautement et nuement contemplé, ne demande pas que l'âme agisse autrement que par certains actes simples de son habitude, qui soient suffisants pour la simplement occuper, arrêter et reposer là comme en Dieu même, son souverain bien, par dessus les grandes excitations affectives qu'elle pourrait former à ce dessein.

« Or la raison d'un tel rebouchement et contrariété d'esprit, est qu'on est plus simple et plus hautement élevé, qu'on ne le saurait être par la vive occupation continuée à longue haleine (1). Si bien qu'en cette lutte et procédure, ou pour mieux dire, en cette contrariété, c'est assez de produire d'intervalle à autre très intimement certains actes amoureux : s'arrêtant beaucoup plus à voir et contempler, à se fondre et se complaire en la vue et aspect de son infini amour, qu'à discourir pour lors si affectueusement que ce puisse être. Ainsi faut-il demeurer arrêté entre le temps et l'éternité, à contempler son infini objet, bien loin au delà de toutes formes et images. » (Ch. VII)

Science sans science.

« La contemplation en ce degré est une science sans science, et qui ne sait point de moyen (2)...., la contemplation est en ceci et par ceci, l'effort et l'effet de l'Esprit divin, tirant, élevant et ravissant l'esprit humain à soi; dedans lequel Esprit divin, celui ci est hautement recueilli en sa très haute unité; et même assez souvent, si fort pénétré et anticipé par l'attachement amoureux qui l'agite, qu'il se sent être fondu, et totale-

(1) Que cet enseignement du vénérable convers concorde bien avec celui du docte saint Jean de la Croix : « Ne dites donc pas : Oh, je suis sûre que l'âme ne progresse pas, puisqu'elle ne fait rien ! Soit, mais en admettant qu'elle ne fait rien, je puis vous prouver, moi, qu'alors en ne faisant rien, elle fait beaucoup. J'affirme que si l'intelligence se vide de connaissances particulières, qu'elles soient naturelles ou spirituelles, l'âme fait des progrès, et plus l'intelligence des choses particulières et les actes de l'entendement diminuent, plus l'entendement s'élève au souverain bien surnaturel » (*Vive Flamme*, str. III, vers 3).

(2) C'est la Contemplation que Ruysbroeck appelle « sans intermédiaire ».

ment réduit en l'immense mer du feu amoureux qui le consomme là dedans, par la force de son ardente et pénétrante activité. Là, il se voit tellement plongé et absorbé en ce feu, qu'il est éternellement même chose avec lui et en lui ; aussi bien qu'une même vie, tant au vivre qu'au mourir.

« Néanmoins, encore que cet état et élévation soit l'effet d'un singulier profit et avancement, si faut-il être bien avisé *à ne demeurer pas trop longtemps sans agir et se servir de son activité* (1); faisant cela, non trop sensiblement ni en soi-même, mais comme par simples exclamations d'esprit, par gémissements, par intimes résolutions d'éternelle et très vive imitation de *Jésus-Christ* son infini exemplaire *divin et humain*, tant au dedans qu'au *dehors*. Il faut ensuite faire en sorte par cette vue actuelle et continuelle, que vous ne manquiez à aucune occasion qui se présente de l'imiter, soit qu'il s'agisse de peu ou de beaucoup : afin de rendre votre amour, non tellement quellement véritable, mais pur, excellent et élevé. Ce qui sera d'autant plus que vous serez fidèle, jusqu'au suprême point des morts les plus importantes et éternelles. » (Ch. VII)

Nous le voyons : le Vénérable ne met pas l'Humanité sainte du Sauveur au rang des images et des idées distinctes dont il faut se dépouiller. Tout au contraire :

Application de l'âme à Jésus-Christ.

« Or l'exubérance de cet amour fera que l'Amante aura incessamment son très aimé et très cher Époux vivant, et comme visible en sa propre chair et substance; et prenant *pour son continuel objet son image intérieure*, qui contient toutes ses perfections et ses beautés, elle lui jettera sans cesse ses arden-

---

(1) Que le lecteur veuille bien le remarquer encore une fois : Il s'agit d'une âme arrivée à l'union transformante — la phrase précédente le dit assez expressément, — cependant la passivité n'est pas telle, qu'elle ne puisse, ne doive même souvent recourir à son activité. La totale, la continuelle passivité sera donc un cas réservé à la plus « haute mysticité », à une « contemplation suréminente ». Telle est certainement la doctrine de Jean de Saint-Samson. Toujours cette crainte du quiétisme !

tes et enflammées œillades d'amour. Que si quelquefois il lui
est possible de former encore quelques paroles d'amour, ce
seront peut-être celles-ci qu'elle élancera en un moment : **Ah
mon amour!** ah mes délices! ah ma vie! ah ma félicité! ah
mon tout! D'autrefois elle s'écriera par dessus l'admiration :
O terre! ô Anges! ô toutes créatures! et cela se fera de la sorte,
sans qu'il lui soit possible de se dilater davantage sur quelque
sujet que ce soit, même qui puisse exprimer l'excellence et la
nature des perfections divines. D'autant que ces mots seront
élancés du plus haut et du plus éminent amour dont on puisse
presque jouir en cette vie, sans défaillir à sa vie et à son action.
Et tous ces actes sont autant de suréminentes admirations de
l'objet qui la ravit en lui-même par dessus l'admiration. »
(Ch. xvii du V. Es. du C.)

Est-il nécessaire de faire remarquer l'insistance que le
saint aveugle met pour que, dans l'application de notre
âme à Jésus-Christ, nous ne séparions jamais son Humanité de sa divinité, que nous ne nous contentions pas de
le regarder à l'extérieur, mais que nous nous efforcions
de pénétrer à l'intérieur? Il est vrai que sainte Thérèse,
la si grande amante de la sainte Humanité, remarque, avec
sa sagesse coutumière, que « les âmes, après avoir été élevées à la contemplation parfaite, se trouvent dans l'impuissance de discourir comme auparavant sur les mystères de
la Passion et de la vie de Jésus-Christ » (ch. vi Dem.
ch. vii), mais cela, n'est pas mettre de côté la sainte Humanité : au lieu de considérer les mystères à la surface, par
des images et des idées, elle y communie profondément,
comme le laisse entendre le beau texte qui va suivre. C'est
la parole de saint Paul aux Colossiens, qui se réalise en
cette âme : « Vous êtes morts, et votre vie est cachée en
Dieu avec Jésus-Christ » (iii, 3) :

« Celui donc qui est perdu en amour, vit très heureusement
en l'image de Jésus-Christ, et en sa vie très amoureuse, intérieure, divine, glorieuse et très unique, laquelle est très occulte

à plusieurs, et très connue à plusieurs. Un tel amour est très amoureusement et entièrement perdu en l'abîme de cette vie *très divine* et vivifiante de notre très cher Sauveur et Époux, vrai Dieu et vrai Homme, fait homme pour l'amour des hommes, et pour l'attraction très forte et très rapide de ses intimes amis à soi, afin qu'ils ne soient plus jamais séparés de lui, mais qu'en toute éternité ils soient une seule chose en tout lui-même, non par nature mais par grâce. (Ch. vii)

« ..... De sorte qu'elle doit demeurer ainsi morte, voire totalement ensépulturée et perdue en l'abissale et très profonde essence de Jésus-Christ, son très cher Amour et Époux. D'où elle ne doit jamais sortir pour quoi que ce soit, par le moindre mouvement d'affection reflexe. » (Ch. vii)

Avis pour ce qui a été dit ci-devant de l'application à Jésus-Christ.

« Or, quoi que nous ayons dit que l'humanité et la divinité ensemble du Sauveur doivent servir d'objet et d'exemplaire à l'Ame son Épouse, pour être de tout point perpétuellement imité en son image extérieure et intérieure : néanmoins elle pourra souvent, et quand il lui plaira, prendre son Époux pour objet selon sa seule divinité. Le regardant comme un Dieu seul incirconscrit et infini, contenant en unité de nature toute la très sainte et sacrée Trinité en distinction, toute tirée, engloutie et absorbée en sa même unité, en l'amour et par l'amour de la troisième Personne, produite par la fécondité de son principe naturel, éternel et unique. » (Ch. xvii du V. Es. du C.)

Jean de Saint-Samson avait compris, expérimenté le mot de Notre-Seigneur à Philippe : « Celui qui me voit, voit aussi mon Père. » J'ose ajouter que si nous n'arrivons pas à connaître le Christ jusque-là, jusque dans les profondeurs de sa divinité, nous méritons le reproche de Jésus à son apôtre : « Il y a si longtemps que je suis avec vous, et vous ne me connaissez pas » (Jean, xiv, 9).

Nous avons montré suffisamment (1), je crois, comment

(1) Pour ne pas revenir sur nos pas, nous donnons ici en note ce

l'aspiration doit aller se « rétrécissant » de plus en plus par rapport à tout ce qui est sensible, et « s'élargissant » vers ce qui est purement spirituel. Mais quel que soit l'effort du contemplatif pour dépasser les impressions, les images, l'idée même, pour saisir l'objet en lui-même, réduit à ses seules forces, il n'irait pas bien loin — et même il ne pourrait sans tomber dans le quiétisme essayer de dépasser certaines bornes. Il faut que Dieu intervienne et que par une succession « d'effets savoureux » et « d'angoisses intérieures » il opère lui-même ce dépouillement, cette simplification indispensable à l'union ». Déjà les citations données jusqu'ici l'ont laissé bien entendre. Il convient pourtant d'insister davantage, car c'est bien Dieu avec son don septiforme qui a la grande part dans l'oraison d'aspiration du saint aveugle :

Effets savoureux de cet Exercice d'Aspiration.

« On ne saurait exprimer combien les âmes amoureuses, en qui le Saint-Esprit se plaît de verser son Amour, reçoivent dans cet exercice d'Amour, de discrétion, de connaissance et de science expérimentale en très simples goûts et délices. On ne saurait dire à une telle âme les amoureuses expériences qu'elle fera ; les vues qu'elle aura de ses péchés, et puis après de ses

texte que nous n'aurions pas dû oublier. Il montre trop bien comment, au fur et à mesure qu'on avance dans cette voie d'oraison, la passivité se fait plus envahissante et l'exercice de l'oraison devient plus simple forcément :

« Or à mesure qu'on avancera en cette voie d'amour, on pourra se dilater et se restreindre en amour plus essentiel, au dedans de soi. Mais ce doit être par des moyens très uniques, et très essentiels. *Et comme par succession de temps et d'action, les puissances seront destituées de leur pouvoir actif*, il faudra pour lors par l'effet de son amour simple, élevé et lumineux, *former des aspirations de peu de mots : procédant ainsi fort souvent, suivant l'effort du trait amoureux, duquel on sera tiré et excité au dedans*, à se convertir et se fondre en son Bien-Aimé » (ch. VII).

plus secrètes imperfections, et du bien et perfection que demande le même Amour pour l'accomplissement de l'âme amante. Elle verra et saura infailliblement tout cela avec étonnement et confusion d'elle-même, accompagnée d'une amoureuse componction, et de joie diversement opérée et ressentie. Ce qui la renouvellera de plus en plus en son excellente habitude, et la fera s'humilier profondément en ces abîmes divins en la présence divine, ne sachant que faire ni que penser, pour répondre à l'amour infini qui l'absorbe et l'engloutit totalement en l'immensité infinie de son feu très ardent et consommant.

« Mais il faut savoir que cela n'est rien que l'entrée au vrai Amour de la part de la créature, et qu'il faut qu'elle soit épurée et éprouvée, par le feu des cuisantes tribulations, pauvretés, misères, abandonnements, langueurs, morts d'esprit, dont on ne sait ni le nombre, ni les moyens. En toutes lesquelles épreuves, la bonne âme n'a garde de sortir à la recherche de ses sens ; mais poursuivant son chemin, elle vit tranquille et joyeuse au dedans de soi ; désireuse qu'elle est, d'être le vivant et éternel holocauste de Dieu son amour infini, en ces éternelles et infernales morts. Ceci ne la doit nullement épouvanter, ni la faire désister de courir raidement dans la lice d'amour, avec tous les vrais et fidèles amoureux de Dieu : attendu qu'il lui sera infailliblement et pleinement favorable. Que si vous aviez un sentiment contraire, gardez-vous bien d'y ajouter foi. Car ce serait faire un trop lâche tour à votre Amour infini, qui désire plus ardemment votre bien, pour sa gloire infinie, que vous ne le sauriez jamais pénétrer.

« Enfin la preuve du vrai amour, dans le fidèle amoureux de Dieu, est l'abondante force, avec laquelle il le soutient amoureusement à ses propres frais et dépens, dans les diverses morts qu'il lui convient souffrir en son amour, par dessus amour ; quoique ce ne soit pas sans amour : mais au contraire cela se fait d'un amour mâle et vigoureux, qui fait que l'homme souffre et opère tout sans lumière et sans goût, en la nue et vive simplicité de son inclination jouissante, dont il est toujours très doucement et simplement agité. Si bien que quiconque est arrivé à cet état d'expérience, hauteur, simplicité et profondeur amoureuse, ne peut plus faire autrement, par manière de dire, qu'aimer ainsi : à cause des profonds attouchements successifs de l'amour divin, et de l'amour même mutuel, réciproquement reçu et agent. » (Ch. vii, ibid.)

Dans le chapitre XVII : « Les industries de l'âme et les conduites que Dieu tient sur elle pour l'élever à l'état d'amour pur », le Vénérable s'étend plus longuement sur ses alternatives de consolation et de délaissement que l'âme subit ordinairement en cette voie de l'aspiration. C'est un véritable drame mystique d'un lyrisme qui a rarement été dépassé. Qu'il me soit permis d'en détacher quelques feuillets :

Embrasement et enivrement d'amour

« En effet par la vive et continuelle pratique de cet amour, l'âme montant par les susdits degrés (1), reçoit (selon le progrès qu'elle y fait) des caresses de Dieu, des intractions, et des écoulements si vifs et si efficaces de son amour très simple, très délicieux et enflammé, que son appétit est de plus en plus excité à la perpétuelle jouissance de son savoureux Objet. Duquel se trouvant très étroitement embrasée elle ne sait que faire pour aucunement répondre à ce torrent débordé d'amour, qui la tient étendue et dilatée dans le fleuve des délices objectives de son Objet infini. En cet état de délicieuse et très simple ébriété, sa capacité appétitive et son inclination jouissante et active s'ouvrent et s'animent de plus en plus à la jouissance de ses divins amours, en son cher et unique Époux. Et lorsqu'elle voit tout son pouvoir annulé au feu de la compréhension incompréhensible de son bienheureux Objet, elle succombe sous l'éclat de cette attrayante beauté, qui s'efforce toujours de plus en plus de la combler de son exubérance divine, redoublant à cet effet l'activité de son trait lumineux. »

Retraites et retours de l'Époux.

« Mais comme ceci ne dure pas toujours, Dieu se retirant (quant à son influence sensible et jouissante) de son royaume déjà sanctifié par la jouissance de ce délicieux et divin Objet ; l'âme est contrainte de retourner de nouveau frapper à la porte,

---

(1) Degrés dont il a été question au commencement du chapitre et que nous avons reproduits au début de l'article.

et ne cesse cette douce et amoureuse impulsion, jusqu'à ce qu'elle soit une autre fois reçue dans le sein amoureux de son très aimé et très chaste Époux. Alors le succès lui est beaucoup plus favorable que le passé, et elle est plus tirée, plus étendue (1) et plus capable de la jouissance de ses Amours, en l'essence même de Dieu, en qui elle est totalement transfuse et transformée. Ainsi les avènements de l'Époux succédant les uns aux autres. approfondissent l'âme, et la tirent à la plus grande jouissance et simplification, et à de plus grandes délices en son amoureux Objet : et dans cette divine opération, les puissances de tout l'homme reçoivent leur lustre et embellissement souverain, par le succès de ces profonds attouchements, accomplis de tous points, pour l'entier et singulier plaisir de l'Époux.

« Alors l'âme amante toute enivrée d'aise, et comme affolée de l'amour de son Bien-Aimé, dit dans l'affluence de ses délices : *Mon Bien-Aimé est à moi. Il fera sa résidence entre mes mamelles* (Cant. 2 et c. 1). C'est-à-dire qu'il possédera pour jamais son cœur et son âme, à quelque prix que ce soit, y allât-il de mille vies. Dieu l'inonde davantage, et tout autrement, la gratifiant d'une toute autre communication de lui-même, et de ses dons lumineux et délicieux, qui contiennent abondamment des grâces, qu'il ne lui avait encore jamais faites.

« Dans cette agréable jouissance. ces deux Esprits s'écoulent, s'enfoncent, s'abîment et se fondent l'un en l'autre, moyennant le flux débordé de l'Unité divine, et les liquéfactions très délicieuses que l'Époux fait en elle par l'abondance de son amour. Car Il a résolu d'inonder l'épouse de ses divins flots et de l'y submerger entièrement. Et l'épouse, entièrement perdue et abîmée là dedans, expire et meurt entre les mamelles de son Bien-Aimé.

« De cette expérience. active d'une part, et passive de l'autre (2), résulte la vie vivifiante, laquelle fait évanouir tout sentiment, souvenir et appétit de la vie mourante, et même de la vie purement raisonnable (3).

(1) L'auteur se plaît à accumuler les synonymes ; cela veut dire que l'âme a reçu de nouvelles capacités d'aimer, de jouir.

(2) Active de la part de l'Époux, passive de la part de l'épouse.

(3) Il entend par là la vie des sens et la vie purement intellectuelle où l'action des dons n'intervient pas.

« Dans la jouissance de ces amoureuses accolades, qui se font d'esprit à esprit, en l'unité de l'esprit, on ne sait si on a été, ni si on est; d'autant que l'Objet divin est si puissant qu'il ravit son épouse en lui par l'agréable torrent de ses inondations amoureuses. Alors l'amour et la faim de cette jouissance croissant encore de plus en plus, et l'Ame amoureuse produisant ses excès dit : *Je tiens mon Bien-Aimé étroitement embrassé. Je ne le quitterai jamais, quoi qu'il arrive de contraire, jusqu'à ce que je l'aie introduit en la chambre de ma mère* (Cant. 3). C'est-à-dire jusqu'à ce que par son activité consommée, par son soin et par sa diligence amoureuse elle ne l'ait mis en possession du plus intime de son âme. »

Il s'agit bien ici d'un amour intense, d'une union *mystique* déjà très élevée, puisque l'âme a comme perdu conscience d'elle-même, elle est bien ravie en son divin objet; et voyez comme notre auteur parle encore *d'activité* consommée; pour qu'il n'y ait aucun doute à ce sujet, il poursuit :

« Ceci se fait par le très noble exercice de l'aspiration; ou par les conversions simples et essentielles, qui contiennent éminemment tout ce qui est compris en l'aspiration formée et dilatée : ou bien cela se fait par les regards de l'âme encore plus simples et plus éminents, qui résultent en l'appétit de la suprême pointe de sa puissance amative; touchée et enflammée du simple amour de l'Époux, par dessus le sens, par dessus l'entendement, et par dessus tout le sensible. »

Le Vénérable résume ici toutes les ascensions de la voie d'oraison qu'il a fait suivre à son disciple, le progrès en simplicité de ses actes aspiratifs : d'abord les aspirations formées et dilatées, c'est-à-dire celles qui sont nettement formulées, délivrées de l'esprit réflexe, puis celles qui sont plutôt des mouvements d'âme vers son centre — mouvements où elle est plus mue qu'agissante —; enfin ce ne sont plus que des regards très purs et très éminents qui ont déjà quelque chose de la simplicité de la vision de là-haut. L'âme est arrivée au mariage spirituel, car voici comment il continue son délicieux poème :

Caresses de l'Époux

« Déjà dans ce degré de transformation, l'épouse dit à l'Époux : *Vous êtes ce que je suis, et je suis ce que vous êtes sans qu'il y ait de dissemblance entre nous deux :* et dans la continuation de ses excessives admirations elle lui dit : *Vous êtes beau, mon Bien-Aimé* ; et l'Époux lui réplique (Cant., 1) : *Vous êtes belle, mon amie, ma colombe, mes amours et mes délices. Votre beauté est de moi et en moi, je l'ai convoitée,* en ce que vous vous êtes activement convertie et tournée vers moi, vous possédant vous-même en cette activité de mon amour, et vous portant affectivement à me voir et m'écouter seul parler au plus secret de votre cœur, et puis au plus intime de votre esprit. Cela vous montre assez combien j'ai su et voulu convoiter votre beauté, pour m'unir à vous par mariage solennel et éternel, et vous faire à jamais en moi, ce que je suis pour moi-même. Vous voyez en cela que je suis la même vérité. Vous voyez votre petitesse dans ma grandeur ; et dans mon tout votre rien ; lequel enfin est fait tout en mon tout. Consommons donc notre réciproque amour, au nœud et au lien amoureux du très Saint-Esprit ; consommons-le par-dessus toute appréhension et capacité intellectuelle, en notre inaccessible unité. Jouissons à pur et à plein des délices réciproques l'un de l'autre ; j'irai incessamment à vous pour cet effet : nous renouvellerons notre amour et notre joie dans la consommation de cette réciproque jouissance. Je ne veux plus, mon épouse et ma mieux aimée, que vous disiez : *Qu'il me baise du baiser de sa bouche.* Je vous veux étroitement serrer entre mes bras amoureux ; que votre bouche soit collée à la mienne, et que vous jouissiez de mon agréable et suave respiration, et moi de la vôtre. Tel sera le plaisir également agréable de deux amants, devenus un seul esprit en la douce et impulsive force de celui des deux qui est le plus noble, pour la parfaite conversion et la totale transformation de l'autre en mon étendue, qui suis l'origine éternelle de tout bonheur, et l'accomplissement de mes chastes épouses. » (Ch. XVII)

Le Vénérable, après avoir parlé d'un « état de privation rigoureuse » suivi d'une union plus profonde que celle dont il a déjà parlé, conclut ainsi :

« Il est vrai que ce chemin, et cette voie d'amour est pénible et laborieuse en son commencement : mais elle est douce et facile après quelque temps, et puis par succession, très douce et très facile, vu qu'elle se fait par simples et enflammés regards, et par des conversions courtes, essentielles et muettes, signamment (particulièrement) au temps de la totale soustraction que Dieu fait de soi, et du concours efficace des puissances actives en l'âme. Et cet exercice a cela d'excellent, que ni dans son action dilatée, ni dans l'activité de ses amoureux et simples regards (1), il ne permet aucun entre-deux entre l'âme et son bienheureux et divin Objet, la tenant toujours fixement attachée, unie et collée à lui en quelque temps que ce soit, et ne lui permettant pas de s'en séparer pour un seul moment.

« *Heureuse donc, et mille fois heureuse, l'âme qui se résout d'exténuer ses forces sensitives par le moyen de ce divin exercice,* et de mourir et expirer en l'Objet béatifique de son Époux surcéleste et divin ! *Elle sera infailliblement embrassée étroitement au plus intime fond de son unité* essentielle et jouissante (2), où l'Époux ne fait que soi-même en elle, pour la félicité de l'un et de l'autre. Où, dis-je, elle est fondue et perdue totalement à elle-même, et à toutes les créatures, en cette vaste et étendue Essence divine ; laquelle se contient et se possède par elle-même, infiniment loin de toute essence, par son infini amour et regard, anticipant tout ce qu'elle a et tout ce qu'elle est en son unité féconde et simple, et en sa fécondité simple et unique.

(1) Nous avons dit tout à l'heure la différence qu'il faisait entre ces deux sortes d'aspiration quant à la simplicité et à l'excellence. Il faut être un habitué, un assidu du maître pour ne pas être parfois dérouté par sa terminologie devenue obscure de nos jours.

(2) Le Vénérable s'est expliqué en d'autres endroits, notamment dans « le Cabinet mystique » sur ce qu'il entendait par cette « unité essentielle et jouissante » par « l'union sans différence ». Malgré la hardiesse des expressions, empruntées d'ailleurs à Ruysbroeck l'Admirable, il est d'une orthodoxie parfaite ; jamais il n'oublie « la distinction et la différence qui demeure toujours entre l'Être Incréé et le créé ».

« Étant arrivé à ce très noble état par les divers et amoureux succès de cette pratique, les amoureuses œillades de l'âme vivement élancées de tout soi en son Époux seront aussi fréquentes que sa respiration corporelle. Et soit qu'elle veille soit qu'elle dorme, qu'elle boive ou mange, qu'elle parle et converse parmi les créatures, ou qu'elle lise, étudie, et psalmodie, elle fera toujours cet exercice d'amour (1) : lequel l'unira souverainement et de plus en plus à son objet très simple et infini : et cet objet, agissant sur elle d'une manière très noble et très simple, tirera et ravira tout ce qu'elle est, en lui-même ; comme il fait à l'endroit de ses plus favorisées épouses, pour les perdre irrécupérablement en lui, et pour le comble de leur félicité. C'est ce qu'il fera moyennant la surabondante communication de ses divines délices versées à guise de torrent, impétueusement, mais très simplement, qui va roulant du haut en bas de ses puissances, et submergeant, entraînant et perdant le tout par la simple rapidité de son action, en la simple et féconde mer de son Principe éternel. » (Ch. xvii du V. Es. du C.)

---

(1) C'est ainsi, et ainsi seulement, que le Carme peut arriver à l'observation *parfaite* de sa Règle qui l'oblige à une oraison continuelle. Nous ne pouvons que toucher en passant ce point si important pour ne pas allonger démesurément cet article. Il y aurait pourtant de bien beaux textes à fournir, témoin celui-ci :

« Par cet amoureux exercice d'aspiration, vous deviendrez libre de cet empêchement (il venait de parler de l'empêchement que le contemplatif trouve dans les choses créées) et demeurerez nu, simple, paisible, très recueilli et libre au dedans de vous, où vous serez comme un miroir bien poli, représentant naïvement l'excellence et la beauté de Dieu au dedans, et de l'humanité sacrée de notre très cher et très aimé Sauveur et Époux, au dehors. Ainsi vous serez composé intérieurement et extérieurement, comme la fidèle amante qui assiste toujours en la présence de Dieu son bien-aimé !

« Or, celui qui pratique cet amour aspiratif a cela de propre, qu'il change et réduit toutes choses en soi-même, et croit que tous ont son même esprit : sinon, il laisse les choses être ce qu'elles sont, sans s'en empêcher autrement, et va droit son chemin en la perpétuelle vue très simple de son Objet, à qui seul il désire plaire et satisfaire de tout soi éternellement en amour ardent et unique en quelque occasion que ce soit. » (Ch. vii)

.*
* *

Cette oraison, cette contemplation, qui embrasse toutes les étapes depuis que la méditation discursive n'est plus praticable jusqu'à l'entrée de la contemplation *suréminente* qui est toute passivité, est-elle une contemplation acquise ou une contemplation infuse? Je pense que nous sommes bien d'accord, nous, enfants du Carmel, pour dire que cette oraison d'aspiration du saint aveugle que nous venons d'exposer est bien celle à laquelle nous pouvons tous aspirer, à laquelle tous nous devons tendre; mais, depuis quelque temps, nous avons difficulté à nous entendre sur le nom à lui donner. Il n'y a plus, hélas! à en faire mystère. Tout le monde le sait. Causons donc tout haut avec la bénédiction du Vénérable et de la nouvelle petite sainte Thérèse qui — sans s'en douter — a poussé si loin cette oraison d'aspiration. Essayons de nous bien comprendre mutuellement. C'est souvent faute de se comprendre qu'on n'arrive pas à s'entendre. On pense les mêmes choses, mais on n'attache pas aux mêmes mots les mêmes pensées.

Vous, mon Frère — Frère A —, vous l'appelez *acquise* cette contemplation. Oh, je comprends, vous en avez le droit : elle vous a coûté assez de sacrifices; il a fallu tout donner, « consumer chair et moelle » pour l'acquérir, vous l'appelez quelquefois aussi *active*. Soit encore. Nous sommes bien d'accord pour dire qu'il n'est pas permis d'y rester oisif. Nous avons suffisamment insisté nous-mêmes avec le saint aveugle sur l'effort qu'il fallait fournir pour dépasser images et impressions et étreindre la Réalité.

Vous ne voulez pas l'appeler *infuse* cette contemplation; je vous comprends encore; car, pour vous, infuse éveille tout de suite la pensée d'idées, d' « espèces infuses », et, justement dans cette contemplation, il n'en est pas question, ou, si elles sont là, ce n'est que par accident, « *per accidens* », et nous en faisons très peu de cas. Jean de Saint-Samson parle bien plus volontiers de « calignosité » = obscurité, que de lumière. Ou, plutôt, si ; il y a de la lumière, il y en a même beaucoup ; mais cette intense lumière d'en haut, aveugle notre intellect comme le soleil les yeux du hibou.

Le mot *mystique*, vous n'en voulez pas non plus, mon Frère, pour le commun des mortels — je parle toujours à mon Frère A —. Vous avez raison, je partage votre répugnance ; on fait de nos jours un tel abus de ce mot mystique ! au théâtre, dans les revues, dans les romans, on l'entend partout ; dilettantes et artistes l'accommodent selon leurs goûts, et on ne sait plus au juste ce qu'il signifie.

Vous, mon Frère, — Frère B —. vous appelez la contemplation du saint aveugle contemplation *infuse*. Cette fois je comprends tout à fait. Car enfin, il est d'usage de désigner une chose par ce qu'elle a d'essentiel, par ce qui la caractérise, ce qui la situe dans l'échelle des êtres : on a coutume d'appeler une personne par son titre honorifique si elle en a un. Ne substitue-t-on pas souvent le mot « âme » à celui d' « homme », sans que l'on ait la prétention d'abstraire l'âme du corps ? On dit couramment : telle ville compte cent mille âmes. Viendra-t-il jamais à la pensée de quelqu'un, si matériel soit-il, de dire : cent mille corps humains ? Donc : quoique tout dans cette contemplation ne soit pas infus, vous avez bien le droit de l'appeler infuse ; car à sa base il y a un don infus, une lumière infuse, un amour infus, dont on ne prend peut-être pas conscience tout de suite de façon bien nette, bien consolante, mais qui ira toujours progressant, comme l'aurore succède à l'aube et le plein midi à la lumière du matin sans qu'ici cette lumière connaisse de couchant. Ce principe infus, *surnaturel* (au sens restreint que lui donne sainte Thérèse — *supernaturale reduplicative* —, comme disent les théologiens), est là, dans cette oraison, comme la goutte de levain dans la pâte ; tout le développement mystique est là en germe dans ce rayon de lumière obscure, générale, amoureuse, qui empêche l'âme de se livrer à sa méditation comme elle le faisait auparavant et de trouver la même saveur aux satisfactions d'ordre naturel. C'est ce pâle rayon d'obscurité lumineuse qui, si l'âme n'y met obstacle, deviendra « la grande Ténèbre » d'un Denys l'Aréopagite et d'une Angèle de Foligno. Le grand pas sur le domaine des Dons a été fait, selon sainte Thérèse, quand on a passé du « recueillement actif » au « recueillement passif (1) ». A parler ontologiquement, il y a moins de différence entre la quiétude décrite par sainte Thérèse et l'oraison d'union transformante, qu'entre ce qu'elle nomme « contentements » et « goûts divins » au chapitre xiv de sa *Vie* ; car dans le premier cas, il n'y a de différence que dans le *degré* d'intensité du don reçu — degré de passivité —, différence énorme, je ne le conteste pas, mais une différence de degrés n'a jamais constitué une différence spécifique ; tandis que, entre « les consolations » de la méditation discursive, et celles de l'oraison affective et « les goûts divins », il y a un abîme : tout l'abîme qui sépare le pouvoir de l'homme du pouvoir de Dieu. Là, est la différence spécifique. Hilton parle de la différence énorme qu'il y a entre « la réforme dans la foi » et « la réforme dans l'expérience » (*Scala perfectionis*) ; eh bien, cette différence apparaît dès l'oraison des goûts divins, vestibule de la quiétude. Tout cela, pour établir que, si modeste, si humble d'apparence soit notre oraison d'aspiration à ses

____

(1) Cf. *Ch. de Perf.*, ch. xxviii, et *Chât.*, 4ᵉ D., ch. iii.

débuts, elle a droit d'être appelée *infuse*. Peut-être n'a-t-on pas prêté grande attention au passage que j'ai cité au cours de cet article et que j'avais pris au début du chapitre VII « de l'Aspiration » : « C'est chose assurée, que nous ne saurions être tirés et pénétrés intérieurement des sentiments savoureux que l'amour a coutume de produire dans l'âme, *si la divine Majesté ne nous tire à soi par son rayon vivifique*, qui brûle et consomme tout ce qu'il rencontre de disposé. » Ce rayon vivifique, c'est cette lumière infuse qui est de l'essence de la contemplation mystique.

Mais j'entends mon Frère A me faire cette objection : Si l'oraison dont traite Jean de Saint-Samson est infuse, pourquoi le mot « acquis » revient-il si souvent dans ses instructions? pourquoi nous présente-t-il l'*habitude* de la contemplation comme devant être *acquise* à l'aide de notre exercice, par la répétition *de nos actes* d'aspiration? Je ne nie pas qu'il n'y ait ici une réelle difficulté à résoudre. Mais, loin d'éluder la question, n'ai-je pas, au cours de cette étude, posé le problème au fur et à mesure que les textes arrivaient sous ma plume? J'en ai rencontré bien d'autres au cours de la lecture du gros in-folio ; et, loin de me déconcerter, ils ont toujours renforcé la lumière sur la solution à donner. Au surplus, le problème n'était-il déjà posé au chapitre XII de la *Montée du Carmel*, livre II, où saint Jean de la Croix traite de la nécessité des trois signes requis pour abandonner la méditation discursive? Voici le passage ; il est en concordance parfaite avec l'enseignement de notre pieux aveugle : « Le second signe provient de ce qu'à ce moment l'âme *possède l'esprit* de la méditation en substance et en habitude. En effet, la méditation discursive a pour but de tirer des choses divines quelque connaissance et amour de Dieu. Or, à chaque fois que l'âme opère ainsi, elle pose un acte, et comme la multiplicité des actes engendre une habitude, l'âme, en répétant souvent cette produc-

tion de connaissance affectueuse, en arrive à créer en elle
un état habituel. Dieu même favorise parfois les âmes, en
accordant son amour contemplatif immédiatement sans
l'intermédiaire de ces actes, ou au moins, avant leur fré-
quente répétition. Et ainsi ce que l'âme ne recueillait
auparavant que par l'effort répété de la méditation sur *des*
connaissances particulières, a pris, comme nous venons de
le dire, par l'habitude, la forme constante d'une *connais-*
sance amoureuse générale où il n'y a plus rien de distinct
ni de particulier comme autrefois. Il se fait dans ce nouvel
état, qu'en se mettant en oraison, l'âme ressemble à quelqu'un qui a de l'eau à sa portée et la boit suavement, sans
effort, sans devoir l'aspirer par le tuyau des anciennes évo-
cations de formes et de figures. Aussitôt qu'elle s'est mise
en présence de Dieu, elle se trouve dans l'acte de connaissance affectueuse, pacifique et calme, et elle y étanche sa
soif de sagesse, d'amour et de saveur. » D'où mon frère A
conclut, semble-t-il, avec une sage logique, à une contemplation acquise : la cause est acquise, donc l'effet l'est éga-
ment. Eh ! pas si sûr. Voici ce que nous avons à vous répondre : Vu les propriétés que saint Jean de la Croix et le
Vén. Jean de Saint-Samson assignent à « cette habitude »
(et qui sont spécifiquement différentes de celles de la méditation — le contexte le prouve avec évidence) (1), il faut
admettre que dans cette « habitude » nous devons distin-

---

(1) Remarquez (trad. Hoornaert, p. 106) : saint Jean de la Croix dit
qu'à ce moment l'âme possède *l'esprit* de la méditation en substance
et en habitude. Ce n'est plus la lettre, le discours, c'est l'esprit. Or
l'esprit est d'une nature toute différente : la lettre cherchait et tra-
vaillait. L'esprit consiste surtout à recevoir : « L'âme ressemble à
quelqu'un qui a de l'eau à sa portée et la boit sans effort... il n'est
pas étonnant qu'une telle âme éprouve de la peine et du dégoût,
lorsque, jouissant déjà de cette paix, on la force à reprendre la méditation... ce qui la fait ressembler à celui qui lâche la proie pour
l'ombre. »

guer deux choses : *matériellement*, étant effet de la méditation, elle est *acquise*; *formellement*, elle est *infuse*. Je veux dire : L'habitude acquise joue le rôle de cause matérielle, ou dispositive; le don du Saint-Esprit, celui de cause formelle. Me permet-on cette comparaison? elle éclaire très bien la question : C'est à peu près comme l'infusion de l'âme humaine dans le corps... Il faut d'abord, d'après saint Thomas, que le corps soit *disposé* par des qualités à recevoir l'âme. Pour recevoir la contemplation infuse, il faudra tout d'abord (*de lege ordinaria*) que l'âme (nos facultés) soit disposée par un *habitus acquis* à recevoir *la lumière infuse. Dès que l'habitus acquis y est, la lumière infuse est donnée et opère*. Saint Jean de la Croix le dit catégoriquement (1). Jean de Saint-Samson l'affirme avec la même assurance : « ce rayon vivifique brûle et consomme tout tout ce qu'il rencontre de disposé. » Et il ajoute : « Or il ne fait cela qu'*à mesure* de notre fidélité active à mourir à nous-mêmes et à nous perdre pour jamais en Dieu ». C'est ainsi que cette contemplation deux fois *surnaturelle* (*quoad substantiam et quoad modum*), que nous ne saurions jamais mériter d'un mérite « *de condigno* », sera méritée d'un mérite « *de congruo* ». Nous pourrons l'obtenir par notre activité généreuse. Toutefois, elle n'en reste pas moins *infuse* dans son élément constitutif et *passive* dans la mesure où elle est reçue — cette passivité ne pouvant se faire que progressivement au fur et à mesure qu'elle envahit l'heureux sujet.

Mais si notre action personnelle est si intimement unie à celle de Dieu qui, hormis exceptions assez rares, n'agit

(1) « *Aussitôt* que l'âme parvient à se purifier soigneusement des formes et images sensibles, elle baignera dans cette pure et simple lumière, et en s'y transformant, atteindra l'état de perfection... Car alors le naturel étant exclu de l'âme déjà pleine d'amour, *le divin est infusé sur-le-champ* (*Montée*, l. II, ch. IX).

pas si nous ne nous y disposons et coopérons pas, puisque passivité et activité sont compossibles dans l'état mystique, pourquoi vouloir absolument séparer dans notre terminologie ce qui est si intimement uni en pratique (quoique ontologiquement les choses restent distinctes)? Pourquoi vouloir ajouter à « contemplation » un qualificatif qui semble exclure l'un des deux éléments? Qui de vous deux, mes frères, Frère A, Frère B, cédera? Il est si doux de céder pour garder ou pour rendre l'union, sauvegarder la charité quand on le peut faire sans trahir la vérité! Je n'ai pas la prétention de dirimer la controverse. Mais bien humblement je demande que tous les deux vous sacrifiez les qualificatifs qui vous séparent en apparence, au grand étonnement des fidèles, et que nous appelions désormais la contemplation qui est la fin de notre Ordre et que nous sommes appelés à enseigner aux plus intimes amis de Jésus, de l'appeler, dis-je, *contemplation* tout court (1). Ce

(1) Ce n'est pas que nous voulions nier l'existence de la contemplation dite acquise, nous souhaitons seulement qu'on n'embarrasse pas la piété et la simplicité des fidèles par ces distinctions philosophiques et théologiques. Voici comment nous entendons la différence qui existe entre ces deux connaissances — car la contemplation est une connaissance, une vue.

Toute connaissance se spécifie par la lumière qui rend son objet connaissable et sous laquelle elle l'atteint (quaelibet cognitio specificatur ab objecto formali quo attingit suum objectum formale quod): Or *la contemplation dite acquise* se fait par la foi et par la raison, comme la spéculation du théologien. Elle est surnaturelle quant au fond, au contenu; mais naturelle quant à son mode de connaître. Ce sont des concepts, des idées *particulières* et *distinctes*. Ce sont des vues ou regards de foi suivis de considérations rationnelles et accompagnées de sentiments plutôt formulés que vécus et profonds comme les idées abstraites elles-mêmes. La matière (paroles, formules) est prédominante; tout est plus en surface qu'en profondeur. Quand cette contemplation se porte sur Dieu, elle ne peut guère procéder que par abstractions et négations. Je ne nie pas qu'un philosophe, qu'un théologien, qu'un intellectuel pieux ne puisse arriver ainsi à une contemplation très délectable, mais cette joie n'a rien de comparable à la fruition de

ne sont pas nos grands auteurs mystiques des XVIIe et XVIIIe siècles qui nous en voudront pour être revenus à la terminologie toute simple de notre Père saint Jean de la Croix et de notre Mère sainte Thérèse. Quand çà et là — comme aussi le Vén. Jean de Saint-Samson — ils ajoutent un qualificatif, c'est celui de « parfaite », ou de « suréminente », qui laisse entendre des degrés, mais non des dif-

la contemplation infuse, et d'ailleurs, les simples, les ignorants ne sauraient y prétendre.

La contemplation infuse se fait par la foi *et* les dons du Saint-Esprit. Cette contemplation peut être ou distincte ou générale — hâtons-nous de le dire pourtant : elle est beaucoup plus générale que distincte. Son fond est toujours un fond d'obscurité sur lequel viennent se projeter les idées distinctes.

L'obscurité est un caractéristique de la contemplation infuse.

Si *elle est distincte*, c'est le don d'intelligence qui est prédominant ; il fait pénétrer dans la réalité des dogmes particuliers et donne un sentiment de certitude. C'est aussi ce don qui, par sa lumière trop éclatante pour nos pauvres esprits bornés, produit les grandes purifications passives.

Si elle est *générale, confuse, obscure*, ayant Dieu pour objet, la prédominance est au don de sagesse — l'amour intense précède, accompagne et suit — alors Dieu cesse tout à fait d'être une idée, une abstraction, c'est de plus en plus une *Réalité*. Une réalité *ineffable*, bien sûr, mais tout de même *perçue* d'une manière en quelque sorte expérimentale qui convient en propre à la Sagesse, laquelle est un savoir savoureux, dit saint Augustin. Cette attention amoureuse à Dieu, générale, confuse, obscure, est tellement de l'essence de la contemplation infuse, qu'elle reste sous-jacente à toutes les idées particulières de la contemplation distincte.

S'il y a une comparaison à établir près des âmes que nous conduisons dans le chemin de l'oraison, ne serait-ce pas celle entre contemplation distincte et contemplation générale ? On leur apprendrait à mettre celle-ci bien au-dessus de l'autre, et on consolerait, on apaiserait ainsi bien des âmes dans leur obscurité et leur aridité, et on préserverait les imaginations ardentes et présomptueuses de bien des illusions.

Cette distinction, au reste, n'est pas de moi, elle inspire toute la direction spirituelle de saint Jean de la Croix, il l'établit, si j'ose dire, « ex professo » au chapitre ix du livre II de la *Montée du Carmel*, quand il traite « de la distinction entre les diverses perceptions et connaissances dont l'entendement est susceptible ». Après avoir parlé des

férences spécifiques. L'abandon du terme « contemplation
acquise » ne constituera par un recul dans la science mystique, comme on l'a insinué quelquefois, puisque l'expérience a prouvé à quelles confusions regrettables pouvait
amener cette innovation. Ne serait-ce pas une erreur bien
opposée à l'esprit de notre Ordre de laisser entendre aux
âmes simples que nous pouvons acquérir avec nos seuls

deux sortes de perceptions corporelles, il en vient aux perceptions
spirituelles et il dit : « les spirituelles existent de deux façons différentes : elles sont particulières et distinctes *ou* confuses, obscures et
générales. Parmi celles de la première catégorie, il y a quatre modes
de perceptions particulières dont la communication à l'esprit est indé-
pendante des sens corporels : ce sont les visions, révélations, paroles
et sentiments spirituels. Dans la seconde catégorie celle de la connaissance obscure et générale, *il n'y a pas de division*, C'EST LA CONTEMPLA-
TION REÇUE DANS LA FOI. » Qu'on ne croie pas que cette contemplation
est réservée à quelques-uns seulement, car au chapitre XIII du même
livre où il enseigne « qu'il est avantageux dans les premiers temps
où l'on jouit de la connaissance générale de contemplation de reprendre parfois la méditation discursive et l'opération des puissances
naturelles », nous lisons : « ... *Aussitôt que* l'âme parvient à se purifier soigneusement des formes et images saisissables, *elle baignera dans
cette pure et simple lumière, et en s'y transformant, atteindra l'état de
perfection*. En effet, *cette lumière n'est jamais absente de l'âme;* ce qui
fait obstacle à son infusion, ce sont les formes, les voiles des créatures qui enveloppent et embarrassent l'âme. Enlevez ces formes, déchi-
rez entièrement ces voiles, faites en sorte que l'âme soit établie dans
la pure nudité et pauvreté de l'esprit, aussitôt celle-ci, devenue pure
et simple, se transformera dans la simple et pure Sagesse divine qui
est le Fils de Dieu. Car alors le naturel était exclu de l'âme déjà
pleine d'amour, *le Divin est infusé sur le champ naturellement et surnaturellement*, pour qu'il n'y ait pas de vide dans la nature. »

Tout ce que nous venons de dire sur la manière d'entendre le mot
contemplation ne s'accorde-t-il pas parfaitement avec ce passage de la
Montée et ne l'éclaire-t-il pas? Ce chapitre (XIII de l'édition Hoornaert
et XV de l'édition des Carmélites) a servi souvent de champ clos pour
le duel entre les tenants de la contemplation acquise et ceux de la
contemplation infuse, les uns et les autres voulant y trouver la confirmation de leur thèse. Mieux compris, lu à la lumière des principes
de notre saint aveugle, il deviendra, nous l'espérons, le terrain de la
paix dite de la *Contemplation...* tout court. Pourquoi vouloir désunir
ce que Dieu a uni : l'effort de l'homme et le travail de la grâce?

efforts l'équivalent de ce que Dieu seul peut nous donner par l'effusion de ses dons d'intelligence et de sagesse? ne serait-ce pas abaisser notre idéal et arrêter bien des élans généreux que d'assigner comme but de notre mortification, de nos efforts, la froide contemplation acquise? Au lieu d'attarder les âmes dans les interminables discussions sur les caractères de la contemplation infuse et acquise, d'exciter peut-être des jalousies, des murmures, de vaines complaisances, sur les préférences gratuites de Dieu sur ses créatures, en tous cas de provoquer des retours inutiles sur la manière dont le Seigneur les conduit, ne ferions-nous pas œuvre bien plus profitable en aidant ces âmes à sortir d'elles-mêmes? « L'amour qui n'a pas franchi ce pas, hors de soi-même, n'est que demi-amour », a dit notre Vénérable. Et pour cela, mettons-les devant Dieu, leur Cause première, le Bien infini, diffusif de soi, et enseignons-leur à demeurer en adoration comme il convient à celui qui n'est pas devant *Celui qui est* — humblement, avec confiance, comme celui qui n'a rien et a besoin de tout élève son désir vers Celui qui a tout et veut tout donner — apprenons-leur à « fluer » amoureusement vers leur Principe de toutes leurs énergies, sans retour sur elles-mêmes, à adhérer « *nudato intellectu et affectu* » à Celui qui est au-dessus de toute pensée et désire nous transformer en lui par l'amour.

CHAPITRE VII

Du terme de la Voie spirituelle
Consommation du sujet en son objet.
Contemplation suréminente

La mortification, les purifications actives et passives ont
fait leur œuvre ; les sens sont soumis à la raison, la raison
à la divine Sagesse. L'humilité a creusé dans l'âme des
abîmes aux effusions de la Bonté essentielle ; l'amour y a
fait son travail de simplification, l'aspiration l'a conduite,
de degré en degré, jusqu'à la contemplation parfaite, « le
simple créé n'a plus qu'à se perdre dans le simple Incréé ».
L'âme est prête pour ce que sainte Thérèse appelle
« mariage spirituel », et saint Jean de la Croix « union
transformante ». Jean de Saint-Samson n'use pas de ces
termes ; sa terminologie se rapproche de celle de Ruysbroeck et de celle de Tauler. Après eux, il parle d' « union
sans intermédiaire », d' « union sans différence (1) », et
dans son traité du *Cabinet mystique* au ch. IX, il traite longuement de cet état sous ce titre : « La consommation du
sujet en son objet ou la souveraine consommation de

(1) Nous allons voir quel sens très orthodoxe il attache à cette
expression qui déconcerte à première lecture : il n'a garde d'oublier
jamais « la distinction et la différence qui demeure toujours entre
l'Être incréé et le créé ».

l'âme en Dieu par amour. » Cette dénomination est, à mon humble avis, très bien choisie : le mot « consommation » laisse entendre la perfection de l'union jusqu'à l'unité, elle rappelle le « *consummati in unum* » de l'Évangile (Jean, xvii, 23); et en même temps elle éloigne tout danger de confusion panthéistique : le sujet reste bien distinct de l'objet par sa nature même. Cette terminologie a aussi l'avantage d'éveiller la pensée de « Cause Première » si chère aux Enfants du Carmel : le *sujet* créé *pour* l'*Objet* a si bien « reflué » vers Lui, qu'il finit par s'y écouler tout entier et s'y perdre.

Tel est le terme éminent, mais normal, des ascensions de l'âme dans la vie de l'Esprit : « Qui autem adhaeret Dominum, unus spiritus est » (I ad Corinth., vi, 17). C'est alors que la prière de Notre-Seigneur est pleinement exaucée : « Comme vous, mon Père, vous êtes en moi, et moi en vous, qu'eux aussi ils soient en nous » (Jean, xvii, 21).

Recueillons-nous pour entendre le langage de notre Vénérable, plus du ciel que de la terre, et que servent mal les termes vulgaires de notre pauvre vocabulaire.

De la vraie vie en unité sans différence (1).

« Ce que nous avons dit jusqu'à présent de l'excellence des âmes plus hautement déifiées de Dieu en Dieu, présuppose qu'on a surpassé toute action, toute passion, et toutes les

(1) Voici comment on peut justifier cette appellation : L'expression « sans différence » ne porte pas sur l'union de l'âme avec Dieu ; cela serait une grossière erreur panthéistique ; mais, si je comprends bien, elle porte sur l'union qui *en Dieu* est entre les Personnes. Les actes du contemplatif parvenu à ce degré participent en quelque façon à la simplicité des actes notionnels : quoique les relations en Dieu soient quelque chose de très *réel* (il y aurait hérésie à le nier), les

plus hautes élévations qui se puissent atteindre, tant en l'action, qu'au delà de l'action. Il faut maintenant que je dise quelque chose de ce qui se fait, et s'expérimente par ces âmes toutes perdues et consommées à elles-mêmes, et déifiquement déifiées, bien loin au-delà des plus hautes et plus excellentes déifications et transformations précédentes (1), qui se sont faites en l'action et suraction, et en la passion et surpassion. »

Personnes réellement distinctes entre elles ne sont pas pourtant réellement distinctes de la nature divine une et indivisible. C'est là le mystère. Il y a une distinction réelle entre les Personnes divines et une distinction de raison seulement entre les Personnes et l'essence divine. Or, les grands contemplatifs dont il est ici question semblent contempler le mystère de la Sainte Trinité *au-delà* de nos distinctions de raison et saisir l'identité réelle de l'essence divine et des Personnes. Dans l'obscurité translumineuse des dons, ils contemplent déjà Dieu un peu comme ils le contempleront au ciel. Qu'on remarque d'ailleurs que cette lumière si haute sur l'essence divine ne peut être que transitoire ; en tous cas, Dieu n'est jamais vu avec la même clarté dans laquelle les Bienheureux le voient. — Cajetan dit, in I^ᵃ, q. 39, a. 1 : « Fallimur... eo quod distinctionem inter absolutum et respectivum quasi priorem re divina imaginamur ; et consequenter illam sub altero membro oportere poni credimus. Et tamen est totum oppositum. Quoniam res divina prior est ente et omnibus differentiis ejus : est enim *super ens et super unum*... »

(1) En traitant de l'oraison dite d'aspiration, nous avons vu comment l'action vigoureuse de l'âme, jointe à la motion divine des dons, avait, par des ascensions successives, élevé l'âme à une union mystique à laquelle on donne ordinairement le nom d'union pleine, d'union transformante. Toutefois, jusque dans cette union l'âme conservait sa part personnelle d'action ; il appelait ce suprême exercice « exercitation d'union ou d'unité transformante ». Mais déjà au commencement du ch. xvii, énumérant les degrés de *l'aspiration*, il avait laissé nettement entendre que ces degrés conduiraient à une union qui ne serait, pour certaines âmes plus généreuses et plus favorisées, que le vestibule d'une transformation plus magnifique encore. « Ce sera alors entrer d'un abîme de profonde jouissance, en un autre abîme de jouissance qui est d'une infinie profondeur. » C'est cet abîme que le sublime contemplateur ouvre à nos yeux éblouis où « le sujet sera entièrement perdu en son abissal et éternel Principe ».

Unité jouissante

« Je dis donc que ces âmes sont toutes perdues en l'unité jouissante qui, en tant qu'unité, n'opère point, mais est oiseuse (1). De cette unité les personnes de la Trinité sortant chacune à sa propre action, se béatifient et se bienheurent infiniment par un seul acte perpétuel, qui est au delà de toute compréhension, et intelligence créée. Là, il n'y a ni temps ni éternité (2), mais infiniment au delà, cette Essence suressentielle réside et demeure toute en soi et par soi, se comprenant toute et totalement en sa suprême plénitude : et cela, par un regard très fixe et immobile qu'elle fait sur toute son infinie étendue et plénitude, sans distinction de Personnes (3). »

« C'est en cette plénitude et étendue que les âmes, dont nous parlons, sont transformées en Dieu, et très largement étendues, au delà de toutes bornes et limites créées et créables. Elles sont, dis-je, Dieu même dans un sens véritable (4), soit en caligino-

(1) « Oiseuse » est un terme qui fait penser à l'*otium sanctum*, principe de la tranquillité de l'ordre ou de la paix.

(2) Cette expression : il n'y a « ni temps, ni éternité », est une hyperbole mystique, pour faire entendre que la *Déité* est supérieure aux perfections absolues qui s'identifient en son éminente simplicité. Et comme Cajetan dit après Denys (loc. cit.) : « Deitas est *super ens, super unum* », on peut dire : « Deitas est super intelligentiam, super amorem, super aeternitatem ». C'est le langage dionysien qui se trouve chez la bienheureuse Angèle de Foligno lorsqu'elle parle de la grande Ténèbre, expression négative de la *Déité*, supérieure aux perfections divines qui sont en elle *formaliter eminenter*.

(3) Ces mots « sans distinction de Personnes » veulent dire que les Personnes divines ne sont pas réellement distinctes de l'essence. Ici encore la contemplation mystique trouve quasi expérimentalement ce que la spéculation d'un Cajetan, loc. cit., exprime ainsi : « In Deo est unica ratio formalis, non pure absoluta nec pure respectiva, non pure communicabilis, nec pure incommunicabilis ; sed eminentissime ac formaliter continens et quidquid absolutae perfectionis est et quidquid Trinitas respectiva exigit. »

(4) « Ces âmes sont Dieu dans un sens véritable », c'est-à-dire qu'elles sont déifiées par la grâce sanctifiante qui est une participation réelle et formelle de la nature divine, comme divine, ou de la *Déité*. Saint Thomas dit, I* II**, q. 112, a. 1 : « Necesse est quod solus Deus *deificet*, communicando consortium divinae naturae per quamdam similitudinis participationem ; sicut impossibile est, quod aliquid igniat, nisi solus ignis. » — De plus, rappelons-nous que la grâce

sité, soit en lumière ; soit en passion, soit en surpassion ; soit en ignorance, soit par dessus l'ignorance. Et nous expérimentons que cela est ainsi par les perceptions sans connaissance, voire par dessus cela même : ce qui nous porte bien loin au delà de toute connaissance.

« Ce que j'ai dit est vrai, que chacune des Trois Personnes comprend et connaît cette Essence infinie, au delà de tout ce que nous avons spécifié de suréminent, et au-delà de toute Personnalité. Non que la compréhension actuelle des Personnes distinctes soit au dessous du vaste infiniment surétendu de leur commune Essence : mais je parle ainsi à cause de l'étroite connexion qui les lie, entrelace, et unit en cette leur plus qu'essentielle unité (1) ; en laquelle les divines Personnes jouissent de leur pleine félicité, en repos et oisiveté, au delà de toute Personnalité distincte. Or cela se fait ainsi en nous, dans toutes manières exprimées ci-dessus.

« On peut encore dire pour notre regard, que comme nous connaissons sans connaître, et percevons sans percevoir ; ainsi en ce même état, nous expirons sans expirer, mourons sans mourir, et vivons sans vivre : Que nous sommes transformés en Dieu, et sommes lui-même au-delà de tout ce qui s'en peut dire ou concevoir ; vu que Dieu est infiniment au delà de ce qui se peut nommer : Que dans cette sienne infiniment suressentielle unité, il jouit sans éternité, et sans temps, de tout soi, en soi, et par soi-même : Qu'encore que nous soyons luimême, *nous différons pourtant infiniment de cette suressentialité suressentielle* (2), d'autant qu'elle n'est et n'a rien de créé ni de créable, pour sa propre félicité surinfiniment étendue.

sanctifiante est reçue dans l'essence même de l'âme, et que les âmes dont il est ici parlé l'ont à un très haut degré.

(1) C'est une nouvelle manière d'exprimer que la *Déité* est supérieure à toutes les perfections qui s'identifient dans son éminente simplicité ; et c'est aussi une manière de dire que la grâce sanctifiante est une participation *réelle* (physique) et *formelle* de la Déité, mais participation analogique pourtant ; car il ne faut jamais oublier ce qu'a défini le IV⁰ Concile de Latran : « *Estote perfecti* perfectione gratiae, *sicut Pater vester caelestis perfectus est* perfectione naturae utraque videlicet suo modo ; quia inter creatorem et creaturam non potest tanta similitudo notari ; quin inter eos major sit similitudo notanda. » (Denzinger, n⁰ 432).

(2) C'est l'habitude de beaucoup de mystiques, après le **grand**

« Cependant nous sommes divinement transformés en elle par dessus toute raison, et appréhension ; *notre être créé nous demeurant toujours* : car croire autrement, ce serait chose étrange, et du tout absurde. Là, dis-je, bien loin au delà de toute fruition perçue, nous sommes ce que Dieu est, nous avons ce qu'il a, nous possédons ce qu'il possède, et cela en notre amour tout surpassé, ou plutôt en son amour activement actif, et continuellement enduré (1). C'est en cela même qu'il vit, qu'il agit, qu'il patit, qu'il entend et connaît, et qu'il se meut en nous. Bref, nous sommes lui-même en nous-mêmes ; et pourtant sans nous-mêmes. Car comment serait-il possible que cette infiniment noble et divine substance pût très hautement béatifier tant de très excellentes substances créées, par la force active d'une plus qu'admirable bonté et amour, si en lui-même il n'était infiniment au delà de toute la béatitude et félicité, qu'Il puisse communiquer en sa très haute, très étroite, et très parfaite union à toute excellence d'être créé et créable ?

« *Il n'y a donc que lui en lui* (2), il n'y a que son être essen-

Denys, d'essayer de rendre l'ineffable par des superlatifs ou des accumulations de synonymes qui n'ajoutent rien cependant. « Plus qu'essentielle unité » ne dit pas davantage au théologien qu'essentielle unité ; mais le contemplatif espère faire entendre ainsi que l'unité essentielle en Dieu dépasse tout concept d'essence et d'unité. C'est ainsi que le Vénérable a dit, une ligne plus haut, « surétendue ». Le mystique éprouve le besoin d'employer d'autres mots pour parler de choses d'un ordre différent. L'analogie lui devient un tourment. Il se soulage comme il peut.

L'auteur déclare ici lui-même comment il faut interpréter les expressions hardies qu'il a employées pour rendre la réalité de la transformation. Il le répétera maintes fois : cette « union sans différence » laisse subsister « la différence infinie ». Le Vénérable est parfaitement orthodoxe dans ses envolées les plus sublimes ; mais il faut bien nous garder d'isoler certaines expressions hyperboliques de leur contexte.

(1) C'est le « patiens divina » du grand Denys que notre Vénérable essaie de traduire. C'est la pure passivité ; ce n'est pas que l'âme perde son libre arbitre, mais sa liberté consiste à subir cette divine opération à laquelle il lui est impossible de mettre du sien.

(2) Il ne peut y avoir en effet d'accident en Dieu, et même l'acte libre par lequel il crée et conserve ce qu'il a créé s'identifie réellement avec l'acte nécessaire par lequel Il s'aime éternellement. On ne peut admettre ici d'autre distinction qu'une distinction de raison, nullement antérieure à la considération de notre esprit.

tiel et sa suressentialité, et il n'y aura et n'y eut jamais aucun être créable, qui, nonobstant toute la jouissance compréhensive qu'il ait de Lui, en Lui, et par Lui, lui puisse être uni et conjoinct, sinon d'une infinie distance. Car s'il était et pouvait être autrement, cet être créé serait une substance divine et incréée. Que si, par impossible, il pouvait arriver que quelque substance créée en approchât, par passion excessive d'union jouissante, au delà du degré et des bornes et limites de sa capacité créée, je dis en excessive abondance d'influence, ou bien en excessive destitution, au plus profond de l'esprit ; cette substance créée serait au même instant réduite à rien.

« Ainsi on peut facilement voir comme quoi Dieu, infiniment au dessus de ce qu'on peut dire ou concevoir, est différent en lui-même de toute créaturalité, en la substance infiniment abstraite, en laquelle il est et réside : se comprenant tout et totalement soi-même en nous-mêmes, sans nous et au delà de nous. Ce qu'il fait par la force active de son regard amoureux, ou pour mieux dire, de son continuel amour actif, qui va ravissant et agitant nos âmes, bien loin au delà de leur propre essence, et de toute essence créée. Car c'est son unité jouissante et oisive qui les ravit ainsi en sa plénitude superessentielle ; en laquelle, comme nous avons dit, il n'y a aucune distinction de Personnes (1), mais seulement toute Essence infiniment abstraite de tout ce qui est, de tout ce qui n'est pas, et de tout ce qui peut être. »

« En cet état l'âme se trouve toute autre qu'elle-même ; toute et totalement anticipée de chacune des Personnes distinctes, qui (comme nous avons dit) sortent à leur propre action béatifique, sans sortir de leur commun repos et jouissance possédée, et de cette leur et nôtre commune unité suressentielle (2).

(1) C'est-à-dire que l'essence divine n'est pas réellement distincte des Personnes, bien que celles-ci le soient entre elles.

(2) Cette unité qui nous est commune au sens où Notre-Seigneur l'a demandée à son Père dans sa prière après la Cène (Jean, xvii) est essentielle et suressentielle entre le Père et le Fils premier-né ; nous y participons dans la mesure où la grâce sanctifiante est une participation formelle et réelle de la nature divine commune aux trois Personnes.

Voilà que le Vénérable, dans sa sublime contemplation, nous introduit au cœur même du mystère de la Sainte Trinité, aux opé-

Toutefois leur repos personnel excède le nôtre, d'autant plus et d'une infinie distance, que leur nature, leur personnalité, et leur substance divine excèdent la créaturalité, et capacité de nos âmes, tant active que sur-active, tant passive que surpassive : Lesquelles néanmoins, parce qu'elles sont là consommées par une entière consommation de tout elles-mêmes, sont transformées en Dieu, bien loin au delà de tout ce que les hommes peuvent concevoir par ce nom, je dis même en leurs perceptions perçues, et en leurs imperceptions perçues.

« Voilà, à mon avis, en quoi la déiforme déification de la créature, qui a excédé toute créaturalité, est *différente* de la totale Déité, infiniment abstraite de tout ce qui est créé, non créé ou créable : si suressentiellement suressentiel, si suréminemment éminent qu'il puisse être : se connaissant et se comprenant toute elle-même en soi, par soi, et pour soi.

Ce que je dirai encore des âmes déifiées par transformation, en toutes les manières exprimées ci-dessus; c'est que ce qui me semble à présent procéder de leur vie propre, de leur propre action, et de leur passion, n'est que Dieu qui vit, agit, et patit en elles; dans l'essence duquel étant entièrement consommées, perdues, et totalement transformées, elles sont Dieu même au dessus de toute nominalité de Dieu, comme nous avons dit ci-dessus. De sorte que l'on peut dire, et on le doit croire, que ce que l'on désire et demande de telles âmes, est au même instant sans instant, fait et ordonné, non tant par

rations de laquelle l'âme participe dans la mesure de son degré de grâce, de sa transformation. Nous avons peine, il faut le reconnaître, à suivre le vol de l'aigle : ces pages paraîtront certainement bien obscures à un grand nombre de nos lecteurs. Saint Jean de la Croix, élevé à ses hauteurs, a peut-être été mieux avisé quand il a interrompu le commentaire de son Cantique au milieu de la strophe iv qui chante l'aspiration de Dieu dans l'âme : « J'hésitais à parler de cette aspiration de Dieu ; réflexion faite, je n'en parlerai décidément pas, parce que je vois, à n'en pas douter, que cela m'est impossible, et que cette faveur admirable, si j'en disais quelque chose, paraîtrait infiniment au-dessous de sa réalité. » (*Vive Flamme.*)

Faut-il regretter que l'humble convers ait été plus audacieux ou plus naïf que le Maître ? Non certes. Dans ce balbutiement presque inintelligible, on perçoit mieux que dans le silence la paralysie de la langue et de la pensée humaine en face de l'œuvre du « trop grand amour » dans les âmes.

elles, que divinement et de Dieu même (1); soit en action ou sur-action, soit en passion ou surpassion, soit en perception ou imperception, en l'ignorance ou par dessus l'ignorance. » (Cabinet mystique, ch. VIII.)

Il s'agit ici d'une vie unitive très élevée, rarement atteinte même par les âmes comptées parmi les plus parfaites (2). Le saint aveugle a bien soin de nous prévenir que « Dieu seul peut produire cet effet, et nul autre que Lui-même », et « que tous ceux qui pensent avoir atteint ce degré de

(1) Saint Jean de la Croix s'exprime absolument de la même façon (Cant., str. XXXIX).
Voici un petit trait charmant de sainte Thérèse de l'Enfant-Jésus qui illustrera cet enseignement : Une de ses Mères, étant venue la visiter pendant sa dernière maladie, lui rendait un léger service. « Que je serais heureuse, pensait-elle, si cet ange me disait : Au ciel, je vous rendrai cela ! » Au même instant la jeune malade, se tournant vers elle, lui dit : « Ma Mère, au ciel, je vous rendrai cela. » Dieu avait-il révélé à la petite Sainte la pensée de la Mère? Il n'y a pas lieu de le supposer ; mais Il avait exaucé le désir de la bonne ancienne, en mettant sur les lèvres de la sainte enfant ce mot de remercîment. Ce n'est pas là un fait extraordinaire, c'est une très simple manifestation de la vie mystique dans les âmes mues par l'Esprit-Saint. C'est cette vie-là, qu'encore novice, elle ambitionnait et comprenait si bien. Qu'on se souvienne de la visite qu'elle fit à Mère Geneviève et où elle reçut un conseil répondant à une douloureuse épreuve qu'elle n'avait pas eu le temps d'exposer : « Je voulus savoir quelle révélation Mère Geneviève avait eue, elle m'assura n'en avoir reçu aucune. Alors mon admiration fut plus grande encore, voyant à quel degré éminent Jésus vivait en son âme et la faisait agir et parler. Ah ! cette sainteté-là me paraît la plus vraie, la plus sainte ; c'est elle que je désire, car il ne s'y rencontre aucune illusion. »
(2) Pourquoi en parler? diront sans doute quelques lecteurs pris de vertige. N'est-ce pas du temps perdu ? N'y aurait-il qu'une âme à profiter de si hauts enseignements, à qui ces pages de l'aveugle auront découvert des horizons nouveaux et fait jaillir cet acte d'humilité et d'abandon qui attire les grâces suprêmes, nous estimerions bien employée la peine que nous avons prise à les écrire et pour vous, cher lecteur, bien récompensée la mortification que vous avez eue à les parcourir ; car une âme parvenue à ces hauteurs rend une gloire immense à Dieu ; et tous, nous nous élevons avec elle.

consommation simple dans le Simple n'y sont pas arrivés : attendu qu'une telle consommation n'est jamais entière et parfaite que par la totale nudité de son Sujet, ce qui est dire et comprendre choses grandes ». Aussi, à première lecture, est-on d'abord un peu surpris de voir qu'il est encore si souvent question, dans la suite de ce chapitre ix, « des croix et mortelles angoisses des soustractions divines », « des brouillards caligineux ». Il y est même parlé d'un « état purgatif ». Y aurait-il là contradiction avec ce qu'enseignent sainte Thérèse et saint Jean de la Croix? On sait que, pour eux, il n'y a plus place dans le « mariage spirituel » que pour une lumière sans couchant et une paix sans combat : c'est la glorieuse félicité de la victoire définitive. Contradiction apparente seulement. Rapportons-nous à ce que saint Jean de la Croix explique, dans la *Vive Flamme* (strophe I, vers iii), du « *centre le plus profond* » :

« ..... Laissant donc de côté la signification vulgaire des mots « centre et profondeur », nous appelons ici le centre le plus profond de l'âme les extrêmes limites que peuvent atteindre son être, sa vertu, la force de son opération et de son mouvement. C'est ainsi que le feu et la pierre ont une vertu, un mouvement, une force naturelle pour parvenir au centre de leur sphère, qu'ils ne peuvent ni dépasser, ni manquer d'atteindre, à moins d'être arrêtés par quelque obstacle. Ne peut-on pas dire que la pierre est dans la terre comme dans son centre, parce qu'elle est dans la sphère de son activité et de son mouvement? Cependant, elle peut pénétrer plus avant encore jusqu'au milieu même de la terre, parce qu'elle a la force de descendre toujours et d'arriver jusque-là, si l'on fait disparaître les obstacles qu'elle rencontre devant elle. Enfin quand elle y sera parvenue, il ne lui restera plus de force propre pour se mouvoir, et nous dirons alors qu'elle a atteint le centre le plus profond.

« Or, Dieu est le centre de l'âme. Lorsque l'âme, selon toute la force de son être et de ses opérations, connaîtra Dieu parfaitement, l'aimera et en jouira pleinement et entièrement, elle sera arrivée au centre le plus profond qu'elle puisse atteindre en Lui. Avant d'avoir obtenu ce haut degré de perfection,..... à la vérité elle est dans son centre, puisqu'elle est en Dieu ; mais elle n'est pas dans son centre le plus profond, puisqu'elle peut aller plus loin. »

Rien n'est plus relatif que l'union de l'être créé avec l'Être incréé. Comme il s'agit de participer dans une mesure finie à un amour infini, il y aura des degrés comme à l'infini dans l'union. On se tromperait même en croyant qu'à tel degré d'amour est attachée pour toutes les âmes la faveur du mariage spirituel. Là, à ce niveau d'amour où une âme peut entrer dans le divin Sabbat, une autre âme commencera sa course de géant pour atteindre les sommets où il lui sera permis seulement d'en jouir. On pourrait appliquer à ces dernières âmes le verset du psaume « Fundamentum ejus in montis sanctis » (Ps. 87). Ce sont elles que Jean de Saint-Samson a en vue dans ce traité du « Cabinet mystique », et dans leur ascension il distingue trois étapes :

« Il y a trois états pour l'accomplissement et perfection de cette voie. Le premier est purgatif, le second illuminatif, et le troisième consommant. Mais il ne faut pas entendre ces états comme en la voie précédente (1) : c'est tout autrement et *selon l'éminence de toute cette voie*. Le premier donc est lumineux et langoureux, ayant divers degrés pour sa perfection. Le second est lumineux et extatique, ayant aussi divers degrés d'illuminations ; par lesquels son sujet est profond illuminé, et extasié hors de soi et du créé, en abondance de saveur et

(1) Qu'on se garde bien de croire que la voie précédente est une voie purement ascétique. C'est celle dont le Vénérable nous a entretenus jusqu'ici, où l'effort actif de l'âme se joint à l'opération divine, en un mot, c'est tout ce long stade qui précède la pleine passivité.

de délices. Et *par succession de temps et de degrés d'illumina-tions abyssales*, il est ravi en son Objet, pleinement perçu, comme de profondeur en profondeur, et d'abîme en abîme, avec des délices et des saveurs inexprimables. Quand donc tel-les perceptions sont réfuses, et totalement fondues en unité par-dessus la fécondité; alors l'état suprême et dernier de la consommation se commence, et arrive à sa perfection et accomplissement total, par les divers effets de Dieu, et par son action continuelle en l'âme, qui font divers degrés de suréminente élévation. L'esprit étant arrivé à cet état, est totalement consommé en son Objet béatifique, et jouissant de lui, et de son suprême repos, par-dessus toute la perception perçue et perceptible : ce qui est en effet et en vérité, *être simple dans le Simple et le Simple même.* »

Commentons brièvement ce texte, il importe de le bien entendre pour comprendre l'enchaînement, l'unité de la voie spirituelle de notre auteur. « Il y a trois états pour l'accomplissement et *perfection* de cette voie. » Quelle voie? Celle, bien sûr, dont il traite dans ce chapitre, celle de « la consommation du sujet en son Objet ». Le point de départ est déjà l'union mystique, même l'union mystique pleine au sens large du mot; il s'agit d'en atteindre l'ultime perfection. Il y aura comme trois modalités différentes à cette vie unitive : il parle de trois « états » : le premier purgatif, le second illuminatif, et le troisième « consom-mant ». Et pour que le lecteur peu attentif, peu averti, ne s'y trompe pas et ne pense pas que l'on revient en arrière en parlant d'un état purgatif, il a bien soin d'ajouter : « Mais il ne faut pas entendre ces états comme en la voie précédente : c'est *tout autrement* et selon l'éminence de *toute* cette voie. » La voie précédente, c'est la voie qui commence par la purification active du sens et s'achève par la purification passive de l'esprit : elle comprend ascèse et mystique. Celle dont il s'agit à présent est *toute* mys-tique, et qui plus est, totalement *passive*; « c'est la mysticité même », dit le Vénérable. Le centre le plus profond de ces âmes d'élite est dans la « grande ténèbre » dont parle le pseudo-Denys ; non seulement elles ont dépassé tout le sensible, mais encore l'exercice naturel de leurs plus nobles facultés : l'union se fait dans la volonté plus souvent « en imperception qu'en perception » et dans l'intelligence « non par compréhension, mais par défaillance à sa compréhension ». Nous sommes là dans l'ineffable :

L'incompréhensibilité de Dieu est leur félicité.

« C'est en cela même que nous sommes satisfaits, et totalement contents en l'incompréhensibilité de notre actif Compréhenseur ; et ce nôtre repos jouissant est toujours désiré, quoiqu'on le possède. Que si nous le comprenions, il ne pourrait, ce me semble, jamais nous satisfaire, au contraire il nous serait tourné en continuelle inquiétude (1). La raison aucunement illuminée touche facilement cela. Mais tout ceci est tout autre, tant en sentiment qu'en profondeur de lumière, en l'abîme du Simple incréé, où le simple fond du simple créé est totalement englouti, et perdu à soi-même, approfondissant son simple fond originaire de plus en plus (2), et par une plus simple action proportionnée à l'éminence de son état et de son pou-

(1) Par la satiété que cette contemplation uniforme produirait. Tauler fait remarquer, dans son sermon pour le 1ᵉʳ dimanche après Noël, que « l'homme désire toujours savoir et il ne s'arrête jamais à ce qu'il sait ». Mais il en est tout autrement pour cette contemplation générale et obscure : plus notre active compréhension s'enveloppe d'obscurité, plus Dieu apparaît incompréhensible — donc infini et infiniment digne d'être aimé, — plus, par le fait même, Il est possédé par et dans l'amour. Si bien, que l'âme en vient à craindre que les ténèbres s'évanouissent et demande à Dieu qu'Il se cache davantage pour le posséder plus encore.

(2) Ce passage est profondément imprégné de Ruysbroeck : « La Trinité nous a créés à son image, d'après l'exemplaire éternel de nous-mêmes, qu'elle possédait dans son sein, avant que le monde fût... Or l'effort de la contemplation, c'est l'effort du contemplateur vers son type éternel. Volant de clartés en clartés, il aspire, les bras tendus, à rejoindre cet exemplaire incréé d'après lequel il a été créé. » (*Ornement des Noces spirituelles*, trad. Hello, p. 66 et sq.)

voir ; et toutes ses délices sont de ce qu'il sait et voit que ce
simple fond objectif et fruitif ne doit et ne peut jamais être
compris ni atteint du simple créé consommé en Dieu. En cela
consiste sa suprême félicité. » (ch. IX.)

Demandons maintenant à notre grand mystique ce que
deviennent ces âmes élevées à ces hauteurs dans leurs rapports avec leurs frères. Ce chapitre IX renferme des préci-
sions extrêmement intéressantes. Il nous montre ces âmes
comme d'autres Moïses tantôt dérobées à tout regard
humain dans le brouillard caligineux où elles s'entretien-
nent dans le secret avec Yahweh, ou bien descendant de la
sainte montagne illuminées de toutes les splendeurs de la
divine Sagesse.

Les âmes consommées en Dieu
ne sont pas toujours en état d'être consultées.

« Il n'est pas toujours à propos de demander avis des choses
plus importantes au fait de la souveraine discrétion, à ceux
qui sont plus hautement illuminés ; et ce, pour plusieurs raisons. La principale est que les choses dont il les faudrait consulter sont trop multipliées, soit par nécessité, soit autrement,
dans les spéculations ou dans les choses extérieures, qui sont
trop proches des sens, et qui abattent et éloignent trop l'esprit
de la simple et abstraite lumière du discernement. Cela ferait
qu'étant ainsi offusqués, abattus et ténébreux en eux-mêmes,
et ne leur restant presque que l'effort du sens raisonnable, ils
ne pourraient discerner les vérités plus intérieures, secrètes et
lumineuses.
« Disons encore qu'il y a certains illuminés, qui sont tellement enveloppés de caliginosités obscures et ténébreuses, par
l'opération de Dieu, duquel ils jouissent sans distinction en
eux-mêmes, en sorte qu'ils sont tous ignorants des choses divines ; soit pour n'en avoir guère entendu ni connu, soit pour
les avoir oubliées et surpassées, par les efforts abstractifs de ce
ravissant Esprit, sans qu'ils s'en soient presque aperçus. Ceux-ci
n'ont rien qu'ils puissent communiquer à personne, et ne sauraient exprimer leur état.

« Ce que les directeurs ont à faire, c'est de les faire travailler aux vertus extérieures, et de leur donner dextrement parfois quelque coup de vive mortification qui atteigne leur fond. Ce moyen bien pratiqué pourra, par succession de temps, dissiper leurs épaisses ténèbres, et les illuminer en eux-mêmes, pour voir le degré de leur élévation.

Des âmes totalement excédées qui sont dans l'obscurité divine ; et de celles qui sont passées de cette obscurité dans la très consommante lumière de Dieu.

« Pour le regard de ceux qui se sont totalement excédés à force d'aimer, et qui, par ce moyen, sont entrés aux brouillards caligineux de la très simple obscurité, simplement et absolument lumineuse à cause de l'abondance de la lumière versée en l'entendement, tant en moyen, que par-dessus le très simple moyen, et toutefois en moyen très simple, du tout exempt de science de moyen, qui par cette surabondance s'est trouvé comme tout à coup et sans y penser, tout obscurci et obténébré. Telles âmes assises en ce brouillard caligineux, obscurement illuminées, ne sont nullement propres, non plus que celles dont nous avons parlé ci-devant, à discerner et juger des lumières et vérités de qui que ce soit ; d'autant qu'elles ne savent ce qu'elles font, ni où elles vont, ni ce qu'elles sont en leurs propres œuvres et conduites.

Elles sont enveloppées en ce brouillard très obscur, et gisent en ténèbres, autant inaptes à juger, sentir et discerner des notions, vérités et illuminations (dont elles ne sont touchées purement que par le dehors) comme elles sont inconnues à elles-mêmes en cette leur simple obscurité. Et même en cet état elles agissent indiscrètement et inconnuement (1), en la force de leur sens passionné, sans savoir où elles marchent, ni ce qu'elles font. Tandis qu'il en sera ainsi, elles n'auront autre joie ni satisfaction en elles-mêmes, et auront toujours assez d'afflictions sur leurs propres et ordinaires défauts. Elles auront

(1) Cela expliquerait certains états étranges qui déroutent dans la vie de quelques saints personnages comme Tauler, Monsieur Olier, le P. Surin et bien d'autres, qui, durant plusieurs années, paraissaient comme hors de leur sens.

même besoin tout ce temps-là pour le moins, et peut-être toute leur vie, d'une très sûre et lumineuse guide, qui prenne un soin spécial d'elles.

« Ce n'est pas mon dessein de me dilater plus amplement sur ce sujet. J'ai seulement voulu faire voir manifestement l'excellence de leur simple fond, et le bonheur de ces personnes, qui leur est inconnu : Lesquelles néanmoins ne doivent être consultées sur quoi que ce soit, à cause de leur propre indigence et impuissance à se connaître et se discerner elles-mêmes. Car pour l'ordinaire ces pauvres personnes sont dignes de très grande compassion.

« Mais ceux qui sont consommés, dans lesquels toutes les plus hautes, plus profondes, et plus simples lumières et manifestations sont tombées en un, par divers succès des illuminations ; et en qui ces illuminations ont enfin dissipé et éclairci le brouillard ; à l'obscurité duquel a succédé la très claire, très simple, et très consommante lumière ; ceux-là sont pour toujours amplement et profondément capables de tout voir, tout atteindre, tout juger, et d'illuminer autrui par l'exubérance de leur très simple et très efficace lumière : Laquelle, par sa simple fécondité, simplifie et dilate efficacement et simplement les fonds qui en sont touchés. Aussi leur est-elle versée par infusion pour ce même effet. »

Le Vénérable, parlant d'expérience, fait toutefois remarquer que tout ce que les mystiques peuvent communiquer ainsi des lumières reçues dans leur contemplation reste toujours bien au-dessous de ce qu'ils ont vu, compris : l'ineffable ne peut se rendre : « Mon secret est pour moi. »

« Mais comme leurs lumières se trouvent abondantes et simples au dedans poussant néanmoins ces effets lumineux au dehors par abondance de simples et fluantes paroles ; ils ne découvrent, ni ne font voir en leur abondance que le simple effet, et *non l'esprit de ces vérités*.

« Cela se fait ainsi pour l'ordinaire, d'autant que leurs lumières et vérités sont si grandes, qu'elles en sont même offusquées en certaine manière ne pouvant les exprimer comme ils les voient et ressentent, sinon seulement en leurs effets. Ces lumières sont plus aux sens et au dehors, qu'au dedans et au profond de l'esprit ; et ces exubérances montrent assez que ces lumières sont sensibles par les effets de leurs simplifications. Ceux qui jouissent de leur simple et abstraite lumière *voient d'infiniment loin toutes telles lumières*, ainsi doucement écoulées aux autres, *comme effets d'une bien plus grande lumière dont ils jouissent en eux-mêmes* : Laquelle ils dilatent par paroles les plus significatives qu'ils peuvent, pour l'exprimer au dehors en son fond et en sa source. »

De la conversation toute divine des personnes illuminées.

« Il fait bon converser avec cette sorte d'esprits, spécialement quand ils sont extraordinairement touchés, tirés, et étendus par les lumineuses et divines influences, qui pour lors regorgent d'eux, sans quasi qu'ils s'en aperçoivent ; à cause de la grande facilité et simplification dont ils coulent à guise de flots, par leurs paroles très simples, très lumineuses, et illuminantes, lesquelles vont simplifiant ceux qui ont le bonheur de participer à ces divins torrents de délices.

« Mais on se doit bien donner de garde de les faire sortir aux paroles de longue haleine, quand ils sont aux croix et mortelles angoisses des soustractions divines. Car alors ils sont indigents et pour eux et pour les autres ; de sorte qu'autant de paroles qu'on les contraint de mettre en avant, ce leur sont autant de pointures mortelles. Que s'il faut par nécessité qu'ils parlent, il faudra qu'ils lisent quelque lumineuse et simple matière, afin d'être aucunement animés et facilités à discourir. Mais il ne faut pas qu'ils attachent leurs discours à une matière ; ainsi qu'ils se laissent emporter par diverses affections, à ce que l'Esprit de Dieu leur dictera, et où il les portera...

« Ceux aussi qui sont arrivés au brouillard caligineux, après avoir passé tous les degrés qui précèdent celui-ci, des illuminations divines infuses, et qu'ils vont regorgeant souvent d'eux-mêmes pour l'illumination des autres ; ceux-là ne peuvent en ce brouillard caligineux, ou en ce degré de suréminente illumination, désirer sortir au dehors ; d'autant qu'ils sont très doucement, simplement, et profondément tirés à l'unité surnaturelle de l'esprit, où leur œil simple est toujours également ouvert, pour toujours également voir en oisi-

veté et cessation d'action (1), par-dessus toutes formes et images, la lumière de l'esprit lumineux, versant toute lumière par
divers degrés d'amour et d'illumination divine. Ceux-là, dis-je,
ainsi profondément abstraits et ravis hors d'eux-mêmes au plus
profond de l'esprit, ne désirent nullement sortir par extroversion, sous quelque prétexte que ce soit ; car les délices objectives de l'Essence divine, incessamment reçues et versées en leur
entendement par la Sapience incréée du Fils, leur sont si douces et savoureuses, que les sorties hors de là leur sont des
morts (2).

« Je ne veux pas dire que ceux qui sont arrivés à ce degré
d'illumination, soient du tout destitués d'action (3), ni de
moyen d'union, et de transformation : mais leur action et leur
moyen sont si simples, si subtils, et si éloignés des sens, qu'il
semble n'y en point avoir (4). Car il y a des degrés d'amour et
d'illumination en ce divin Sabbat et repos, sans comparaison
plus hauts que celui-ci; où les moyens et les actions entre Dieu
et nous, sont entièrement supprimés. Ceux qui sont parvenus
à ces degrés sont revêtus de Dieu même et de ses divines
lumières, qui transforment toutes les puissances, l'esprit, et

(1) Il parle là de l'acte de contemplation réduit à sa plus grande
simplification, dépassant toute activité des puissances. C'est la suprême
passivité ; il ne faudrait pas se méprendre sur cette « oisiveté ». Il
avait dit ailleurs (ch. xxiii du *Vrai Esprit du Carmel* : De l'amour
divin) : « Les opérations de cette Sapience sont si multipliques, si
simples, si uniques, et rendent l'esprit si agile à voler en son fond
et de son fond en son objet, qu'on ne le saurait suffisamment exprimer. Elle est plus mobile en *l'unique simplicité* de ses opérations que
tout ce qui est mobile dans les choses créées ; et cela fait qu'on n'est
pas longtemps agi d'une même sorte. »

(2) C'est certainement ces contemplateurs qui peuvent quasi perpétuellement persévérer, sans effort, dans *l'acte* de leur contemplation — tant est forte l'attraction divine — que saint Jean de la Croix
avait en vue, quand il disait que c'était un crime de les retirer de
leur solitude pour les livrer à l'action (Cf. *Cant.*, str. xxix).

(3) Il ne s'agit pas d'action extérieure, mais d'action intérieure,
est-il besoin de le dire ? Remarquons encore une fois comme Jean
de Saint-Samson redoute le quiétisme ! Selon lui, bien courts sont
les moments de *complète* passivité, à moins d'être favorisé habituellement de la suprême contemplation qui se fait sans aucun « moyen ».

(4) Il ne faut donc pas que, par crainte de quiétisme, ces âmes
dont la contemplation est si simple veuillent en prendre conscience
avec effort et inquiétude.

l'essence même de l'Ame beaucoup mieux que les précédents degrés d'illumination. Elles les transforment, dis-je, en Dieu qui est le très pur centre, le repos unique et toute la félicité de tous les esprits illuminés, tant en la grâce que dans la gloire. »

Nous nous sommes peut-être étendu trop longuement sur les obscurités et les souffrances qui peuvent se rencontrer jusque dans ces états de consommation si profonde, mais il était juste de souligner cette note caractéristique des écrits du Vénérable. Il ne se sépare d'ailleurs en rien de l'enseignement traditionnel qui baigne dans la paix immuable les sommets de la vie mystique. Son dernier chapitre du *Cabinet mystique* est consacré à chanter la félicité dont jouissent les âmes saintes dès ici-bas. Nous devons nous borner à ce seul paragraphe :

Que l'âme consommée en Dieu jouit d'un vrai Paradis,
nonobstant toutes les misères de la vie présente.

« Dieu, nonobstant une infinité de misères qui nous environnent, est la cause de notre Paradis ici-bas ; en ce qu'il est, en ce qu'il possède, en ce qu'il fait en soi-même et pour soi-même : qui est sa totale et infinie félicité. Quand il voudrait que jamais nous ne le possédassions autrement, que nous le possédons à présent dans notre totale transfusion en toute son étendue divine ; nous serions par cela même en notre Paradis en tous événements. Car la félicité des Bienheureux ne consiste pas seulement dans la gloire et félicité dont ils jouissent, le voyant et le comprenant tout lui-même : leur félicité souveraine et principale est l'infinie félicité de Dieu, dont ils jouissent en inondation et dégorgement de son amour consommé envers eux. Par ce moyen il les élève, et les revêt de sa même gloire et félicité ; par laquelle ils le comprennent en très grande faim, et en très pleine satiété, sans contrariété quelconque. De leur amour, de leur science, et de leur joie, résultent toutes les raisons de l'amour essentiel et glorieux, en plénitude de clarté et de joie accidentelle, en eux : et tout cela prend la source interminable de Dieu même, et de toute l'influence éternelle de ses infinies communications glorieuses. consommant par cela même qu'il opère amoureusement et glorieusement en eux, la gloire de chacun d'eux, de moment à autre, et à l'infini. D'où se fait que chaque bienheureux possède la joie et la gloire de tous les autres, et en jouit comme de la sienne propre, en très divers et différents degrés. conformément à la charité qu'il aura eue envers Dieu ici-bas. »

.*.

Sur ces hauteurs, restons-nous dans la ligne du développement normal de la grâce sanctifiante, dite des vertus et des dons, ou bien sommes-nous dans une voie extraordinaire ?

Maintes fois, avec le Vénérable Jean de Saint-Samson, nous avons répété que ces cimes de la vie spirituelle *étaient rarement atteintes*, elles touchent le ciel. A ces âmes « tout esprit », il ne manque que la lumière de gloire pour contempler l'essence divine « *sicuti est* » — ; cette lumière est incompatible avec la vie d'ici-bas : « Nul ne peut voir Dieu sans mourir » (Exode, xxxiii. 20). Mais, quelle que soit l'éminence de cette voie unitive, il ne nous a jamais laissé entendre qu'elle était à proprement parler *extraordinaire de droit* (1). Nous avons atteint un culmen, mais d'étapes en étapes; le point terminus correspond parfaite-

(1) Toutefois, elle comporte souvent — mais toujours transitoirement — des lumières surnaturelles spéciales qui relèvent de la lumière prophétique (Cf. S. Thomas, IIe II^{ae}, q. 45 et q. 172, a. 4, ad 1um). Il peut même y avoir parfois une certaine union transitoire du contemplatif avec le Verbe de Dieu, union qui sera habituelle dans l'éternité. Cela est extraordinaire, mais ne constitue pas le fond de cet état. C'est à titre d'additions que ces grâces extraordinaires sont accordées. Ce qui est renforcé habituellement, c'est la lumière infuse, générale, obscure, qui a produit une plus grande impression d'ineffabilité, bref, ce que nous avons toujours donné comme principe essentiel de la contemplation mystique.

ment au point de départ. Nous n'avons jamais quitté la
voie des vertus et des dons, c'est l'action combinée de l'effort de l'âme et de son divin Moteur qui ont conduit là.
Quand, tout à l'heure, nous avons parlé de « voie plus
excellente », nous n'avons pas voulu dire : voie spécifiquement différente. Jamais il n'a été question que de
degrés, d'étapes. Nous en trouvons la preuve dans la manière dont notre grand mystique termine son sublime chapitre ix du *Cabinet mystique* que nous venons d'analyser
rapidement.

Disposition pour entrer dans la vie de l'esprit.

« La disposition à cela est d'être si profondément tiré au
dedans de soi-même, qu'on soit comme privé de l'usage de ses
sens, et comme mort entièrement à iceux, se sentant autant
éloigné de leurs objets, que si on en était à cent lieues loin.
Mais avant d'y parvenir, il faut avoir passé l'activité naturelle
des sens intérieurs à force d'amour pur ; et avoir uni à l'esprit
le sens commun, la fantaisie, l'estimative, l'imagination, et
l'intellective même : tout cela étant destitué d'action, et changé
en vrai et simple amour divin, toujours élevé par une vive
activité en son Objet. Cela ainsi vigoureusement pratiqué,
l'âme appuyée sur son Bien-Aimé, *arrivera jusqu'au dernier
degré de son action*, sans s'en apercevoir, pour là expirer en
Dieu (1). »

Et un peu plus haut, il avait dit plus catégoriquement
encore :

Pour entrer en cette si haute et suprême vie d'esprit, il faut
avoir surpassé presque innombrables degrés, qui consistent
tous en une parfaite purgation, illumination, et union : car ces
choses sont comme les fondements de tous les sous-entendus
degrés.

(1) Là seulement est la complète passivité dans l'état mystique.

Le Vénérable pouvait-il affirmer plus nettement l'unité
de la voie spirituelle ? Au chapitre vii de l'Aspiration,
quand il nous annonçait cette voie plus excellente dont il
devait traiter dans son « Cabinet mystique », il disait :

« Ainsi toutes choses sont au-dessous de ceci, par manière de
dire, encore *qu'il y ait une voie et une vie incomparablement
plus haute*. Mais n'importe : celle-ci, qui est la vie d'amour
amoureusement pratiquée, est très sûre, et très profitable, très
haute, et très élevée : et *sa fin est une disposition à l'autre*. »

Conclurons-nous de là que Jean de Saint-Samson prétend amener toutes les âmes à ces bienheureuses cimes, et
leur imputera-t-il à péché — si j'ose parler ainsi — le fait
de n'y pas arriver ? Non, bien sûr. Il sait faire la part des
jugements secrets de Dieu et des responsabilités de la
liberté humaine. Sa doctrine ne confond point l'appel
général et éloigné avec l'appel individuel et prochain ; elle
est parfaitement sage et mesurée. Il vaut la peine de l'étudier de près, car elle sera extrêmement profitable aux âmes
en les stimulant d'une part, et en les tenant dans l'abandon et l'humilité de l'autre.

Qu'il soit dans la nature même de Dieu de se communiquer — « le bien est diffusif de soi », dit saint Thomas —
et que cette diffusion soit tout à fait libre et gratuite, n'o-
béissant à d'autres lois que celle de sa souveraine Sagesse,
nul n'en fut plus profondément convaincu que notre saint
aveugle. Voici comment il s'en explique au chapitre xv du
Vrai Esprit du Carmel intitulé : « De l'amour de Dieu et
de ses divers effets et degrés » :

*Le cœur humain, stérile de soi, est rendu fécond
par l'amour et par la sapience divine.*

« Tout ainsi que le soleil fait diversement ses effets sur la terre, à proportion qu'il en est proche ou éloigné, afin de la rendre féconde pour le bien des hommes ; ainsi le divin soleil de justice ne manque point de produire les effets de son amour dans les hommes, les uns plus tard, et aux autres plus tôt, et en un différent degré, selon qu'il trouve la terre de leur cœur, diversement disposée à cela par la grâce. La saveur et l'expérience que nous avons de cette vérité nous est très délicieuse ; et c'est en cette manière que nous pénétrons tous les effets de cet amour, lesquels il ne produit dans les hommes, que pour les enrichir de plus en plus de sa grâce, les élevant en lui, et leur découvrant sa beauté et ses vives splendeurs, afin de les rendre parfaitement amoureux de lui-même : dont la vue et le goût éternel leur cause tout bien, et les porte jusques aux ravissements.

« Par ces fréquents effets et ces divins succès, ils dépouillent le vieil homme, et se revêtent du nouveau, qui est divin en eux et qui les rend divins en lui : et cela se fait selon divers degrés de grâce et selon la profonde lumière qu'ils ont reçue, par le merveilleux écoulement de la divine Sapience, qui féconde ces terres spirituelles de ses dignes et abondantes productions, et y fait une grande diversité de prodiges. Elle les produit, dis-je, non par nécessité, mais extraordinairement par pure libéralité et *néanmoins en qui il lui plaît,* non qu'elle ne se communique suffisamment à tous : *mais elle ne le fait avec profusion qu'à certaines personnes, et encore en divers degrés.* Cela fait que les plus avantagés demeurent éperduement épris de son amour ; lequel les remplit et les ravit tellement à soi, qu'ils lui sont dorénavant très étroitement unis pour jamais : et la créature qui possède ce bien, le trouve si délicieux, qu'elle en demeure éternellement de plus en plus étonnée. »

C'est clair : Dieu appelle qui Il veut et dans la mesure où Il le veut ; quand Il le veut ; et, si nulle âme n'est exclue de ses largesses, certaines les reçoivent plus abondamment. On retrouve les mêmes pensées au début du chapitre XVII : « les industries de l'âme et les conduites que Dieu tient sur elle pour l'élever à l'état d'amour pur », mais il insiste sur celle-ci : Dieu trouve sa plus grande gloire dans la déification de ses créatures. Il est donc de notre devoir de tendre à l'union transformante, assignée comme terme de l'amour et de la sainteté ; nous devons la désirer et la demander :

« Dieu éternel et infini ayant résolu de toute éternité de sortir hors de soi, sans toutefois sortir, a produit par cet écoulement, et par cette féconde sortie, une infinité d'effets en la bonté et en l'amour de soi-même, et de son incompréhensible excellence ; créant selon ses divines et éternelles idées, tout ce grand monde, tant visible et inférieur, que supérieur et invisible. C'est cet univers qui manifeste évidemment l'incompréhensible bonté, amour, et perfection de son Auteur, de son origine, et de son principe, spécialement les Anges et les hommes qui accomplissent et perfectionnent cet ouvrage ; ou pour mieux dire, qui en sont l'accomplissement et la perfection : Car si tout ce qui est du monde inférieur est si admirable, qu'il montre évidemment par ses propriétés visibles et par ses effets, l'excellence de son Auteur, combien le même Créateur de ce grand tout s'est-il montré plus admirable dans ces invisibles substances, dans leur existence, conservation et perfection, en l'état de grâce et de nature ? Ce sentiment présupposé, il est facile d'admirer par amour profond, voire excessivement profond, l'amour et la bonté de l'amour et de la bonté même, en sa propre source, qui est Dieu éternel et infini.

« Or, cet amour étant un en son essence éternelle, est multiplié en ses effets de création, de conservation, et de rédemption ; et tout autrement en ceux-ci, tant à l'égard des élus, qu'à l'égard des purement appelés (1). Effets qu'il produit par son exubérante grâce, qui va sortant de la vive source de sa divine bonté, désireuse de se communiquer ; *mais qui paraissent bien plus amplement dans la consommation de son ouvrage*, joignant par participation l'effet à sa propre cause, c'est-à-dire, la créature intelligente, à son divin et amoureux Objet. Cela étant ainsi, cet amour et cette infinie bonté ne peut et ne se veut récompenser, que par une bonté et amour réciproque, et par une imitation vive, ardente, et continuelle, qui ne s'alentisse jamais dans son action vigoureuse, en son désir, et en son appétit, même dans ses plus langoureuses, pénibles et angoisseuses détresses.

(1) Il résume là d'un mot le grand mystère de la prédestination d'après les principes thomistes.

« On prendra donc à tâche cet exercice d'amour, y réduisant
le corps et le sens, en sorte qu'ils soient incessamment tirés, si
faire se peut, au plus pur et profond de l'esprit. Il faut s'enflammer incessamment à cette pratique d'amour, et imiter au
plus près de notre pouvoir l'amour et la bonté excessive de
notre Auteur, qui est Dieu : lequel par de si plantureuses communications de soi-même, nous a hautement déifiés en sa similitude, *et qui ne peut désirer moins pour nous, que cette ressemblance et déification.* »

Pourquoi, par une fausse humilité, arrêterais-je l'élan de
mon désir, puisque la divine Miséricorde ne m'a pas posé
de limites ? J'aurai donc toujours la bouche ouverte vers
elle, plein de reconnaissance pour ce que déjà j'ai reçu, et
paisible dans les retardements par lesquels elle éprouve
mon espérance. L'amour pur exige cet abandon dans l'espérance, cette soumission dans le désir et la demande.
Aussi le Vénérable a-t-il beaucoup insisté pour que jamais
l'inquiétude, le retour sur soi ne viennent altérer la pureté
du désir aspirant à son divin Objet :

« Ceux qui ne sauraient vivre si parfaitement, pourront tendre à ceci le mieux qu'il leur sera possible : se renonçant et se
résignant à être privés de ce qu'ils ne peuvent avoir. *Cette profonde vertu n'est pas donnée de Dieu à tous, mais à qui il lui plaît.*
Celui-là est assez Saint en quelque façon qui tend à ceci de
toutes ses forces, tant d'esprit que de corps; et qui vit au plus
près de ceci, qu'il lui est possible, *sans penser ni à saint ni à
sainteté, quant à soi.* Et quoiqu'il ne pénètre pas si avant en cette
région si éloignée, qu'il fasse son mieux. Marchant toujours par
ce chemin, sans s'arrêter, il parviendra au lieu que Dieu lui a
déterminé de toute éternité, chérissant le plus et le total de
ceux qui sont vraiment saints et meilleurs à son respect. »
(ch. viii du *Vrai Esprit du Carmel.*)

Oh ! la consolante, la sûre doctrine, où l'humilité et la
magnanimité, le désir ardent et le plein abandon font harmonie ! Dans le chapitre vii : « De la connaissance de soi-

même et de l'humilité ; premier fondement de la vie spirituelle », j'ai retrouvé l'équivalent :

« Si ce que je dis ici de l'humilité et de l'amour perfectif, est trop haut et trop perdu pour ceux à qui j'adresse ce traité, ce n'est pas pour leur montrer ce qu'ils sont présentement, mais ce qu'ils peuvent être, moyennant l'amour infini de Dieu, et le leur réciproque. *Cependant, si peu élevés qu'ils soient, ils doivent être contents, et néanmoins faire leur possible pour aspirer de toutes leurs forces à la perfection ; sans avoir égard, quant à eux, s'ils sont en haut ou bas degré de sainteté. Le désir de Dieu les doit toujours faire avancer, sans demeurer arrêté en un état : afin qu'il n'y ait rien en eux que Dieu non seulement n'accepte, mais encore, qu'il ne consomme vivement, tôt ou tard, au feu de son amour infini, jusqu'à ce qu'ils soient totalement perdus en lui.*

« Or la sapience divine, dans ses voies et dans ses degrés, a un ordre qui ne doit pas être surpassé : on ne doit jamais monter du dernier lieu qu'on n'en soit importunément sollicité par son ardent amour (1) : agissant ainsi on agit sûrement. Car Dieu ne veut point le désordre, si tôt que l'amour est pleinement possesseur de l'âme et du cœur, tout désordre en est banni : et partant, afin que l'ordre soit gardé, l'amour doit être mutuel entre Dieu et la créature, prenant garde d'être toujours en la vie de son Objet amoureux, et non en la sienne propre. Ne vous étonnez donc pas, mes frères, si je vous montre et vous dis beaucoup. Commencez dans l'ordre des pratiques auxquelles on vous introduit ; et si Dieu vous porte au delà par ses infusions sensibles, laissez-vous conduire à vos Directeurs selon ses divins attraits.

« Vos Directeurs ne vous nuiront jamais dans les voies de Dieu, d'autant qu'ils ne vous conduiront pas par leurs propres industries ; sachant que quoiqu'ils travaillent beaucoup pour votre édification, *leur travail est totalement inutile, si la Sapience ne s'écoule en vous par son rayon fort et unique, si elle ne bâtit votre maison, ou plutôt la sienne en vous* (2) ; et si vous ne passez

(1) On retrouve là les sages conseils de la séraphique Thérèse qui exige que l'on ne cherche pas à entrer plus avant dans les demeures du château sans y être sollicité par son Seigneur (cf. *Château*, 4ᵉ D., ch. II et III).

(2) Nous avons souligné cette réflexion du sage directeur, car il y

en elle par l'amoureuse ardeur de vos désirs enflammés et continuels. Il faut chercher, non de loin, mais essentiellement, les voies qui conduisent à cette sagesse ; et plus vous vous comporterez ainsi, plus tôt passerez-vous en son amoureuse région, la goûtant en elle-même. » (ch. vii du *Vrai Esprit du Carmel*.)

Cet enseignement est corroboré par celui de la *Montée du Carmel* : Si *l'ascèse* y est si sévère, si la mortification que le Saint exige est si grande que quelques-uns sont tentés de la trouver excessive, c'est qu'il s'adresse à des âmes déjà illuminées par « le rayon vivifique » ; la compénétration de la mystique et de l'ascèse est très intime. Ordinairement, on ne va pas loin dans l'ascèse sans mystique, et la réciproque est encore plus vraie. Aussi Jean de Saint-Samson ne laisse-t-il pas ignorer à son disciple que si Dieu est maître de ses dons, il les départit ordinairement dans la mesure où l'on s'y dispose et selon que l'on sup-

revient souvent. Il tient pour impossible de s'élever bien haut dans la pratique des vertus si les dons du Saint-Esprit n'interviennent pas ; nous avons eu lieu de l'affirmer quand nous avons traité de l'humilité et de l'amour : la mystique est nécessaire à la perfection de l'ascèse. Et c'est encore une raison qui milite pour l'unité de la voie spirituelle. Nul ne court au chemin de la sainteté, s'il n'a d'abord été tiré par une touche mystique, une grâce opérante qui a déterminé un élan généreux, qui a « enrouté » vers les cimes, pour parler le langage de notre siècle. Voici un passage que je me suis empressé de noter quand je lisais le ch. xi du « Vrai Esprit du Carmel » intitulé « De l'abnégation ou renonciation. »

« A la vérité lorsqu'il (l'homme) agit par voie d'entendement, la volonté s'y joint, par une suite naturelle ; et parfois ces deux puissances sont tirées de Dieu. Mais supposé qu'il n'y ait en elles *aucun attouchement*, l'homme demeure gisant à terre, cherchant sa consolation dans les sens et dans les créatures, souvent même jusqu'au plaisir illicite ; faute de vouloir mourir renoncé, pour l'amour et le bon plaisir de Dieu. Car il faut que pour connaître et aimer Dieu, nos *puissances soient élevées par lui*, selon l'ordre qu'il tient ordinairement pour cela dans les hommes spirituels : *et la seule foi selon le simple degré des hommes du commun, ne leur donnera jamais de force à suffire pour cela.* » (Cf. le ch. iv, p. 89.)

porte avec plus de foi et de confiance, plus de vaillance les purifications passives. Il ne lui dissimule pas que c'est parce que très peu ont le courage de mourir à tout que si peu arrivent à la plénitude de la vie de l'esprit :

« Quiconque par défaut de répondre de tout soi à son infini Objet, se recourbe, et se répand à soi et aux créatures fait Injure notable à Dieu, l'empêchant de nous transformer et déifier en lui *selon son infini désir*. » (ch. xv.)

« Or, le plutôt que l'âme se perdra en se renonçant, plutôt elle sera accomplie, et rendue digne de la jouissance de son Bien-Aimé, qui la possédera au tout de Lui-même, comme sa très Déiforme Épouse, avec une joie et un plaisir grand et immense, vu la jouissance qu'elle a de tout lui en son total, et en sa totale Déiformité. » (ch. ix.)

« Pour arriver heureusement en cette transfusion en Dieu, il faut que toute la créature soit perdue à son vivre, à son sentir, à son savoir, à son pouvoir et à son mourir. » (ch. xiii du *Vrai Esprit du Carmel*)...

« ... Il y a infiniment de quoi s'émerveiller et admirer la force de l'amoureuse activité de Dieu à fondre et à convertir totalement en soi ceux qui lui ont voulu sans réserve, répondre à tout soi, tant en la vie qu'en la mort. Mais à quoi bon montrer ceci aux hommes ? à peine veulent-ils jamais passer la région des sens, et veulent toujours voir sur quoi se reposer. Aussi ceux-là n'entreront-ils jamais aux secrets de la science mystique, encore qu'ils aient l'entendement et la mémoire pleins de telle science lue et entendue, voire même souverainement goûtée lorsqu'ils étaient fidèles : ce qui n'a duré que jusqu'à ce qu'on les ait voulu excéder. Car alors, leur étant demandé par équivalence, s'ils voulaient mourir en l'amour et pour l'amour, ils ont dit librement et franchement que non ; et que, comme il s'agissait d'extrême perfection, ils ne croyaient pas y être obligés. » (ch. xiii : « Des morts plus subtiles et plus spirituelles que l'âme doit souffrir constamment en cette voie mystique. »)

Que de fois, en lisant les œuvres du saint aveugle, nous avons cru entendre la parole de Notre-Seigneur : « Combien est étroite la porte, et combien resserrée la voie qui conduit à la vie, et qu'il en est peu qui la trouvent ! » (Matth., VII, 14). Nous ne multiplierons pas ici les citations, puisque nous avons précédemment appuyé fortement sur cette vérité si importante en traitant de la mortification, de l'humililité et de l'amour pur (1). Nous devions pourtant la rappeler ici pour expliquer comment ce qui *de droit est dans l'ordre* devient malheureusement extraordinaire *de fait*.

*
* *

D'où vient qu'une doctrine si évangélique, si consolante et si sûre, trouve tant de contradicteurs ? Pourquoi tant de défiance contre la mystique ? C'est qu'il y a erreur, malentendu, confusion dans les mots *mystique* et *passif*. Déjà plusieurs fois, au cours de cette étude sur Jean de Saint-Samson, nous y avons fait allusion. Qu'il nous soit permis, en terminant, de mettre les choses bien au point, d'après les principes du Vénérable.

Voici comment il définit la théologie mystique : « *Ce n'est autre chose que Dieu ineffablement perçu.* » Il faudrait écrire cette définition en gros caractères et la graver profondément dans les mémoires. On arriverait peut-être alors à se comprendre. Si l'on voit les éléments constitutifs de la vie mystique dans les espèces infuses impresses, dans les visions et les révélations, les paroles intérieures, avec raison, on devra se mettre en garde, car l'illusion arrive vite en tout cela ; mais justement, Jean de Saint-Samson, tout comme saint Jean de la Croix, apprend à dépasser ces faveurs, et non seulement l'image, mais l'idée, pour ne s'arrêter qu'à *l'Objet ineffablement perçu*. Il ne fait cas que de « l'amour qui s'ignore à force de s'être surpassé », que des « notions perdues », que de cette contemplation

(1) Cf. les ch. III, IV, V.

qui se fait « plus par imperception que par perception », c'est-à-dire de cette idée obscure, générale, qui commence avec la nuit passive du sens selon saint Jean de la Croix et arrive à sa perfection dans ces « touches substantielles » dont il est parlé au ch. xxiv, l. II, de *la Montée du Carmel* (1) et la « grande ténèbre » de l'Aréopagite.

Voilà l'essence de la théologie mystique, où ni l'imagination ni le démon ne peuvent intervenir, Dieu seul pouvant produire cette lumière et cet amour infus dans l'âme qui y est d'ailleurs disposée par sa « vacuité », pour employer l'expression chère au Vénérable. Les lumières distinctes fournies par le don d'intelligence peuvent être projetées sur ce fond très simple de foi obscure, d'admirables communications peuvent être faites à l'âme dans l'extase par mode de visions et révélations, tout cela ne changera pas le fond de l'union mystique, tout fait de l'amoureuse obscurité qu'a produite en elle le don de Sagesse. *Dieu ineffablement perçu*, voilà la grande formule, base de toute la doctrine mystique de Jean de Saint-Samson comme de saint Jean de la Croix. Voilà la vraie tradition mystique du Carmel. Voilà l'idéal poursuivi par l'enfant de la Vierge, « Sedes Sapientiae ».

Le danger d'illuminisme écarté, nous allons tomber peut-être dans le quiétisme, le nirvâna du boudhisme ? Non certes : Jean de Saint-Samson se garde bien de confondre, comme le font bon nombre de nos contemporains, mysticité et passivité, et moins encore passivité et inaction. Disons d'abord que la pleine passivité des mystiques a toujours à poser l'acte libre d'accepter l'emprise de Dieu sur elle. De plus, cette pleine passivité est le point culminant d'une pauvre activité humaine, c'est l'exercice le plus parfait de l'intelligence et de la volonté de la créature, c'est

(1) Trad. Hoornaert, p. 183.

en cela que ses facultés se rapprochent le plus du divin
Exemplaire en qui repos et action s'identifient. Mais avant
d'arriver à ce culmen, où elle a épuisé toutes les ressources de son activité, l'âme a passé par des degrés innombrables où passivité et activité sont mélangées à doses différentes.

Si l'état mystique commence, selon nous, avec la voie
illuminative, avec la purification passive du sens, autrement dit, avec l'impuissance de méditer comme autrefois
se produisant conjointement avec le recueillement passif (1), il serait absurde d'en conclure que l'âme n'a plus
désormais qu'à recevoir.

Pour Jean de Saint-Samson, c'est alors, tout au contraire, que « son action forte, vigoureuse, active », commence, c'est alors surtout qu'elle apprend à « aimer à ses
dépens » (2). Nous n'avons reçu en quelque sorte le « Don
de Dieu », l'attouchement divin, que pour donner davantage du nôtre. Nous avons déjà vu, en traitant de l'Oraison d'aspiration, comment notre mystique entendait qu'on
unisse l'action de ses puissances à l'aspiration des dons
dans la contemplation. Il généralise cet enseignement.
Jamais dans les ascensions de l'âme « en l'escalier d'a-
mour » il ne sépare ce double effet de la Cause Première
et de la Cause seconde, et il a pu intituler son ch. XIII du
Vrai Esprit du Carmel : « les industries de l'âme et les conduites que Dieu tient sur elle, pour l'élever à l'état d'a-
mour pur ». Dans ce chapitre, il dit, entre autres choses :

« Il est tout manifeste que Dieu opère en nous selon la qua-

(1) Cf. sainte Thérèse, *Château*, 4ᵉ D., ch. III.
(2) C'est ainsi que l'entend saint Jean de la Croix. C'est aux âmes
entrées dans la voie illuminative, qui ont déjà subi la nuit passive
des sens, qu'il adresse ses conseils de si totale abnégation, de si
grande humilité et mortification dans la *Montée du Carmel* et la *Nuit
obscure*.

lité de nos exercices. S'ils sont vifs, ardents et continuels, *il se communique à proportion de notre ardeur et de notre activité :* et alors ses influences divines sont si fréquentes et si abondantes, que l'âme, *conformément à son activité,* se trouve entièrement ornée de toutes les vertus, *et des sept dons du Saint-Esprit,* sans qu'elle s'en aperçoive, par manière de dire. »

Voyez cette concordance de l'activité de l'âme et des sept dons du Saint Esprit !

Dans le chapitre XVI du même traité, intitulé : « De l'amour pur et de son excellence au plus haut point de son état actif », qu'il adresse à des âmes déjà très avancées dans les voies mystiques, il apprend à donner cette correspondance généreuse, délicate, à la motion divine. Il veut qu'elle soit « passive en action ». L'expression est bien trouvée. Voici comment il termine le chapitre intitulant le paragraphe « *Avis importants* » :

« ..... Aussi l'amour actuel est cause de l'amour ; et l'augmente jusques au dernier point de sa perfection, conforme à cet état. Mais avant que cela soit, il faut de nécessité que ceux qui ne sont pas arrivés là, travaillent purement aux vertus pour l'amour, c'est-à-dire pour Dieu ; jusqu'à ce qu'ils en aient acquis les habitudes et les solides désirs, pour les mettre en pratique en toute occasion. J'avertis donc qu'en cet état *il faut toujours agir quand il sera possible,* s'animant avec industrie à inventer et découvrir des moyens affectueux pour s'entretenir et s'unir avec Dieu. Cela rend l'esprit fécond en excitations amoureuses, simples et familières ; et fait qu'il ne se relâche jamais aux moindres dissemblances d'avec Dieu, en ses affections, mouvements et paroles. » (ch. XVI.)

Il n'est peut-être pas d'auteur mystique qui ait plus usé du mot *actif.* Si j'osais employer cette expression familière, je dirais qu'il l'emploie à tort et à travers. Si bien qu'il pourrait donner le change à un lecteur superficiel. C'est ainsi qu'il dira « fidélité active » pour fidélité géné-

reuse (1) ; il l'emploie même quand il parle des effets de
la grâce opérante :

« Pendant cet effet d'amour et de délices, elle agit si simplement, si intimement, et si secrètement, en ses opétations, que
dans ce jeu d'amour simple, et simplement actif, elle semble
être sans action, et à peine saurait-on exprimer cette expérience,
sinon grossièrement et bassement, et d'une manière très éloignée de la perfection de cette jouissance objective, affective, et
effective, de l'un et de l'autre Amant. » (ch. xvii.)

Ici le mot *actif* n'est nullement opposé à *infus* ; il s'agit
de l'amour en acte ; nous restons dans le domaine mystique. C'est ainsi qu'il a dit déjà au chapitre xvi :

« De là on voit qu'en ce degré d'amour pur, les âmes doivent
être ferventes et actives pour se tirer au dedans, afin de n'être
jamais oisives si peu que ce soit. On voit combien elles doivent
frayer et dépenser pour répondre par amour à leur Époux : et
pour mieux dire, qu'elles doivent y employer toutes leurs
forces, et y parvenir par leur entière consommation au feu de
l'amour divin, lequel les dévorera et les engloutira pour les
transformer en soi, moyennant leur réciproque fidélité.

Je ne veux point m'étendre davantage sur l'excellence de cet
état actif, me contentant d'en avoir montré nuement et à
découvert l'esprit et le fond. Je l'ai montré en son éminence,
lorsqu'il est acquis par un esprit amoureux, fidèlement actif ;
il faut maintenant que je le montre en ses principes et commencements, par la pratique desquels, on le puisse acquérir
en sa souveraine perfection, telle que nous l'avons réduite et
manifestée, avec ce qui appartient à la nudité simple, vacuité
et stérilité de cet état. »

Il recommande à son disciple — nous l'avons vu en
étudiant l'oraison d'aspiration — de ne jamais être longtemps au sein de sa douce quiétude et de son enténèbre-
ment et sécheresse sans poser un acte formel des lèvres

(1) Cf. ch. viii du *Vrai Esprit du Carmel.*

ou du cœur, d'envoyer au moins une « œillade » au Bien-
Aimé ; il ne parle « d'oisiveté simple » que dans « le Cabinet mystique », alors qu'il traite d'une contemplation
suréminente excessivement rare — rarissime —, alors
l'âme y est bien forcée, puisque, selon le mot de saint Jean
de la Croix, « l'âme trouve l'opération de ses facultés toute
faite dans la sainte Trinité » (*Cant.*, Str. xxxix). Déjà au
chapitre ix du *Vrai Esprit du Carmel*, en traitant de l'Humilité, il avait écrit :

« Alors ces âmes sont arrêtées par dessus toute chose en l'é-
ternelle contemplation et fruition de leur bien objectif, duquel
elles sont entièrement surcomblées en leur total, par dessus la
distinction et très uniformes, très unes et très uniques en leurs
opérations, plutôt passives qu'actives ; *mais passives en action* :
ce que ceux de cet état seulement peuvent comprendre. C'est
ici qu'il n'y a plus rien de la créature, à cause du Tout infini,
qui est et existe par soi-même. Mais nous dégageant du fin
fond de cette mer, il faut nous y replonger moins profondément, en sorte que nous n'y soyons pas entièrement perdus.

« Je dis donc que c'est l'amour qui met en acte les habitudes
des vertus, et les fait être même chose avec lui, sans qu'il y
ait plus de distinction entre lui et elles dans l'état actif, et bien
moins encore dans l'état passif. Mais plusieurs seront autant
éloignés de me pouvoir comprendre, qu'ils le sont de cet état
très haut et très perdu. Car c'est ici une science mystique, dont
l'excellence et la fruition profonde, large, simple, et très unique n'appartient qu'à celui qui est dessus l'escalier d'amour,
et qui le monte très activement : et ce qu'il doit faire, c'est de
se rendre digne de toujours monter plus haut, se laissant
emporter sans résistance au mouvement impétueux de son
amoureux Objet. »

Mais peut-être nulle part ailleurs la distinction et l'asso-
ciation du passif et de l'actif n'apparaissent mieux que
dans la page suivante du chapitre iii, intitulé « Ce que
c'est qu'être vrai et parfait religieux » :

« Quant à vous, mes Frères, il faut que vous tâchiez de

devenir éternels en vérité de pratique, dans la vue et *science expérimentale de l'Éternité* en la même Éternité. *Pour parvenir là, il faut fluer en Dieu activement et sans cesse, de toute l'action de vos puissances : moyennant laquelle vous soyez ravis et tirés totalement en cette étendue éternelle.* Là, vous serez rendus simples et immobiles, sans réflexion ni divisions quelconque; pour heureusement consacrer votre vie aux morts qui se présentent incessamment à l'âme qui désire témoigner sa fidélité à Dieu, en s'efforçant de fluer sans cesse en lui, pour y demeurer fixement et totalement immobile, et lui adhérer éternellement. Car, en lui, elle est éternelle, pourvu que sans rabaissement et recourbement de sa part, elle ne se divertisse et ne se divise pas de son suprême Objet : ce qui d'éternelle, la rendrait temporelle, s'il y avait désunion, ou même amoindrissement de sa parfaite et entière union avec lui. *Or, cette union se fait par les fréquents attouchements de Dieu, avec une savoureuse expériencee* conforme à la dilatation du sujet en son objet, d'une manière toute divine et du tout admirable. Vérité qui excède totalement la capacité, la compréhension et l'expression du sens. — Au reste *les habitudes acquises* (1) de cela, si elles sont activement pratiquées, augmentent beaucoup la noblesse, l'excellence et l'éminence de cet état, d'une plus haute et profonde atteinte que l'on ne saurait exprimer. C'est en cette exercitation continuelle et ardente, que consiste notre souverain bien en cette vie, si nous allons à Dieu par action et par sentiments totalement déiformes : conformément à ce que

---

(1) Il faut faire pour le mot *acquis* la même remarque que pour le mot *actif*. Parfois, il l'oppose à infus, c'est ainsi qu'il parlera « des habitudes infuses et acquises de toutes les vertus »; mais d'autres fois, le mot *acquis* aura simplement celui de possédé, quand bien même l'âme l'aurait *reçu* par infusion. C'est ainsi qu'il dira en parlant des âmes grandement illluminées : « Elles tiennent en toutes choses et toujours le milieu, tant en elles-mêmes qu'aux autres, ce qui est beaucoup dire ; car cela présuppose une grande lumière *acquise* ». Ici le mot *acquise* désigne une lumière infuse à l'état d'*habitus*. C'est dans le même sens qu'il dira au ch. vii de l'aspiration : « J'avoue que cela suppose beaucoup de degrés : mais partout où est l'amour, là aussi toutes les raisons de l'amour... Si bien que plus l'amour est acquis, il contient aussi plus éminemment en soi les raisons de tout ce qui a rapport à la chose aimée. » Nous n'insistons pas davantage dans cet article, puisque nous l'avons fait si

nous sommes déjà, ou à ce à quoi nous devons tendre. C'est pourquoi *il faut que nous conservions cet état en son intégrité et pureté, par notre fidélité active;* par laquelle nous aspirions incessamment et d'une façon déiforme à cette Éternité objective, en laquelle nous sommes coéternels, non seulement en idée, et selon un être idéal (1), mais encore, en certaine manière, selon nous et quant à nous, en notre temporalité, je veux dire selon nos puissances temporelles sorties de ce fond simple et éternel qui est en nous, et en qui nous sommes et devons être *reflués et recoulés* par le concours de notre vive, ardente, simple et continuelle action : et cela, tant en vivant là dedans, tous perdus à nous-mêmes, pour tout faire et agir au dehors, qu'en mourant continuellement, pour pâtir au dedans, destitués de tous dons sensiblement écoulés de cette même Éternité, renonçant à notre propre bien au même moment qu'il nous est communiqué, et le faisant refluer à son éternelle source et principe. En effet nous nous sacrifions totalement à Dieu selon qu'il désire de nous, conformément à l'éminence de notre degré *acquis* (2).

« La vérité pratique de ceci, est la vraie vie, et heureux ceux qui en ont fait expérience. Ce qui se donne ici à goûter et savourer, et par conséquent à contempler, n'est rien moins que Dieu même, tout plein et comblé de son amour et de sa gloire, jusqu'à regorger ses divines délices, pour remplir tout l'être créé, d'amour, de gloire et de lumière en l'éternité de goût, de saveur et de jouissance en lui-même. C'est alors que l'esprit créé se trouve hautement et profondément arrivé à sa divine-similitude, et que par affluence de grâce il a ce bonheur de pouvoir atteindre la possession de ce bien incréé, pour en jouir comme à pleines voiles, en éternité sans éternité (3), et

---

longuement dans l'article précédent sur l'oraison d'aspiration. C'est d'ailleurs un point d'une extrême importance. Qui n'admet pas cela n'a pas encore trouvé la clef pour ouvrir saint Jean de la Croix, il ne fait que rester dans la lettre sans en pouvoir saisir l'esprit (cf. ch. vi sur l'aspiration).

(1) Pour l'intelligence de ce passage que le lecteur veuille bien se rapporter à la note 2 de la p. 265. Cf. *La sortie de l'Esprit*, œuvres choisies de Ruysbroeck, trad. Hello, p. 66 et sq.

(2) Degré où nous sommes établis moyennant la grâce opérante et coopérante et notre générosité.

(3) C'est-à-dire que tout en étant encore sur la terre — donc sans

en déiformité déiforme, appétant à jamais le Paradis de Dieu, en la totale satiété de son appétit bienheureux en Dieu. C'est de là que s'écoule continuellement la même plénitude de satiété, pour tous ceux qui sont capables de la possession et jouissance de cet unique Objet; lequel s'écoulant ainsi en effet de communication, ou de grâce, ou de gloire, transforme les âmes en soi-même d'une très profonde et ineffable manière. »

Nous avons donné largement l'extrait, afin que le lecteur se rende compte par lui-même qu'il s'agit bien d'état mystique dans la pensée de l'auteur. Nous marchons vers la passivité complète, mais nous y marchons par des voies sûres où l'illusion, ni le quiétisme ne sont à craindre. Prévenant les objections qu'on pourrait lui faire ou les fausses interprétations, le Vénérable ajoute un paragraphe qu'il intitule : « *Ceci ne tend pas à l'oisiveté d'esprit, mais à l'action* », dont voici les premières lignes :

« Ceux qui liront ceci, pourraient penser que mon but et mon intention fût de tirer l'âme religieuse par dessus l'action et le sentiment. Mais non : Mon but et ma prétention est seulement de tirer la créature à être divine et éternelle en désir, et en appétit actif. *Je la veux pousser à une vive action continuellement pratiquée*, qui la rende totalement éloignée et abstraite de tout le créé, et de tous événements bons ou mauvais, pour être aucunement perdue en cette immense Essence. »

C'est ainsi que déjà dans ce chapitre III — donc, tout au début de son traité sur « le Vrai Esprit du Carmel » — le saint aveugle nous avait fait entrevoir les cimes que nous avons essayé d'esquisser dans cet article et qu'il nous fait contempler plus à loisir au chapitre X du « Cabinet mystique ». Là, oui, c'est la pleine passivité; l'âme n'a plus

éternité — cette contemplation si haute fait goûter quelque chose de la paix et de la félicité de la bienheureuse éternité ; ces âmes traversent les fluctuations de cette vie terrestre comme fixées dans l'Immuable.

rien à fournir, elle a tout donné : « tout a cédé à la consommante action de l'amour », « le flux de la divine
Sagesse » a tout englouti de ses puissances actives ; et c'est
en pleine vie de Dieu qu'est désormais son activité. Mais
voulez-vous savoir quels sont les *seuls* conviés à ce banquet divin, à cette totale passivité? Écoutez encore Jean de
Saint-Samson — c'est par là qu'il termine son sublime
chapitre « de la Consommation du Sujet en son Objet » :

1ᵉʳ *degré de la théologie mystique.*

« Le premier est une vocation interne (1), ressentie d'en haut,
animant et aiguillonnant l'âme qui la ressent, à avoir toutes
choses créées en nulle estime, et surtout soi-même ; désirant
pour jamais être la fable et le jouet de tout le monde. Ceux
qui, quelque progrès qu'il leur semblât avoir fait en la vie de
l'esprit, ne voudraient pas s'exposer, même publiquement, à
telle pratique, se doivent croire autant éloignés de ce premier
degré, que leurs sentiments et désirs y répugnent.

2ᵉ *Degré.*

« Le 2ᵉ degré est une perpétuelle horreur du moindre péché
véniel, voire de la moindre imperfection, continuellement
ressentie en soi-même : car ne s'anéantir qu'en spéculation, et
en connaissance (à quoi on parvient facilement par la seule
nature) est autant s'éloigner de Dieu, qu'on s'en pense approcher.

3ᵉ *Degré.*

« De ce 3ᵉ degré fidèlement pratiqué procède l'indifférence,
dont la continuelle pratique fait que l'on vit, et que l'on
meurt en temps et en éternité, en la manière qu'il plaît à Dieu,
par l'entière soumission de soi-même à ses supérieurs, et à
toute humaine créature, pour se laisser mouvoir et tirer par
eux comme ils voudront ; étant du tout mort et insensible à
soi-même, et victorieux de tous ses appétits en continuel,
pénible et très intérieur combat ; savoir de la propre sagesse,

(1) Notons-le encore une fois : A la racine de tout, il y a la motion
divine, l'appel individuel ; aucune nouvelle ascension possible pour
l'âme sans cette vocation d'en haut.

du propre jugement, des propres complaisances, et de toutes
autres propriétés, qui dominent pour l'ordinaire dans les personnes purement raisonnables.....

4ᵉ *Degré*.

« Cette indifférence dont nous parlons présuppose la prompte
et entière exécution de la volonté de Dieu, tant en agissant,
qu'en pâtissant et mourant, avec une vraie et parfaite résignation, *qui doit être acquise à force de violence faite à soi-même, avec
une forte et raide activité.*

5ᵉ *Degré*

« De l'indifférence procède l'exercice de toutes les vertus,
tant au dehors quand l'occasion s'en présente, qu'au dedans,
par actes magnanimes et vigoureux, sans toutefois se persuader de les avoir acquises. Ce qui est fort facile à croire au fond
vigoureux en amour qui ne sait ce que c'est que réfléchir sur
soi ni sur autrui : ainsi sans cesse vigoureusement agir et pâtir
en Dieu, par actuelle renonciation de soi, jusqu'à consommer
chair et sang. Si on n'est arrivé à ce point on ne peut dire avoir
acquis quelque chose de l'esprit. »

Voilà comment nous entendons la distinction entre l'appel général et éloigné et l'appel individuel et prochain à
la vie mystique — comment nous comprenons l'unité de
la vie spirituelle.

Bien *une*, puisque jusqu'au terme le sublime mystique
a parlé de « violence à soi-même » et de « raide activité ».
Ascèse et mystique — activité et passivité — tout s'est
non seulement suivi, enchaîné, mais compénétré, si je
puis m'exprimer ainsi.

Encore une fois, je me permets de poser le problème
avec un grand désir d'une solution d'entente : Cette voie
une, comment l'appellerons-nous ?

Si je ne puis lui donner le nom de mystique dès que
Dieu nous apparaît sur le chemin pour nous conduire

comme par la main, à quelle borne milliaire attacher l'étiquette? Tout au bout du chemin, quand Dieu est devenu *toute* notre activité? Mais n'est-ce pas ignorer trop longtemps la présence de notre divin Guide, faire trop peu de cas — dans notre vocabulaire au moins — de son Don septiforme.

Si cette voie est mystique, est-elle spécifiquement différente de cette voie d'enfance spirituelle que l'Église vient d'exalter dans la glorification de sainte Thérèse de l'Enfant-Jésus? « *Quicumque enim Spiritu Dei aguntur, ii sunt filii Dei* : Ceux-là sont enfants de Dieu qui sont mus par l'Esprit de Dieu » (Rom. viii, 14). Enfant de Dieu, elle le fut à un titre spécial, la chère petite Sainte, qui trouvait tant de charmes à appeler Dieu son *Père*. Mue par l'Esprit de Dieu? Qui en douterait? Demandons-le d'ailleurs à elle-même. Pendant sa dernière maladie elle fait cette grande confidence : « Je n'ai jamais pu rien faire toute seule. » Se fût-il agi du secours général, nécessaire à tous pour poser un acte méritoire? Cela allait de soi, il n'y avait pas de secret à livrer. Elle n'affirmait rien moins alors que le secours spécial de l'Hôte divin qui depuis l'âge de trois ans la soutenait si bien que jamais, avoua-t-elle ingénument, elle ne refusa rien au bon Dieu. Plus explicite est-elle encore, quand elle dit à une novice émerveillée de son héroïque abandon : « Je n'ai pas toujours su faire cela, mais le bon Dieu *m'a prise et m'a mise là.* » Au reste, n'avait-elle pas depuis longtemps fait cette prière : « Je veux que Jésus s'empare de mes facultés de telle sorte que je ne fasse plus d'actions humaines et personnelles, mais des actions toutes divines, inspirées et dirigées par l'Esprit d'amour. »

Alors, notre petite sainte Thérèse de l'Enfant-Jésus serait-elle de la même lignée que notre V. Jean de Saint-

Samson, serait-elle le dernier témoin de notre tradition mystique? Oui, bien sûr. C'est le même Esprit qui les a enseignés tous deux ; et tous deux nous ont redit les mêmes secrets d'amour pur, mais en des langages différents.

« Je vous bénis, mon Père, Seigneur du Ciel et de la terre, de ce que vous avez caché ces choses aux prudents et aux sages, et de ce que vous les avez révélées aux petits » (Matth., xi, 25).

EXTRAITS

DU

« Vrai Esprit du Carmel »

EXTRAITS

DU

« Vrai Esprit du Carmel »

Ce que c'est qu'être vrai et parfait religieux (1).

J'ai dit ci-devant que Religion est un culte divin tout autre que le commun, fidèlement pratiqué de ses professeurs ; et que ce culte consiste en l'exercice des conseils évangéliques, exprimés sous divers moyens, par Règles et Statuts, qui doivent être pratiqués à l'extérieur sous les trois Vœux essentiels de Religion, et sous la conduite d'un supérieur. Maintenant à le prendre d'une manière plus essentielle, je dis que Religion est un état de totale perte de soi-même et des choses créées, par une entière transfusion et résolution de tout soi-même en Dieu.

Belle description de l'état religieux.

Être religieux, c'est mourir et ne vivre qu'en Dieu et pour Dieu, jusqu'à l'entière consommation de la chair et

(1) Ce chapitre est le III⁰ du traité *du Vrai Esprit du Carmel* : il occupe dans l'in-folio de Coupard les pages 7 à 12. Bien que nous ayons donné de fréquentes citations de ce chapitre au cours de notre étude, il nous a paru qu'il serait intéressant de l'imprimer ici *in extenso*. La lecture de ces pages établira nettement l'obligation qu'il y a pour le carme et la carmélite de se disposer à la contemplation infuse : l'union transformante étant le but qu'il assigne à sa vocation.

I

du sang au feu de son amour. C'est être dans une entière et
parfaite pauvreté d'esprit, laquelle étant acquise, a plusieurs degrés et états et ne reçoit sa perfection totale que
par l'entière résolution et consommation de l'âme (1),
autant qu'il est possible de subsister en l'exercitation
amoureuse, abstraite entièrement de tout ce qui est sensible, et même de tout le spirituel; et généralement de tout
ce sur quoi on puisse asseoir son pied pour son repos et
pour sa satisfaction, soit directement, soit indirectement.

Vous jugerez de ceci : qu'autre chose est la Religion prise
universellement, et la Religion pratiquée et exercée en particulier; car comme l'une est absolument nécessaire à ses
Enfants professeurs (profès), pour rendre leurs vœux à
Dieu par un culte divin extérieur, qui est bon et saint en
soi, l'autre l'est aussi pour réformer et sanctifier le chef et
les membres, séparément et distinctement considérés, pour
être en terre le Royaume de Dieu et ses délices. De vrai, ce
grand Dieu qui prend un extrême plaisir à la réformation
et restauration totale de ceux qu'Il a choisis pour siens de
toute éternité entre le reste des hommes, veut que, par un
amour entier et réciproque au sien, ils lui préparent et
disposent son royaume, par leur vigoureuse et continuelle
activité amoureuse, qui n'alentisse jamais son ardeur vers
lui : et il désire que cela se fasse par la continuelle exercitation des puissances intérieures de l'âme, supposé
qu'elles soient déjà aucunement réparées, à savoir l'entendement et la volonté (2).

(1) C'est clair : il ne peut y avoir de perfection totale que par cette
mystique consommation de l'âme en Dieu.

(2) Cette « exercitation » généreuse suppose qu'il y a eu déjà touche
des dons du Saint-Esprit dans l'entendement et la volonté. Au début
de la phrase, l'auteur a fait allusion à cette vocation prochaine à la
contemplation mystique, à laquelle l'âme doit correspondre de tout
son pouvoir pour qu'elle ait son plein effet.

Religieux tièdes et non intérieurs.

Mais, mon Dieu! que voyons-nous en ce siècle présent? Il se trouve des religieux qui vivent seulement selon la commune manière de religion ; se contentant de tâcher d'être exempts d'offenser mortellement, et menant une vie quasi profane, sans savoir ce que c'est que la réformation et la réparation de l'homme intérieur et nouveau ! Hélas ! à peine sauront-ils à la dernière heure de leur vie l'importance de cette vérité, si ce n'est d'aventure en ce qu'ils se verront environnés de toutes parts d'infinis bourreaux, qui leur feront voir à l'œil et toucher au doigt la rigueur de l'étroite et sévère justice de Dieu, laquelle en bref s'exercera, au moins dans un long Purgatoire, à l'endroit de ces âmes infidèles. Partant, mes chers frères, il est important que vous mettiez la main à l'œuvre, non négligemment, mais tout de bon, tant au dehors pour le lustre et l'ornement de la Religion, par une insigne et perpétuelle édification de vos frères ; qu'au dedans pour l'entière et parfaite réformation de votre homme intérieur, créé selon Dieu et sa justice.

Quasi pannus menstruatæ
universæ justitiæ nostræ. (Isaïe, 64.)

Pour y parvenir il faut que vous croyiez que, quoi que vous fassiez, vous serez toujours serviteurs inutiles : puisque vos œuvres, en tant que vôtres, sont telles que la Vérité divine les exprime, sous une très utile similitude naturelle. Le plus grand bien que Dieu vous ait pu faire, c'est de vous avoir fait chrétiens et Religieux par une régénération à une nouvelle vie de grâce : et comme il y a deux sortes

de prédestination, l'une commune et générale pour tous
les élus, et l'autre particulière, d'un d'entre un million
d'autres ; je puis dire avec raison et vérité que les élus de
cette seconde manière, se trouvent le plus souvent dans
les Religions bien réglées, où, par l'abondance de moyens
efficaces, Dieu amoureux prédestinateur a fait voir à son
Église la plus grande partie de ses saints, pour le lustre
de leur propre Religion, et pour la décoration de l'Église
militante (1).

Motifs d'introversion.

Pensez-vous qu'il exige moins de vous que de tous ceux-
là ? Une telle bonté, et un amour si infini ne requièrent-
ils pas un amour réciproque ? Et puisque vous êtes tirés
en évidence à vous-mêmes du sein idéal et essentiel de sa
Divinité, à son image et à sa ressemblance, pourquoi ne
vous appliquerez-vous pas à cette si haute, si nécessaire,
si importante et si divine exercitation d'esprit ? Serait-il
bien possible que les Enfants amoureusement et miséricordieusement adoptés de Dieu, demeurassent fainéants et
oisifs à l'exercitation continuelle de son pur amour ? Puisque sa Majesté est sortie par les effets de sa fécondité à la
production de tant de créatures contenues en ce monde
visible pour votre service, et que, non content de cela, il
s'est donné à vous, vêtu de votre humanité : pourquoi ne
sortirez-vous pas par une réaction d'amour continuel,
exercé en son endroit, afin d'être élevés de la terre et de
vous-mêmes au-dessus de vous, et d'être entièrement perdus par votre plongement vigoureux et amoureux, en la

(1) Nous, enfants du Carmel appelés à cet Ordre qui a pour mission
spéciale dans l'Église d'entretenir le flambeau de la Contemplation, p
pourrions-nous mettre en doute que nous ne puissions et devions
aspirer de toutes nos forces à la contemplation mystique ?

mer immense de son infinie Divinité? Là, tous les esprits créés se surpassant eux-mêmes, se sont consommés en amour, comme dedans un très vif brasier qui les rend jouissant de l'infini amour, et des infinies délices de Dieu même; le voyant être ce qu'il est, digne de son seul amour, pour être pleinement bienheureux et bienheureux par soi-même. Je crois pour moi que vous serez plus durs en votre condition que le marbre et que l'acier, si tous ces motifs n'ont le pouvoir de vous exciter à cet exercice actif d'a-mour divin, de Dieu en vous, et de vous en Dieu.

Tous les saints et bienheureux Esprits, jouissant de la gloire divine, et brûlant à guise de charbons ardents, ne sont pleinement heureux que de l'heur (bonheur) infini de Dieu même, qui, étant son propre Paradis, les bienheure tous par-dessus le comble de leur propre félicité essentielle, en ce que sa félicité leur est incompréhensible, et n'est comprise que de lui (1); étant ravis de ce qu'il atteint seul totalement les bornes et les limites de son bonheur par son aspect et regard infini et très simple. N'est-ce pas là de quoi vous animer à aimer infiniment ce grand Dieu? Ce Dieu auteur et consommateur, tant de la nature que de la grâce, par les écoulements de la mer infinie de son amour, qui, moyennant votre amour ardent et ardemment actif, vous veut faire un même esprit en lui et avec lui.

Combien il est important de s'adonner
à la vie intérieure.

Si vous n'agissez ainsi, si vous vous reposez au dehors dans les exercices extérieurs, et si vous ne vous tenez au

(1) Dieu, dans la lumière de gloire, est vu par les Bienheureux tel qu'il est, tel qu'il se voit lui-même, « sicuti est » — sans inter-médiaire; mais il est connu à des degrés divers, selon les mérites des

plus profond de l'esprit par un amour continuel, ardent et vigoureux, vous ramperez toujours parmi les objets sensibles, tout attachés aux sens, aux figures et aux images : ce qui vous empêchera la vue et les sentiments des divers avènements (1) de Jésus-Christ votre très cher Époux. Vous n'aurez au plus qu'un amour et des sentiments sensibles ; auxquels vous arrêtant comme à chose grande, vous y établirez secrètement et indirectement votre repos. Et vous craindrez beaucoup de vous en départir, et de passer plus avant à l'exercitation vigoureuse de l'esprit ; laquelle néanmoins étant fidèlement pratiquée (2), vous mettrait dans une parfaite union avec Dieu. Cette expérience vous rendrait déjà en quelque manière bienheureux ; et s'exercer ainsi en Religion, c'est être vraiment et parfaitement religieux, tant pour la Religion que pour soi-même. Vérité qui ne sera jamais accomplie autrement (3).

Marques des Religieux imparfaits.

Que si on veut connaître les religieux irréligieux, il ne faut que les contrarier en leurs naturelles inclinations. Vous les verrez tout vifs en leur fond, ne cédant à aucun, par défaut de vertu et de charité surnaturelle. Si vous les pressez de près sur les choses qu'ils ne veulent ni ne désirent faire ou endurer, ils feront incontinent sortir leurs

saints, et pas un ne peut le connaître parfaitement autant qu'il est connaissable. Lui seul a de lui-même une vision *compréhensive*.

(1) Expression chère à Tauler. Cf. ses sermons sur la Nativité.

(2) En traitant de l'*aspiration*, nous avons vu comment le Vénérable enseigne qu'il faut dépasser toutes les figures et images pour dilater son esprit dans une contemplation très spirituelle, très simple, toute de foi.

(3) Pouvait-il déclarer plus catégoriquement que, sans contemplation, il ne peut y avoir de Carme parfait ?

diverses passions pour leur propre défense, et il n'en peut être autrement; d'autant qu'ils ont en leur fond les anciennes et corrompues habitudes de tout le vieil homme. Toutes choses sont à ces gens-là occasion de ruine et de scandale : et plusieurs étant comme ils sont, vides de consolations divines et humaines, ils ne cherchent que les occasions de mettre leur nature subtile et sensuelle en action, pour l'exercice et l'affliction des bons et parfaits. La religion bien réglée, et les vertueux religieux leur sont un enfer : d'autant qu'ils jugent tous les autres selon ce qu'ils sont. Jamais ils ne veulent ce que l'on veut; ils préfèrent leur jugement et leur sentiment à celui de leurs supérieurs : ils savent beaucoup de choses, même de la vie de l'esprit, lesquelles ils ont apprises par pure spéculation, mais sans aucune pratique; et demeurent ainsi du tout ignorants d'eux-mêmes, et de leur première et ancienne corruption, se croyant meilleurs que tous les autres, enflés de présomption, et bouffis de superbe. Voilà les moyens de connaître très facilement ceux qui ne sont religieux qu'en apparence, et non en effet.

Comme on doit devenir éternels,
et avoir le goût d'éternité.

Quant à vous, mes Frères, il faut que vous tâchiez de devenir éternels en vérité de pratique, dans la vue et science expérimentale de l'Éternité. Pour parvenir là, il faut fluer en Dieu activement et sans cesse, de toute l'action de vos puissances; moyennant laquelle vous soyez ravis et tirés totalement en cette étendue éternelle. Là, vous serez rendus simples et immobiles (1), sans réflexion ni

(1) Ceci rappelle la prière de Sœur Élisabeth de la Trinité, cette vraie contemplative du Carmel de Dijon : « O mon Dieu, Trinité

division quelconque; pour heureusement consacrer votre vie aux morts qui se présentent incessamment à l'âme (1) qui désire témoigner sa fidélité à Dieu, en s'efforçant de fluer sans cesse en lui, pour y demeurer fixement et totalement immobile, et lui adhérer éternellement. Car en lui, elle est éternelle, pourvu que sans rabaissement et recourbement de sa part, elle ne se divertisse et ne se divise pas de son suprême Objet : ce qui d'éternelle la rendrait temporelle, s'il y avait désunion, ou même amoindrissement de sa parfaite et entière union avec lui. Or, cette union se fait par les fréquents attouchements de Dieu (2), avec une savoureuse expérience conforme à la dilatation du sujet en son objet (3), d'une manière toute divine et du tout admirable. — Vérité qui excède totalement la capacité, la compréhension et l'expression du sens. — Au reste, les habitudes acquises (4) de cela, si elles sont activement pratiquées, augmentent beaucoup la noblesse, l'excellence et l'éminence de cet état, d'une plus haute et profonde atteinte que l'on ne saurait exprimer. C'est en cette exercitation continuelle et ardente, que consiste notre souverain bien en cette vie, si nous allons à Dieu par action et par sentiments totalement déiformes : conformément à ce que nous sommes déjà, ou à ce à quoi nous devons tendre (5).

que j'adore, aidez-moi à m'oublier entièrement pour m'établir en vous *immobile* et paisible comme si déjà mon âme était dans l'éternité. Que rien ne puisse troubler ma paix, ni me faire sortir de Vous, ô mon Immuable, mais que chaque instant m'emporte plus avant dans la profondeur de votre mystère. »

(1) Allusion aux purifications passives qui interviennent toujours concurremment aux efforts de l'âme pour se dégager du créé.

(2) Donc union mystique.

(3) Cela revient à dire que les grâces mystiques sont proportionnées à la capacité de l'âme, à son degré d'amour.

(4) Habitudes acquises en cet état mystique conformément à ce que nous avons exposé ch. vi, vii. Voir aussi la note 1 de la p. 116.

(5) Voyez cette préoccupation du vénérable Frère de faire tendre son disciple à ces sommets de la vie spirituelle.

C'est pourquoi, il faut que nous conservions cet état en son intégrité et pureté, par notre fidélité active par laquelle nous aspirions (1) incessamment et d'une façon déiforme à cette Éternité objective, en laquelle nous sommes coéternels non seulement en idée, et selon un être idéal (2), mais encore en certaine manière, selon nous et quant à nous, en notre temporalité ; je veux dire selon nos puissances temporelles sorties de ce fond simple et éternel qui est en nous et en qui nous sommes et devons être reflués et recoulés par le concours de notre vive, ardente, simple et continuelle action : et cela, tant en vivant là-dedans, tous perdus à nous-mêmes, pour tout faire et agir au dehors qu'en mourant continuellement, pour partir au dedans, destitués de tous dons sensiblement écoulés de cette même Éternité, renonçant à notre propre bien au même moment qu'il nous est communiqué, et le faisant refluer à son éternelle source et principe (3). En effet nous nous sacrifions totalement à Dieu selon qu'il désire de nous, conformément à l'éminence de notre degré acquis (4).

La vérité pratique de ceci est la vraie vie, et heureux ceux qui en ont fait expérience. Ce qui se donne ici à goûter et savourer, et par conséquent à contempler, n'est rien

(1) Il revient encore une fois à cet exercice d'aspiration qui est sa manière d'oraison à laquelle il a attaché de si belles promesses : « Il n'est pas possible que celui qui s'exercera fidèlement dans ces pratiques ne voie et ne sente l'effet de cette vérité en expérience. Voire s'il est fidèle en cette exercitation, il se sentira souvent tiré et comme extasié par aspirations transcendantes et anagogiques, du tout hors de lui-même » (ch. xvii du Vrai Esprit du Carmel).

(2) Cf. Ruysbroeck, « L'ornement des noces spirituelles — la sortie de l'esprit », trad. d'Hello, p. 66 et ss., et la note 2 de la p. 265 de cet ouvrage (ch. vii).

(3) Nous avons développé longuement cette pensée en traitant de l'amour pur, ch. v.

(4) Où nous sommes parvenus, moyennant notre travail et celui du Saint-Esprit avec ses dons.

moins que Dieu même, tout plein et comblé de son amour et de sa gloire, jusqu'à regorger ses divines délices, pour remplir tout l'être créé d'amour, de gloire et de lumière en l'éternité de goût, de saveur et de jouissance en lui-même. C'est alors que l'esprit créé se trouve hautement et profondément arrivé à sa divine similitude, et que, par affluence de grâce, il a ce bonheur de pouvoir atteindre la possession de ce bien incréé, pour en jouir comme à pleines voiles, en éternité sans éternité (1), et en déiformité déiforme, appétant à jamais le Paradis de Dieu, en la totale satiété de son appétit bienheureux en Dieu. C'est de là que s'écoule continuellement la même plénitude de satiété pour tous ceux qui sont capables de la possession et jouissance de cet unique Objet ; lequel s'écoulant ainsi en effet de communication ou de grâce, ou de gloire, transforme les âmes en soi-même d'une très profonde et ineffable manière.

Transformation suréminente de l'âme en Dieu.

Selon cette vérité, les hommes qui vivent ici-bas en l'exercice et en la possession de cet état, ou bien par-dessus toute exercitation (2), sont en quelque façon Dieu même (3), en éminent degré de transformation, par grâce et par amour ; ou par-dessus l'amour même (4), en la plé-

(1) Le Vénérable a souvent de ces expressions paradoxales : cela veut dire que l'âme, sans être encore en possession de l'éternité bienheureuse, est confirmée dans cette jouissance de Dieu, prélude de la vision béatifique.

(2) Il fait allusion ici aux âmes arrivées à la pure passivité.

(3) Rappelons-nous que la grâce sanctifiante est reçue dans l'essence même de l'âme et que les âmes dont il est ici parlé l'ont à un très haut degré. Cf. n. 4 de la p. 256 de ce volume (ch. vii).

(4) Tout cela peut paraître subtil ; mais ces expressions ont été élucidées précédemment lorsque nous avons traité de ces états de suréminente contemplation et union qui dépassent tout intermédiaire, tout moyen. Cf. ch. vi et vii de ce volume.

…itude de sa gloire, en laquelle ils sont essentiellement transformés en la même suréminente déité. C'est être Dieu même selon qu'il est possible (1), soit en moyen, soit par-dessus le moyen; soit en l'amour, soit par-dessus l'amour, et en la gloire même. Telle est la récompense de l'amour, qui est demeuré amour; et de l'amour qui a excédé soi-même; et qui à force d'action, de passion et de mort, à déifié son sujet, le rendant éternel, stable, et totalement arrêté en l'immobile éternité. Amour, dis-je, qui a mis son sujet en la pleine gloire et jouissance de son ravissant et éternel Objet; en l'aspect et fruition duquel la créature possède tout, et entend tout en cette jouissance, qui est en quelque façon intuitive et glorieuse.

Ainsi nous posséderons Dieu en Dieu même (2), et sa gloire essentielle, à la mesure et proportion de l'amour avec lequel nous nous efforcerons de fluer en cette Éternité. Car c'est de là que nous sommes issus (3) pour y refluer activement, par notre généreuse et constante fidélité; par le moyen de laquelle tendant incessamment à l'infini sans jamais nous relâcher, nous serons souverainement agréables à Dieu. C'est lui qui étant ce qu'il est, sans nom et ineffable, en excellence et en éminence de négation, doit être aimé de nous autres en admiration, et par-dessus l'admiration; soit en nous, soit hors de nous, et hors du créé, en sa même Éternité; en laquelle il désire à l'infini que nous nous plongions éperduement, par totale perte et abandonnement de nous-mêmes. Et cela, non pas pour la comprendre, car il est impossible, mais

---

(1) Il écarte tout danger panthéistique. Nous nous sommes longuement étendu à ce sujet dans les ch. v, vi, vii de cette étude.

(2) Parce que dans cet état l'âme contemplative a dépassé toute image, tout concept, distinct, tout intermédiaire.

(3) Cf. la note 2, p. [9].

pour nous remplir totalement de lui-même (1). Il faut et il veut que nous soyons perdus, et totalement transfus en toute l'étendue éternelle de cette immensité pour demeurer ainsi morts à nous-mêmes, et vivants en sa vie vivifiante et éternelle.

Je crois que vous vous sentirez puissamment excités par ces vérités à aimer souverainement notre souverain Bien, par ce seul motif, qu'il est, et qu'il subsiste par soi-même: bienheureux en soi, et de soi, en plénitude de satiété et de suffisance, capable de tout surcombler de bonheur et de gloire (2). Vous l'aimerez, dis-je, pour cela seul, sans autres raisons, telles qu'elles soient : vous excitant à un tout raisonnable amour qui doit être néanmoins exercé par-dessus toute raison, appréhension et discrétion, et tout essentiellement; pour vous rendre enfin totalement suressentiels en la même suressentialité (3); là où l'Éternité ni Déité ne se perçoivent et ne se distinguent plus en certaine façon comme auparavant (4) : parce qu'on est totalement passé, voire même consommé en elle-même, au-delà du temps, du créé et du moyen.

(1) L'union ici-bas ne peut se faire que par l'amour, dans la volonté. L'union par voie de connaissance est réservée à la vision béatifique. « Laissant de côté les sens et toutes les opérations de l'entendement, va t'unir aussi intimement qu'il est possible à Celui qui est au-dessus de toute essence et de toute notion ». Denys, *Théol. myst.*, l. I. Cf. S. Th., Ire, q. 82, a. 3 : « Melior est amor Dei quam cognatio. »

(2) C'est l'amour pur auquel le Vénérable veut qu'on tende dès le commencement de la vie spirituelle.

(3) Cela veut dire qu'on est uni à Dieu, qui est au-dessus de toute essence en dépassant toute essence créée. Rappelons-nous ce qui a été dit précédemment quand nous avons traité de « l'union sans intermédiaire », « sans différence », ch. vii.

(4) Il n'y a plus de connaissance distincte et particulière des attributs divins, c'est la contemplation suréminente de « la grande Ténèbre » « in caligine » dont parlent Denys, Angèle de Foligno et d'autres grands mystiques.

Ceci ne tend pas à l'oisiveté d'esprit,
mais à l'action.

Ceux qui liront ceci, pourraient penser que mon but et mon intention fut de tirer l'âme religieuse par-dessus l'action et le sentiment (1). Mais non : mon but et ma prétention est seulement de tirer la créature à être divine et éternelle en désir, et en appétit actif (2). Je la veux pousser à une vive action continuellement pratiquée, qui la rende totalement éloignée et abstraite de tout le créé, et de tous événements bons ou mauvais, pour être aucunement perdue en cette immense Essence, éternelle sans éternité (3). Il est néanmoins vrai qu'il ne suffit pas d'être éternel en cette Éternité, en amour et en appétit actif, il faut l'être en amour et en appétit surpassé (4), à force de fluer amoureusement en l'infinie étendue de l'amour même, dont nous manifestons l'importance. Ainsi on parvient à une entière et parfaite union avec lui, qui nous faisant pleinement et largement participer à ce qu'il est, par l'abondante communication de soi-même, nous fait et nous rend éternels en Éternité d'une façon divine (5).

(1) Ce serait du quiétisme. Sainte Thérèse dit qu'il ne faut pas essayer « de suspendre ses puissances ». Cela seul appartient à Celui qui peut les mouvoir d'une façon plus excellente.

(2) Le Vénérable ne prétend pas que l'âme s'efforce de s'élever à cette totale passivité. Cela excède sa capacité. Il veut seulement lui apprendre à faire ce qui est en son pouvoir actif pour se dégager du créé.

(3) Se reporter à l'explication donnée au ch. VII, note 2 de la p. 256.

(4) Comprenons-le bien : après avoir fait ce qui est en notre pouvoir pour nous dégager du sensible et du créé, il nous faut attendre — il nous est permis d'espérer — le reste de l'action de Dieu en nous. La première condition ne suffit pas pour arriver à l'union parfaite.

(5) Le Vénérable oppose cette manière d'être éternel en éternité en façon divine, c'est-à-dire par l'opération des dons de sagesse et d'intelligence, par la grâce opérante, à celle dont il a parlé d'abord, en amour et en appétit actif, par la grâce coopérante.

C'est, dis-je, autre chose d'être éternel en cette Éternité, en appétit actif, et autre chose d'être éternel, en éternité sans éternité, en appétit passif : et encore autre chose d'être en cette même éternité sans appétit et sans amour, mais par-dessus l'appétit et par-dessus l'amour ; lequel est continuellement fruitif, en la science et au regard de cette infaillible vérité (1). Cependant je vous attache à l'aspiration simple et amoureuse, par la vive et continuelle ardeur de laquelle vous vous surpassiez vous-mêmes et toute chose créée, d'une manière et d'une action toute essentielle, simple, naïve, et profonde selon votre pouvoir. Si vous y êtes déjà disposés, comme je le suppose, cela vous sera très facile, pourvu que vous ayez l'appétit insatiable de cela (2).

Moyens de parvenir à cet état d'éternité
décrit ci-dessus.

Mais il faut que j'éclaircisse ici une vérité importante. Il y a deux sortes de moyens pratiques, réduits en action, pour arriver à ceci ; le premier est la vive considération, et la représentation intellectuelle et volontaire des perfections divines, en général ou en particulier : ce qui appar-

(1) Ces distinctions paraîtront peut-être subtiles à plusieurs de nos lecteurs. Ce passage résume bien pourtant les diverses étapes que l'âme appelée à la vie mystique doit parcourir : d'abord, ce stade où l'effort de l'âme domine dans l'aspiration « en appétit actif », puis ce stade où elle est plus agie qu'agissante « en appétit passif », enfin, ce stade où appétit actif et appétit passif sont tous deux dépassés dans la suréminente « union sans différence » où il est donné à l'âme de goûter, quasi sans interruption, à l'Essence divine dans la mesure et de la manière dont cela est permis ici-bas.

(2) Voyez ces grands désirs de contemplation et d'union qu'il entretient constamment dans l'âme de son disciple ! C'est tout au début de son traité sur le Vrai Esprit du Carmel, comme pour encourager l'effort de son disciple, qu'il lui esquisse ces cimes les plus élevées, les lui montrant comme but à poursuivre. Il peut être vrai Carme sans y atteindre, mais il ne peut pas l'être sans y *tendre*.

tient plus à l'entendement qu'à la volonté. L'autre moyen est d'amour pur et ardent (1), qui produisant continuellement des actions et affections, conformes à son appétit et à soi-même, a beaucoup de force pour enflammer éperduement et simplement l'Ame de l'amour de son divin Objet. Amour actif (2) qui ne cesse jamais, qu'il n'ait entièrement perdu son sujet en son objet, en sorte que là il soit éternel sans éternité, et par conséquent Dieu même, dans le sens que je l'ai toujours entendu (3). Ainsi l'amour, comme effet de la volonté, prend tout pouvoir sur la puissance, les habitudes et les actions de l'entendement actif, si fort et si vigoureux qu'il puisse être, quand même il serait au plus lumineux degré acquis de sa réformation, qui paraît en sa vigoureuse et pénétrante action, par laquelle il anticipe plusieurs choses, tout d'un coup et éminemment, en l'éminence de son degré, et en son habitude acquise (4).

L'âme fidèle ne s'attache à aucun
exercice déterminé.

Mais il faut savoir que le propre des fidèles amis de Dieu est de ne s'attacher à aucun exercice déterminé ni particulier : mais bien d'aspirer et de fluer en leur Bien-aimé, par la vive fécondité de leur amour actif (5), par lequel

(1) Ce qui revient à dire que les uns vont à Dieu par un chemin où l'intelligence surtout est mise en œuvre ; pour les autres, la volonté, l'amour, ont la part prépondérante. Cf. ce que dit le chanoine Saudreau sur les âmes séraphiques et chérubiques dans « Degrés de la vie spirituelle ».

(2) Actif a ici le sens de généreux, inlassable, il ne s'oppose nullement à passif, ni à infus.

(3) Nous avons précisé précédemment le sens de cette expression ; cf. ch. vii, p. 256.

(4) Saint Jean de la Croix explique très bien comment dans cette voie mystique la volonté peut aimer sans avoir une connaissance distincte. Cf. *Vive Flamme*, vers 111, § 10.

(5) Il s'agit bien toujours d'un état mystique ; remarquez l'expres-

ils s'absorbent et s'écoulent incessamment en lui, sans aucun exercice limité ni prescrit. Ceux qui sont vraiment amoureux, et agis d'un vrai esprit d'amour, savent seuls si cela est vrai, et pourquoi. Mais vous qui êtes tirés à ce degré par l'effet de votre régénération, et créés pour aimer éperduement, hautement et simplement l'amour même en lui-même, vous voyez, dis-je, si vous devez et si vous pouvez vivre autrement que de lui. Vous voyez comme quoi vous ne devez jamais vous reposer, jusqu'à ce que vous soyez totalement fondus et transfus en lui, et devenus lui-même, en lui et par lui (1). Après tout ceci, ce serait peu vous dire, que de vous prescrire ce que vous devez pratiquer à l'extérieur; puisqu'en bonne raison le plus suppose le moins, et le tout suppose le plus. Tout cela doit être fidèlement pratiqué, pour le lustre et l'ornement de l'homme extérieur, bien ordonné en ses exercitations et en ses sorties.

Lutte amoureuse entre l'Esprit divin
et l'humain.

Je ne dis point ici les richesses, que possèdent manifestement ceux qui sont éternels en cette éternité. Elles se contiennent toutes éminemment, et se montrent abondamment à eux, en la même éternité; en laquelle ils se sont surpassés et totalement écoulés et fondus. C'est tout dire que Dieu n'a rien qui ne soit à eux et pour eux, et qu'ils

sion qui suit immédiatement : « Ceux qui sont agis » (mus par l'Esprit-Saint), sont agis pour être agissants. Leur action, pour n'être point circonscrite dans des exercices prévus, particuliers, n'en est que plus large et plus efficace. Nous l'avons dit bien des fois au cours de notre étude : activité et passivité sont compossibles, et surtout passivité n'est pas synonyme d'inaction, d'oisiveté.

(1) Nous avons vu au ch. VII, p. 256 et 257, comment il fallait entendre cette expression.

sont lui-même en lui-même. C'est ici que ces deux esprits se combattent l'un l'autre en leur amour réciproque ; s'entrejetant leurs amoureux regards, étincelants d'une lumière incomparable, pour le plaisir et le contentement unique et réciproque l'un de l'autre ; sans que ces amoureux esprits veuillent cesser ce combat de leurs mutuels, amoureux et très divins embrassements, jusqu'à ce que le plus faible se tenant vaincu en cette amoureuse lutte, se sente et se voie tombé irrécupérablement dedans l'immensité infinie de son éternel Objet. Là, se voyant environné de toutes parts, de lui, et de toutes ses divines qualités, il s'y plonge, s'y perd, s'y dilate, d'une joie et allégresse qui excède de beaucoup toute appréhension humaine.

C'est ici que l'union de ces deux Amants est faite une et unique, par-dessus l'union parfaite (1) ; laquelle union (2) fait, par sa force amoureuse, que ces deux esprits sont fondus en un, ainsi que j'ai dit, au-dessus de la commune et ordinaire union, qui se fait par un amour, qui à la vérité est vif, efficace et ardent, mais qui n'est que communément actif (3). L'âme qui est arrivée à ce point de souveraine perfection moyennant sa naïve et active fidélité, goûte par expérience ce que c'est que la profonde simplicité de Dieu. Elle voit que cette jouissance commune est le Paradis de Dieu en l'âme qui, se voyant ravie

---

(1) L'auteur fait déjà allusion ici aux cimes les plus élevées, à l'union *suréminente* dont il entretiendra ses disciples dans le « Cabinet mystique ».

(2) Cette suréminente union où il n'y a que pure passivité.

(3) Voyez comment il oppose cette « union commune » qui se fait par « un amour communément actif », c'est-à-dire sans l'intervention des grâces mystiques, à « l'union parfaite » dont il vient de parler. Pour lui, s'il y a deux unions, l'une active, et l'autre passive, elles sont loin d'être équivalentes, comme le voudraient certains auteurs modernes. L'une ne peut être que la disposition à l'autre qui doit la parfaire pour qu'il y ait perfection, sainteté. Et celle-ci peut encore être surpassée par cette union qu'il appelle suréminente.

et totalement fondue en l'Éternité de son amoureux Objet, je est très contente et satisfaite, en quelque état et rencontre que ce soit : vu la science expérimentale qu'elle a de cela. Une telle âme ne souhaite que mourir, afin que sans aucun obstacle ni voile, elle vienne à être jouissante du Miroir éternel d'infinie lumière, de gloire ineffable, et de délices inconcevables. Miroir qui représente toutes choses en lui, sans distinction ni différence de lui-même en son immense clarté, joie et éternité sans éternité (1) : dont la vue, l'aspect et la jouissance consomme toute gloire, et tout appétit en est éternellement affamé et néanmoins totalement rempli et rassasié (2). L'importance pour vous en toute cette pratique, est que vous rendiez éternelles les choses temporelles, auxquelles il faudra vous abaisser; et cela par la vive force de votre appétit et désir éternel.

(1) Se reporter aux **notes** du ch. vii, p. ooo, pour ce qui est de la distinction entre l'essence et les personnes, et l'identité qu'il y a en Dieu entre son essence et ses perfections.

(2) Voici en quels termes la théologie parle de ce rassasiement et de cette ineffabilité de la vision béatifique :

« Les bienheureux qui voient Dieu face à face, peuvent-ils l'exprimer, sinon dans une parole humaine, au moins dans un verbe mental, dans une parole intérieure ? Saint Thomas répond (Iª, q. 12, a. 2 et comm. de Jean de Saint-Thomas) : c'est impossible, et l'on ne saurait donner une plus haute idée de l'ineffabilité de Dieu : les bienheureux qui contemplent actuellement et immédiatement ce pur éclair intellectuel, éternellement subsistant, identifié à l'amour du Bien suprême, ne peuvent pas exprimer l'objet de leur contemplation dans une parole spirituelle. Comment l'intellection, toujours actuelle, Acte pur dans l'ordre d'intelligibilité, pourrait-elle entrer dans les limites d'une idée créée qui n'est intelligible que par participation ? La Déité ne peut avoir dans le fini de représentation homogène qui l'exprime et la rende telle qu'elle est en soi. Comme le dit très bien Scheeben, « l'esprit dans la vision béatifique est tellement soutenu par Dieu et plongé en lui, qu'il ne saurait recueillir et graver dans sa pensée l'objet de sa vision. Aussi l'âme en face d'une scène grandiose perd le don de la parole, elle ne peut dominer, maîtriser assez ce qu'elle voit pour le renfermer dans des idées précises. » Cf. P. Garrigou-Lagrange, « Les Perfections divines », IIᵉ partie, § 11.

De la Mortification (1)

Divers degrés de conversion à Dieu.

Dieu permet souvent pour sa gloire, et pour le bien et l'humiliation de ceux qui le servent, qu'ils aient au commencement de leur conversion, assez de facilité à se porter aux actions vertueuses : et même il leur verse pour cet effet de grands goûts, sans que pour cela ils en soient plus parfaits; d'autant qu'ils n'ont pas encore acquis la vraie mortification d'eux-mêmes. C'est pourquoi, les commençants marchent fort différemment à Dieu. Les uns sont plus prompts à s'approcher de lui, tandis que le commun demeure rampant contre terre. Quelques autres approchent peu à peu de la porte du souverain bien. Mais les favoris y sont introduits comme tout d'un coup (2). Là ils vivent un certain temps dans l'adoration amoureuse des Pieds de *Jésus-Christ* : puis par une excellente ascension d'amour ils vivent en l'adoration de ses divines mains, qui est un tout autre état d'excellence et de vie : et enfin par une secrète et subtile élévation, ils arrivent à sa Bouche très sacrée, laquelle ils adorent et baisent mille et mille fois à chaque moment. Tous ceux-là trouvent des différents ruisseaux, fontaines, et fleuves d'amour qui produisent toutes sortes de savoureuses affections, dedans

(1) Ce chapitre est le ıv° du « Vrai Esprit du Carmel », p. 12 à 16 des Œuvres complètes.

(2) Par une grâce opérante très efficace.

le goût de l'Amour éternel, toutes diversement convenables et conformes à l'état d'un chacun : chose très merveilleuse à sentir et à percevoir.

Nécessité de la mortification en tout état.

Or, pendant qu'on s'exerce dans les moyens plus éloignés de ceci, il faut nécessairement se mortifier sans cesse
en tout sens et manière. Car encore que Dieu ne tienne
pas un même ordre ni même voie en tous, et qu'il achemine fort différemment et diversement un chacun à la
perfection : néanmoins pour l'ordinaire, la mortification
doit précéder et faciliter ce chemin, aux uns plus, et aux
autres moins. Aussi Dieu veut souvent accommoder le trait
de sa grâce sensible aux diverses dispositions d'un chacun : et ce n'est pas être peu avancé en ce chemin, que
d'être doué d'une bonne âme et d'autres bonnes inclinations.

Du bon usage qu'on doit faire
des dispositions naturelles à la vertu.

Mais ceux qui n'ont pas le naturel si propre à cela, s'ils
se trouvent fidèles au peu qu'ils ont reçu de Dieu (qui est
néanmoins beaucoup) ils arrivent enfin à un plus haut
degré de perfection que les autres, nonobstant leur grand
avantage et leur grande facilité (1). Car ces bons naturels
n'ayant reçu ce don-là, que pour être plus actifs à leur
course vers Dieu, cela même les rend infidèles et fainéants

(1) Cf. dans « la Vie Spirituelle », n° juin 1924, l'article du
R. P. Garrigou-Lagrange : « Les dispositions favorables ou défavo-
rables à la contemplation. Il y a accord parfait de doctrine avec ce
que Jean de Saint-Samson enseigne ici.

la vive mortification de soi-même, ce qui déplaît infini-
ment à Dieu ; lequel ne donne ses dons que pour les ravoir
incessamment, par un continuel reflux de toute activité.
Au contraire, les autres, quoiqu'ils aient moins reçu,
arrivent souvent, ainsi que j'ai dit, par leur fidélité à plus
grande perfection ; d'autant qu'ils ont incessamment la
mortification en main, pour abattre et déraciner les
vicieuses et invétérées coutumes et habitudes de leur
champ, comme autant de méchantes herbes, sans se donner repos, qu'ils ne se sentent libres de tous ces empêchements.

Et parce que c'est souvent à refaire en cet exercice, Dieu
infiniment bon leur portant compassion, se communique
à eux par les influences de son amour sensible, afin de les
exciter à s'élever en tout temps au dessus de leurs vicieuses
inclinations, quittant les habitudes du vieil homme, pour
en revêtir de nouvelles, dignes totalement de l'homme
nouveau, créé selon la vraie sainteté et justice. Ce sont là
les dispositions, partie infuses et partie acquises (1) pour
parvenir à toutes les vertus, qui doivent être exercées et
pratiquées selon raison et vérité, avec un vrai désir de
Dieu, et beaucoup plus à cause de ce qu'il est en lui-même
qu'à raison de ce qu'il fait en nous, si ce n'est en seconde
fin, par profonde et éternelle admiration (2).

Or comme il faut par nécessité que toutes nos puissances soient réparées (3), pour pouvoir vivre en état
d'amour perfectif, il faut croire que Dieu le veut faire, et
le fera si nous y voulons coopérer. C'est pour cela qu'il

----

(1) Nous soulignons cette compénétration des dispositions infuses
et acquises. Le Vénérable y revient constamment.

(2) L'amour pur est toujours l'objectif du saint aveugle.

(3) Hilton, dans « Scala perfectionis », appelle cela « réforme par
expérience ».

nous a prévenus de l'abondance de ses bénédictions, d'amour et de dévotion sensible, et nous a fait expérimenter combien il est doux et suave ; afin que lorsque nous n'aurons plus ce sentiment de douceur, nous fassions une bonne partie de notre chemin spirituel toujours en sa présence, par une simple foi, selon le plus nu de nos exercices et opérations. Notre puissance amative qui est notre volonté fera cela moyennant la secrète force du Très Saint Esprit ; et alors nos voies seront incomparablement autres que les précédentes, auxquelles nous nous exercions très facilement en la très abondante lumière sensible de Dieu, qui nous faisait plutôt voler que marcher à tout ce qu'il nous fallait faire et endurer (1).

Ainsi nous sommes préparés aux infusions des dons admirables de Dieu, dont les excellentes habitudes doivent recevoir leur accroissement jusqu'à leur entière perfection, par la fidélité de nos exercices actuels, continuellement pratiqués en l'ordre et au plaisir de notre fin et objet, dans lequel nous sommes, nous vivons, et nous nous mouvons ; afin que sans cesse nous nous perdions dedans le vaste de sa mer infinie, par notre vif, ardent, amoureux, et indéficient reflux (2).

Mortification des passions, nécessaire.

C'est pour cela que nous devons vivement allumer notre appétit et notre désir de lui : réglant et ordonnant

---

(1) Passage à retenir : il montre la nécessité des grâces mystiques pour arriver à la perfection. Il y a d'abord ordinairement une touche divine délectable, puis la vie mystique prend une forme purificatrice qui doit conduire à la pureté de l'amour par la nudité des moyens.

(2) Nous retrouvons encore ici cette pensée chère au Vénérable : ce reflux de nos puissances de tout notre être vers notre Cause Première, fondement de son oraison d'aspiration.

toutes nos passions, en sorte qu'elles concourent toutes à
même but; les unes pour aimer et se réjouir; les autres
pour haïr, fuir, et s'attrister saintement, et ainsi des autres.
Enfin il faut que tout le vieil homme meure, afin que Dieu
vive et règne selon le total de l'homme, pleinement et
entièrement réformé en toute sainteté et justice, tant au
dedans qu'au dehors. C'est en cette considération et
vérité infaillible, *que celui qui n'est pas spirituel en Religion, ne vaut rien* : ce que je ne prétends pas dire par
superbe, ni par insultation, mais pour le désir extrême
que j'ai d'inculquer cette importante vérité.

La nature est si superbe, si altière, si inculte et si
immortifiée en certains, qu'elle reçoit cette maxime
comme un coup de foudre qui lui crève le cœur d'amertume et ne craint pas de jeter son fiel au dehors, disant
qu'on montre et qu'on produit la fin et non les moyens.
Ils se forgent ainsi des prétextes spéculés, à l'abri desquels
plusieurs mettent à couvert leurs innombrables défauts,
par leur superbe ignorance, fausse présomption, effrénée
précipitation, et immortification insupportable. Les passions furieusement émues sont en eux comme une mer
agitée de divers flots, et tout cela fait de moment à autre
diverses impressions en eux; à quoi le diable se joignant,
on peut penser quelles gens ce sont, et les tourments qu'ils
souffrent incessamment au dedans.

Voilà ce que c'est de ne pas vouloir vivre à Dieu en
esprit, et de vivre seulement partie à Dieu, et partie à soi-
même. Ainsi faisant, on ne vit ni à l'un ni à l'autre, et on
est par nécessité continuellement onéreux à soi-même.
C'est être bien loin de recevoir au dedans la douce rosée
du Saint-Esprit qui souvent, par sa pénétrante suavité, fait
que de grands pécheurs deviennent componcts et disposés
à l'amour perfectif. Mais puisque ceci convient si peu,
grâces à Dieu, aux vrais enfants de notre Ordre, il n'en

faut point parler davantage. Aussi ne disons-nous rien
ici de ceux qui sont totalement impropres à la vie intérieure. Néanmoins, quiconque a bonne volonté envers
Dieu doit tâcher de s'humilier de toutes ses forces devant
lui et devant les hommes, tant en tombant qu'en se relevant : et du reste, qu'il possède son âme en patience s'il
peut ; s'il ne peut, qu'il se renonce et se résigne au bon
plaisir de Dieu dans son non-pouvoir. Telles personnes
sont exercées de tout le monde sans même qu'on pense à
elles ; aussi donnent-elles souvent exercice aux autres par
leurs œuvres et paroles immortifiées, et par leurs désor-
données effusions.

Certains sont si actifs à réfléchir animalement sur eux-
mêmes, sur leur propre bien, et sur l'ordre et le désordre
du dehors, qu'ils s'aveuglent totalement en la vivacité et
en l'amertume de leur cœur indompté, et ne peuvent recevoir ni frein ni bride, pour demeurer tranquilles au
dedans : et cela travaille et bourelle leur conscience et leur
intérieur plus qu'on ne saurait dire. Car il s'en trouve
entre ceux-ci qui, par appétit de propre excellence, se sont
adonnés à digérer en eux-mêmes les plus hauts exercices
qui se puissent penser. Mais quand il a été question de
l'exercice des vertus, ils se sont trouvés autant vides de
Dieu, et des mêmes vertus pour Dieu, que véritablement
pleins d'eux-mêmes, et de toutes leurs vieilles habitudes :
de sorte qu'ils ont été laissés tous nus et tous vides en
eux-mêmes, et chaque acte de mort auquel ils ne passent
pas, leur cause de grands tourments au dedans, grondant
jour et nuit là-dessus : ce que je dis ici pour montrer la
malice de la nature à se chercher en ce qui regarde son
propre bien, jusques en Dieu même : ce qui est plus que
diabolique.

*Il faut mortifier les pensées non seulement mauvaises,
mais encore les bonnes.*

Quant aux vrais Enfants de Dieu, ils commencent, poursuivent et achèvent constamment ce qu'ils ont entrepris, car en cette si sublime voie, quiconque n'avance pas, recule; et celui qui dit c'est assez, adhère dès là malheureusement à soi-même. Ils doivent mortifier non seulement les mauvaises pensées, ayant horreur même du moindre péché véniel, mais encore les bonnes pensées, quand il le faut. Ils doivent faire peu d'estime de la sensible volupté qui se rencontre dans les exercices spirituels, employant simplement leur esprit à quelque bonne considération affective, et par même moyen aux affections pratiques qui doivent suivre et perfectionner leurs considérations.

On supprime même les bonnes espèces et images, comme nuisibles à la liberté du cœur, qui, s'en laissant dépeindre, ne peut s'appliquer à Dieu par occupation pure et nue. Car la multitude des images et figures fait de gros murs et de grosses montagnes entre Dieu et la créature. C'est pourquoi, ils ne doivent admettre autre image en leur cœur, que celle de notre B. Sauveur (1), tant intérieure qu'extérieure : l'intérieure est sa Divinité, ou l'aspect de son amoureux abaissement jusqu'à nous : l'extérieure est son humanité sacrée, et en l'aspect continuel de toutes ses héroïques vertus : le voyant ainsi merveilleux en son œuvre, en la manière qui consiste en ses héroïques vertus,

(1) Telle est bien la pensée maîtresse de l'enseignement de Jean de Saint-Samson sur la contemplation : épuration de plus en plus grande des images. Mais, non plus que sainte Thérèse et saint Jean de la Croix il ne met l'Humanité Sainte du Christ au nombre des images qu'il faut éloigner.

et en son amour qui est la cause de tout cela. Voilà l'image
perpétuelle qui doit seule dépeindre le cœur et l'esprit des
vrais Enfants du Carmel, lesquels s'occupent nuit et jour
à l'imitation de Jésus-Christ.

Ensuite de ceci ils mortifient tous leurs appétits, la
curiosité, l'amour naturel vers eux-mêmes, et leurs
parents : faisant gloire de la tribulation, et de se conformer à la Croix, et à l'extrême pauvreté de Notre-Seigneur,
toujours actifs à le représenter vivement en leur vie, tant
au dedans qu'au dehors. L'appétit et la vaine curiosité des
sciences est totalement supprimée en eux, très contents
de ne savoir que *Jésus-Christ* crucifié. — Néanmoins
quand l'obédience veut qu'ils étudient, ils le font sans
relâche ni diminution de leur ferveur, en la manière que
je leur prescrirai ci-après. Enfin ils adhèrent incessamment à Dieu, voire en amour nu et essentiel, prenant éternellement son parti à l'encontre d'eux-mêmes, et ne raisonnant jamais qu'en sa faveur.

De la vertu d'Humilité (1).

*La superbe des hommes
remédiée par l'humilité de Jésus-Christ*

On connaît assez la nécessité, l'excellence et l'importance qu'il y a d'être profondément et radicalement humble. Mais les hommes, à parler naturellement, sont totalement opposés à cette vertu par leur vie animale, et totalement effuse par appétit dans la corruption, tant d'esprit que de corps, par toutes voies illicites. Cela fait qu'ils s'entremangent pour avoir la préséance et l'empire l'un sur l'autre. C'est ce qui compose le monde, qui sont les superbes, dont la terre est remplie à l'infini, et qui sont les instruments du démon contre les élus.

Pour y remédier il a fallu qu'un Dieu se soit abaissé jusqu'à nous, vêtu de notre habit, et chargé de nos peines et de nos infirmités, excepté l'ignorance et le péché. Il a fallu qu'il prît notre nature, l'unissant à la sienne; afin de transformer en lui par une autre union, moindre à la vérité, mais très merveilleuse, tous ceux qui à son imitation voudraient marcher par le chemin royal de la Croix qu'il nous a si amoureusement frayé. Car il ne s'est ainsi humilié sous la puissance de Dieu son Père, et ne s'est

(1) Ce chapitre est le viii⁰ du « Vrai Esprit du Carmel », tome I⁰⁰, p. 25 à 29, des Œuvres complètes.

rendu obéissant à lui jusqu'à la mort, que pour lui donner
gloire, lui témoigner son amour, et nous convier par son
exemple à suivre éternellement ses traces et ses vestiges.
Comme donc nos appétits sont très éloignés de son humilité, il faut nous en approcher par un désir amoureux de
retourner à notre souverain bien, et à notre principe éternel, par le moyen de l'humilité, et d'une continuelle humiliation.

Humilité maligne et trompeuse

Plusieurs ne s'humilient que par hypocrisie, mécham-
ment et pernicieusement ; *l'intérieur desquels est plein de
fraude et de déception* : se trompant eux-mêmes et autrui.
Ce sont agendaires (agents ou instruments) du diable,
duquel ils font volontiers les affaires, et portent ses intérêts. Dieu nous préserve, s'il lui plaît, d'être de ce nombre :
aussi n'est-ce pas de quoi il s'agit, mais de vivre dans une
basse estime de nous-mêmes, et de vouloir être traités
comme très vils.

On assigne divers degrés et moyens, tant intérieurs qu'extérieurs, pour monter à cette divine vertu ; mais je ne fais
pas état d'initier de si loin ceux à qui je parle, et je con-
fesse aussi que je n'y suis pas propre. Je n'en parle seulement ici qu'afin de leur inculquer vivement l'importante
nécessité de leur continuel reflux en Dieu par vrai amour
et par vraie vertu ; et je les y anime par les plus vifs et
puissants motifs tirés de l'amour même suressentiel qui
est Dieu infini, *abrégé en notre chair*, dans l'abîme infini
de son humilité. C'est pourquoi, nous avons déjà dit que
l'humilité ne convient point aux hommes, mais à Dieu
seul, qui s'en est voulu revêtir, afin que ceux qui ne de-
vaient jamais passer à l'amour perfectif (parfait) s'humi-
liassent au moins, et confondissent leur arrogante superbe.

par la vue de cette abyssale (1) humilié du Verbe éternel, fait homme.

Humilité des parfaits

Quant à ceux qui sont vivement touchés et remplis de la Sapience divine, et pénétrés en toutes leurs puissances intérieures et extérieures par la vivifique abondance de son flux amoureux, ils sont si pleins de Dieu, et voient si parfaitement le *rien* de toutes choses et leur propre néant, qu'ils n'admettent point d'humilité pour eux, ni en eux, comme telle : d'autant que l'humilité en elle-même n'est que l'ordre et la voie pour arriver au *rien*. Pendant qu'on voit et qu'on sent en soi quelque chose que ce soit, on est bien loin d'être anéanti. Le *rien* donc est leur terme, à quoi ils ne manquent pas de faire servir et l'humilité et les humiliations, sans penser à l'humilité ni à l'humiliation, mais seulement à la vérité de leur rien.

L'humilité supplée au défaut des vertus

Plusieurs, par leur effort naturel accommodé à la suavité de la sapience, ont bien découvert ce secret par sentiment ; mais quand il a été question de travailler nuement (sans consolation) aux vertus, ils se sont trouvés tous vides et tous dénués de bonne volonté et de force pour ce travail, tant à l'agir qu'au souffrir, et par conséquent, vides des mêmes vertus. Car, quoiqu'ils semblent en avoir un désir infini, néanmoins cela n'est pas ; d'autant que ces habitudes ne peuvent compatir, ni demeurer ensemble avec leurs naturels trop vifs et trop animaux, et dominés en leur fond de l'esprit de superbe : et plus ils désirent s'affranchir de cette tyrannie, tant plus ils y sont fortement engagés,

(1) Du mot *abîme* ; nous dirions maintenant *prodigieuse*.

tant aux occasions de travailler, que hors d'icelles (1).

Toutefois ils ne se doivent pas déconforter pour cela, car s'ils se résignent à Dieu et à son éternel plaisir, avec une extrême douleur de se voir tels, il acceptera leur bonne volonté, prenant pour satisfaction et contentement leur humilité nue, profonde, et très renoncée (2). Par ce moyen, il les préserve de la vaine complaisance, et conserve leurs âmes pour le reste de ses dons. Ainsi l'enflure douloureuse préserve ces fonds-là de l'enflure délectable, qui est la vaine complaisance d'eux-mêmes, dont ils seraient remplis, si toutes choses leur étaient favorables, en matière de perfection.

Dieu, sans doute, a très grande horreur que la créature se recherche dans les dons qu'il lui départ, puisqu'il en préserve quelques-uns de ce mal, par la superbe dont il permet qu'ils soient gourmandés, et même surmontés dans l'occasion (quand il s'agit) de travailler et d'endurer. Il y en a certains qui n'ont pas assez de douleur raisonnable là-dessus, entre Dieu et eux : et qui agissent trop librement, et avec trop d'ascendance entre les créatures (esprit de domination) : montrant qu'ils ne sont pas entièrement humiliés et anéantis devant Dieu, quoiqu'il leur semble le contraire. C'est à eux d'y avoir expressément égard, et de réparer les brèches faites à leur fond en leur privée conversation. Toutefois, bien qu'ils soient infirmes en leur fond et éloignés de la perfection, ils ne sont pas désagréables à Dieu, et Il ne les laisse là dedans que pour leur bien.

---

(1) Puisqu'ils désirent s'affranchir de la tyrannie de l'esprit de superbe *par orgueil*, ils s'y engagent (dans cette tyrannie) de plus en plus.

(2) Par cette humilité nue, profonde et très renoncée, le saint aveugle entend une humilité qui reste dans le fond, dont on ne voit pas les effets, dont on n'a pas le sentiment. Ainsi la souffrance que ces âmes-là ont de ne pas se voir humbles leur tient lieu d'humilité.

S'ils se renoncent et se résignent à son bon plaisir, peut-être leur sera-t-il favorable à l'article de la mort : et dans ce moment il les accoisera et les perfectionnera (1).

Humilité d'œuvres et de pratiques

Au reste, le vrai humble ne sait ce que c'est que l'humilité pour lui, ainsi que j'ai dit. Il ne s'attribue que vileté entre les créatures, vu la science et la croyance qu'il a de son rien. On ne lui saurait faire tort ni injure, vu qu'on ne saurait tant prendre de plaisir à le déprimer, qu'il en prend à s'avilir. Il y a néanmoins plusieurs degrés pour ceci dans les esprits, et dans les fonds des hommes ; et les degrés d'humilité sont innombrables, selon les appétits d'un chacun. Car les hommes même assez bons ne passent point cela. Leur humilité ne consiste qu'en certain ordre, et en certaine civilité et soumission extérieure. Les rois mêmes prennent plaisir à s'humilier ainsi. Ce qui fait que leurs bons sujets se sentiraient confus, s'ils ne s'humiliaient à leur exemple. Mais, à vrai dire, cette sorte d'humiliation est plutôt un effet de police et de considération humaine qu'autre chose : attendu que la nature sait bien tenir cet ordre en la due police de ses républiques. Et quoique cette considération puisse produire de bons effets, cela est trop sensible et trop éloigné de sa source qui est Dieu fait

(1) Oh ! la doctrine consolante et bien en harmonie avec celle de saint Jean de la Croix et de sainte Thérèse ! Le Vénérable nous fait assez entendre la nécessité des purifications passives pour corriger ces fonds-là ; et que si Dieu ne les fait pas et leur laisse certaines imperfections, c'est dans un but de miséricorde, pour une raison de sagesse. Qu'il donne ou qu'il prive, c'est toujours par amour. Pour beaucoup d'âmes la grande purification qui libère du moi ne se fait que dans les affres de l'agonie : il est meilleur pour eux, à cause des raffinements subtils de l'amour-propre, qu'elles sentent la tyrannie de leur moi.

homme sur les divins appétits duquel il faut que nous
réformions les nôtres. Nous devons regarder son divin
exemple, pour nous porter vivement à son amour et nous
rendre semblables à lui, revêtant nos âmes de la sienne,
notre corps de la pureté de son corps, et nos œuvres avec
toute notre vie, de ses œuvres et de sa vie divine.

Deux sortes d'humilité.

1. *Humilité claire et raisonnable.* — Or il y a deux sortes d'humilité, l'une claire, qui s'exerce par effort de raison, et l'autre fervente. La première n'est pas de grande
durée ni de grande force, parce que les hommes ne peuvent souffrir le désordre ni le défaut en autrui ; et comme
le désordre est plus fréquent en l'homme que le bon ordre,
ceux qui ne sont humbles que par raison se portent incontinent avec impatience contre ces désordres et se jettent
là-dessus, pour en faire la proie de leurs diverses passions.

Sur quoi, il faut dire en passant que les hommes ne sont
point blessés par les hommes ni par les diables, mais par
eux-mêmes. Ils se tuent eux-mêmes des armes que les
autres hommes leur forgent, seulement par occasion, et
même sans y penser. Ils se perdent eux-mêmes par leur
superbe, qui rend le commun des hommes si faibles, que
par la moindre touche qu'on puisse faire de parole à leur
honneur (dont ils sont diaboliquement idolâtres) on les
précipite en enfer, sur le bord duquel ils vivent continuellement, prêts à perdre la grâce de Dieu en toute occasion,
sans s'en mettre aucunement en peine. Ceux qui n'ont pas
dompté leurs passions ne sauraient soutenir le désordre
d'autrui (1), et même ceux qui vivent à Dieu imparfaite-

(1) Oh ! que ceci est vrai !

...ent tombent dans ce défaut. Ils veulent voir reluire par-
...ut la perfection entière dans les autres, cependant
...'eux-mêmes demeurent et gisent dans leur imperfection,
...plus grande que celle de ceux qu'ils exaspèrent avec tant
...de zèle. C'est ce qui fait voir le faible fondement de l'humilité qui n'est exercée que de la seule raison ; je dis
même dans les meilleurs de ceux que nous supposons ici.

2. *Humilité fervente*. — Mais l'humilité fervente a bien
un autre motif, d'autres raisons, et un autre ordre dans
les vrais saints, et plus encore dans les plus parfaits. Ils
n'ont égard à rien, ni du dehors, ni du dedans pour les
exciter à l'amour : mais mourant à tout cela en un temps,
et entièrement morts en un autre, ils sont éternels, inat-
tingibles, immobiles, et forts en esprit, pour tout endurer
et soutenir. Tout cela demeure au dehors, sans leur faire
aucune impression ; et par ce moyen, ils jouissent de Dieu
en éminent repos, ineffablement ravis en sa perpétuelle
contemplation, et en quelque façon bienheureux en cette
vie, vu l'ineffable amour et douceur qu'ils trouvent là-
dedans sans réflexion. Je dis sans réflexion, car ils suivent
toujours ce qui les ravit à soi, et demeurent toujours plus
purs, plus lumineux, plus forts, et surtout plus humbles
et plus parfaits en tout sens.

Le motif des vrais humbles n'est autre que l'amour

Le seul amour, soit actif, soit passif, est leur éternel
motif : qui change les vertus en lui-même, et qui les exerce
sans aucun égard à ce qu'elles sont en soi mais en lui-
même : en sorte qu'elles sont simples et uniques, en l'a-
mour déiforme, et leur très simple intention est changée
en continuelle attention. C'est en l'ardent et continuel
exercice de ce jeu amoureux et réciproque entre Dieu et

3

l'âme, que ceux desquels nous parlons ne sentent plus avoir d'appétit ni de sens pour les choses du dehors. Car l'âme, à force de vive et forte pénétration que son cher Époux fait de toutes ses puissances, se voit et se trouve très large, et très une, en la bienheureuse région de tous les esprits amoureux, passés, fondus, et perdus au même amour.

Entre la science et le goût de la Sapience
il y a beaucoup à dire.

Là, l'Esprit, ou pour mieux dire, tout l'homme rendu déiforme d'une ineffable manière, est si unique, et si simple en sa perfection, qu'il ignore toutes les formes, images, et figures scientifiques. Cela demeure au dehors quant à lui, quoique les hommes, qui ne vivent que selon la nature, en fassent tant de cas. Que si on ne les ignore pas, parce qu'on les a acquises autrefois, elles sont si éloignées de l'appétit (qui ne veut jamais savourer que l'éminente Sapience dont il est pénétré), que ce qui ne lui était auparavant que science lui est désormais un vrai goût de Sapience divine.

En effet, tandis que l'appétit se trouve encore en quelque vigueur pour savourer la science comme telle, cet appétit-là n'est pas plein de Sapience, ni par conséquent plein du Tout de Dieu, et est bien éloigné d'y être entièrement réduit et perdu ; et cela est ainsi, encore qu'un homme semblât tout enflammé et tout enivré du divin Amour par le flux igné de son cœur et de son esprit. Il est nécessaire que la Sapience surmonte parfaitement la science, et que l'appétit soit entièrement mort à celle-ci. Quand même la science est infuse, elle ne délecte pas l'appétit possédé de la Sagesse ; c'est alors une double Sapience, ou, si vous voulez, une docte Sapience : ce qui n'est pas

souvent donné aux hommes, si ce n'est pour gérer et traiter choses grandes et merveilleuses. L'une et l'autre furent
également données par le Saint-Esprit en son don septiforme aux Apôtres, afin de conquérir tout le monde à
Jésus-Christ. Voilà, quant à nous, où est la région de cette
vertu, là où la créature est parvenue à force d'aimer et de
mourir de la plus profonde humilité qui se puisse penser.

Moyens de parvenir à l'humilité

Quant aux imparfaits mourants, c'est à eux de s'examiner sur les effets de cette vertu ! S'ils sont fidèles à l'entière observation d'eux-mêmes, s'ils ont une force passive
et active, pour souffrir éternellement, sans s'émouvoir si
peu que ce soit dans l'opprobre et mépris éternel et dans
les éternelles moqueries, confusions, injures et calomnies.
Si quelqu'un à l'abord de ces choses se ressent si peu que
ce soit, il n'a pas cette habitude en souveraine perfection.
C'est ici que, pour l'épreuve de cette noble vertu, toutes les
vertus sont en exercice, chacune selon son rang : et les
personnes que nous supposons n'ont repos qu'en ceci
même, dans le continuel aspect de notre divin Sauveur.

Ceux qui ne sauraient vivre si parfaitement pourront
tendre à ceci le mieux qu'il leur sera possible : se renonçant et se résignant à être privés de ce qu'ils ne peuvent
avoir. Cette profonde vertu n'est pas donnée de Dieu à
tous, mais à qui il lui plaît. Celui-là est assez saint en
quelque façon qui tend à ceci de toutes ses forces, tant
d'esprit que de corps et qui vit au plus près de ceci qu'il
lui est possible, sans penser ni à saint ni à sainteté, quant
à soi. Et quoiqu'il ne pénètre pas si avant en cette région
si éloignée, qu'il fasse son mieux. Marchant toujours par
ce chemin, sans s'arrêter, il parviendra au lieu que Dieu
lui a déterminé de toute éternité, chérissant le plus et le

total en ceux qui sont vraiment saints et meilleurs à son respect.

Louanges de la Sapience divine

Pour mon regard, sans m'arrêter à la circonférence (à donner des règles, des limites) et aux particularités de ceci, mon but est de montrer l'excellente beauté de la divine Sapience en elle-même, laquelle désire faire infiniment plus qu'elle ne fait dans les hommes, à cause des empêchements et de leur résistance actuelle. Mais en tous ceux qui la révèrent comme il faut, elle est glorieuse : elle désire remplir de tous ses biens, de sa gloire, et de ses dons jusqu'à regorger, tous ses excellents élus, et les récompenser de sa pleine jouissance. Tant moins ils y réfléchissent, tant plus et tant mieux cela sera de sa part : car chacun d'eux, tels que nous les supposons, n'a aucun égard qu'à lui consacrer mille vies, en toute matière. Plusieurs d'entre eux sont même tous autres, et autrement véritables à leur amour et à ses pratiques, qu'ils ne pensent : car leur état et leurs opérations sont plutôt hors d'eux qu'en eux-mêmes : à raison de quoi ils vivent purement abstraits de tout le sensible, et deviennent, par succession de temps, purs esprits, auxquels leurs corps sont assujettis.

C'est là qu'est la Sapience, et ceci est sa gloire et son repos : ici se fait l'entière production de ses divines merveilles dont on ne sait que penser ni que dire, vu l'ineffable et le ravissant aspect de sa nue beauté, laquelle change et transforme les hommes en soi d'une manière ineffable. Car comme ils sont habitants de cette région divine qui n'est autre que la même Sapience, ils sont là perdus, et regorgeant de tous ses biens, de toute sa gloire, à la mesure de leur amour.

L'amour et l'humilité bâtissent la maison de la Sagesse

C'est ainsi que la Sapience édifie sa maison, et que la créature, faite hôtesse de cette divine Sagesse, la loge avec un mutuel et réciproque plaisir ; et c'est une merveille que l'hôte et la maison sont une seule et même chose. L'amour et la vertu bâtissent cette maison, ce vaisseau, cette capacité, ou pour mieux dire, ce temple, où la Sapience doit loger. Ce n'est pas le grand nombre d'œuvres qui compose cette divine fabrique ; c'est l'infini amour qui ne sait point la détendue de son objet en tout sens et manière possible ; et l'humilité l'accompagne en pareil degré d'éminence et de force, pour la production de toutes les vertus.

Tout ceci n'est autre chose que le même fond, totalement pénétré des innombrables effets que Dieu produit par ses avènements. Car je suppose qu'il y a toujours accompli son ouvrage, d'une merveilleuse façon, et de mieux en mieux : de sorte qu'enfin l'âme, dans le succès de ses pertes profondes en Dieu, s'est trouvée plus agie qu'agissante, et plus passive qu'active : quoiqu'il soit vrai que cette éminente perfection n'est pas l'œuvre d'un peu de temps.

Le plus haut point de l'humilité et de l'Amour

Il semble que je me sois fourvoyé de mon sujet de l'humilité, mais non : car l'humilité accompagne ici inséparablement l'amour, ils font tous deux ensemble l'excellence des serviteurs de Dieu. Or, comme il peut arriver qu'un homme soit devenu si parfaitement humble, qu'il ne sache plus ce que c'est qu'humilité ni autre vertu comme telle en sa pratique, de même on peut ignorer ce que c'est qu'amour, à force de l'avoir surpassé en Dieu d'une manière ineffable. De vrai, tout aussitôt qu'il n'y a plus rien de l'homme, il est dès lors le vif instrument de Dieu, pour faire, sans réflexion, incessamment et éternellement, sa très sainte volonté. Je rentre donc au rien tant des créatures que de moi-même, pour être passivement et éternellement agi de Dieu, sans amour, sans humilité, et sans autre vertu ; d'autant qu'amour et vertu sont hors de moi, ou pour mieux dire, ils ne sont point quant à moi : et là où je suis, et où je vis, il n'y a ni différence ni distinction.

Pour vous autres, il ne faut pas vous faire voir trop subtils, et trop perdus pour ceci ; attendu qu'il ne s'agit pas de la réduction des hommes jusqu'à ce point. Hélas ! à grande peine les hommes passent-ils la région sensible : d'où vient qu'ils sont incapables des notions perdues, qui ne conviennent qu'à la vie des purs esprits, et à la pure région qu'ils habitent. Ce qu'un chacun doit faire en son degré, c'est de se rendre irrépréhensiblement véritable.

Or comme il est vrai qu'ayant l'excellente habitude de la foi savoureuse, nous voyons tout très parfaitement au travers de son voile ; c'est là que nous vivons sans vivre, et agissons sans agir : et de ce que nous voyons, nous n'en exprimons rien, d'autant que nous sommes totalement perdus, recoulés, et réfus en Dieu, en son total, ineffable et inexprimable.

L'humilité, dans les hommes qui la chérissent, ne doit jamais manquer à son effet : mais elle est comme en son centre en notre seul Sauveur, encore qu'il lui plaît bien nous en faire part, et nous la communiquer amoureusement par infusion. Ne la croyons donc jamais ailleurs, et ne l'exerçons qu'en lui : et dans cette vue objective et très ravissante, l'Amour infini animera notre humilité, et ne fera des deux qu'une seule chose. Que si cela n'est pas si tôt acquis, quoiqu'on travaille beaucoup, et avec un désir infini de Dieu il faut avoir patience, qui est l'effet de la même humilité. Par ce moyen on sera toujours en exercice de cette vertu. Plus on l'exercera, plus aussi y trouvera-t-on de plaisir, et on se plaira à n'avoir point et n'être point ce qu'on désire.

Humilité raisonnable, ou fondée sur la Raison

Pour ceux qui sont peu avancés en l'amoureuse humilité, et qui s'y portent à force de raisonnement tiré des choses sensibles, afin de s'animer à s'approcher de Dieu : tandis que leur industrie est en vigueur, ils acquièrent peu à peu lumière et saveur d'esprit ; en sorte que ceux qui ont cette facilité actuelle, abondante et féconde, semblent souvent plutôt voler en Dieu, que courir vers Lui. Cela rend enfin leur état merveilleux, et on peut dire qu'il est autant passif qu'actif. Quand ils reçoivent un affront, ils l'acceptent de tout leur cœur, d'autant qu'ils ne réfléchissent pas sur eux par la moindre détendue de leur divin Objet. Je ne veux pas dire qu'on doive être insensible, cela ne se trouve que fort tard ; mais je dis qu'alors la force de l'appétit divin est si grande en l'âme, que les souffrances qui pourraient le violenter, l'abaisser, et lui faire quelque impression, demeurent au dehors, sans entrer de si loin que ce soit. Je ne doute pas que plusieurs soient fort éloignés de cet état ; mais n'importe, il suffit d'y tendre de toute son activité, et indéficiemment : et comme c'est l'œuvre de Dieu, il le fera puissamment en eux, pour les recevoir heureusement, et les couronner glorieusement.

Or, quiconque se sent arrêté en ce chemin, se doit animer à le poursuivre, par un raisonnement essentiel conforme à tout ceci. Celui qui ne peut pas se perdre, doit agir sensiblement, voire en faveur des sens ; pourvu que cela tende à Dieu, lequel est au-dessus de tous nos concepts.

De plus, il faut que la mortification de notre part soit en éternelle vigueur, et que nous donnions ordre que ce qui semble mort en nous ne revive point : telle est notre vie et notre exercice en ce monde. Ce sera toujours à refaire jusqu'à notre dissolution totale, ce qui fait voir la grande pauvreté et faiblesse de notre nature. Dieu le permet ainsi afin qu'elle ne s'enfle pas par présomption et complaisance ; chose si contraire au rien et à l'humilité, que cela la sappe jusqu'en la racine.

Celui qui au dedans de soi est bien muni contre le danger, a beaucoup de force ; car il a de bonnes armes défensives pour se garantir. Mais celui qui est errant et vagabond, ne sachant que faire et à quoi s'employer, est misérable : car il trouve toujours tant et tant d'ennemis domestiques, qu'il n'a pas seulement le cœur de les affronter, pour leur faire tête. Cela fait qu'enfin il est délaissé de Dieu comme vaincu, lâche et pusillanime ; qui ne sait pas faire état de la vraie vie, ni du vrai bonheur, qui n'est autre que Dieu en soi-même.

Nous montrons ici ce qui est souverainement parfait, sans néanmoins laisser de fournir les moyens d'y tendre et d'y parvenir. O Dieu ! les grandes suppositions que nous faisons ici ! Mais il ne faut pas que les grandes régions que nous vous faisons voir vous épouvantent, si vous ne les pouvez passer. Le peu, le beaucoup, le grand, et le tout sont présents à Dieu. Il a bien vu et su la mesure que vous en deviez avoir, pour sa gloire et pour votre mieux. L'usurpation que ses serviteurs font de ses dons lui déplaît tant, que c'est ce qui ferme les mains de sa libéralité ; et il ne se retient de les départir, qu'afin de nous rendre moins coupables devant lui. C'est pourquoi, faisant la clôture de ce chapitre, je vous avertis que, tandis qu'il y aura en vous la moindre réflexion de la part de l'homme sensuel, vous n'êtes pas parfaits.

De l'abnégation ou renonciation (1)

Ce que c'est que Renonciation.

Les Auteurs mystiques ont assez amplement écrit de cette matière, c'est pourquoi je ne prendrai pas leur route ni leur style ; j'en parlerai fort simplement et comme en passant, en théorie et en pratique, selon que l'Esprit de Dieu me fournira. L'amour renoncé, ou la renonciation ou abnégation évangélique, est un entier abandon de tout soi à Dieu en toutes choses, sans aucune exception ni d'œuvres ni de temps : en vertu duquel abandon la créature n'agit, ne patit, ne veut, n'ordonne, et n'accepte rien pour soi, ni pour son propre consentement ; mais pour le seul bon plaisir de Dieu infini. L'explication de toutes ces particularités serait ennuyeuse ; je me contenterai de dire quant à l'une de ces circonstances, qu'autant de fois qu'il se présente occasion de vraie perte et abandon de tout soi à Dieu, pour son infini amour, l'âme vraiment amoureuse le fait toujours sans exception.

Pourquoi peu se renoncent eux-mêmes.

En effet l'homme qui veut vivre à Dieu et l'aimer comme il faut, doit par nécessité mener une vie renoncée : et Dieu désire cela de nous tous, parce que cette sorte de vie est une disposition nécessaire à son amour, et qu'elle nous

(1) Ce chapitre est le xi* du « Vrai Esprit du Carmel », p. 6o à 65 des Œuvres complètes.

est plus conforme, quoique plus fâcheuse aux sens et à la nature. Or ce qui rend une telle vie si difficile à aborder, et même si inconnue, c'est que l'homme n'est quasi jamais que dans les sens : il ne se sert de sa raison que pour les choses sensibles, et ne sait ce que c'est que son esprit, son intelligence, et sa raison plus séparés. S'il monte plus haut que le sens, il ne veut concevoir les choses divines que par voie d'entendement, et croit que toute sa sainteté doit consister en la forte élévation et dans le lustre de son entendement illuminé de Dieu pour le connaître et le goûter. De là est qu'il ne veut point de cette vie renoncée, désirant toujours avoir la satisfaction de son appétit de propre excellence. Il ne veut point aller là où il ne sait pas (1), ni s'exposer à se perdre et s'abandonner à la conduite de Dieu ; ne la voyant que par une foi très éloignée, qui n'a pas force en lui pour un si haut effet.

L'homme ne se peut perdre aux opérations
de ses puissances,
s'il n'est tiré de Dieu.

A la vérité lorsqu'il agit par voie d'entendement, la volonté s'y joint, par une suite naturelle ; et parfois ces deux puissances sont tirées de Dieu. Mais supposé qu'il y ait en elles aucun attouchement, l'homme demeure gisant à terre, cherchant sa consolation dans les sens et dans les créatures, souvent même jusqu'au plaisir illicite ; faute de

---

(1) Rapprocher cette considération des maximes paradoxales si connues de saint Jean de la Croix à la fin de son fameux chapitre XIII du livre I qui traite de l'entrée dans la nuit des sens :

« Pour apprendre ce que vous ignorez, il faut passer par où vous ne savez rien...

« Pour arriver à ce que vous n'êtes pas, il faut passer par où vous n'êtes rien », etc.

vouloir mourir renoncé, pour l'amour et le bon plaisir de Dieu. Car il faut que pour connaître et aimer Dieu, nos puissances soient élevées par lui, selon l'ordre qu'il tient ordinairement pour cela dans les hommes spirituels ; et la seule foi selon le simple degré des hommes du commun, ne leur donnera jamais de force à suffire pour cela (1).

. . . . (2)

Peu d'imitateurs de Jésus-Christ.

A peine personne veut-il entreprendre cette vie renoncée : encore que chacun la voie très héroïquement pratiquée par notre divin Sauveur. Personne ne le veut imiter à ses propres dépens, si ce n'est en peu de chose, et non jamais au tout, et pour toujours ; et ce qui est plus à déplorer, les hommes sont dans cette lâcheté, même après qu'ils ont ressenti les très fortes attractions et opérations de Dieu. Pendant telles influences ils promettaient merveilles, mais sitôt qu'ils en sont destitués, plusieurs n'ont ni cœur ni courage pour suivre *Jésus-Christ*, chargés d'un petit bout de sa Croix ; et pour souffrir et mourir avec lui, dans les croix du corps et de l'esprit. Cela fait que très justement il se plaint des hommes, qui ne lui veulent être amis qu'à la table, le laissant à l'abandon et à la merci de ses cruels ennemis, pour souffrir et mourir par leurs uniques, cruels et mortels efforts (3).

Il ne laisse pas néanmoins de s'en trouver qui sont de

(1) Peut-on dire plus clairement que, sans grâces mystiques, l'âme ne peut aller bien loin au chemin de perfection ?

(2) Pour l'intégrité du texte, les coupures que la longueur nous a imposées sont marquées par une ligne de points.

(3) C'est dire pourquoi tant d'âmes ayant reçu les premières touches mystiques n'arrivent pas à la sainteté qu'on en espérait d'abord.

meilleure et plus forte trempe, et qui, par une vive imitation, le suivent jusqu'au sanglant sacrifice de leur propre
vie, laquelle ils lui donnent tant en gros qu'en détail. Aussi
prend-il en eux un singulier plaisir, les voyant s'étudier
à le suivre et lui ressembler par une vie totalement renoncée ; et à ne vouloir rien pour eux que tout mépris et toute
confusion, et à Dieu tout bien, honneur, et gloire, tant en
eux selon leur total, qu'en toutes les créatures.

Cette sorte de vie a été décrite et exprimée par les Mystiques, sous les termes de *Désapropriation*, de *Dépouillement*, de *Conformité*, et autres noms et actes semblables,
qui marquent certaines affections de la volonté désireuse
et enflammée de Dieu, et ravie par-dessus toute connaissance intellectuelle, en un ardent désir de son amour.
Celui qui profite en la voie d'amour pratique et pratiquera
toujours à peu près tous ces actes, selon les fréquentes
occasions que Dieu et les hommes lui en fourniront ; et
supposé qu'une âme y soit fidèle, les acceptant de bon
cœur, Dieu fera toujours que ces rencontres auront un bon
effet en elle. Si elle profite véritablement, elle saura par
une lumineuse discrétion, pourquoi cela doit être ainsi.

*La Renonciation n'est parfaite
que lorsque nous allons à sens contraire de nous-mêmes.*

Il faut encore savoir que les sujets de renonciation ne
sont que de peu de chose, tandis qu'on a inclination selon
Dieu de se porter ou non à quelque acte de mortification ;
quoique cela soit toujours de grand mérite, si on s'y porte
par le seul motif du pur amour. Mais la vraie vie renoncée
en totale conformité et uniformité est lorsque Dieu ou les
hommes, ou l'un et l'autre ensemble, exigent de nous que
nous allions et vivions à sens tout contraire de nous-mêmes,

ans considération de temps, de lieu, ni de personnes. Cela n'empêche pas que, lorsqu'il nous est loisible de vaquer avec pleine liberté à notre profit intérieur, il ne nous soit toujours permis, voire meilleur et très expédient de fuir les conversations humaines et d'élire l'entière retraite, tant de corps que d'esprit : la discrétion toujours sauve, afin d'éviter la singularité (1).

Il y a différence entre Mortification, Renonciation et Résignation.

Quant aux satisfactions momentanées que nous ôtons à nos sens, cela est mieux appelé mortification que renonciation, car la renonciation regarde les choses qui sont de durée, et dont il semble que nous ne pouvons nous délivrer : quoique nous soyons très libres à vouloir cela même en notre acte électif et passif, ou pour mieux dire en notre amoureux désir, et en notre amoureuse souffrance. Mais si les croix tant d'esprit que de corps nous sont si douloureuses, et ennuyeuses, que cela passe encore au delà de ce que je viens de dire, alors nous passons de l'état de *renonciation* à celui de *résignation* : si nous sommes toujours autant forts et généreux que je le suppose.

Par tout ceci on voit en quelque façon ce que c'est que *Mortification*, que *Renonciation* et que *Résignation*. Ces trois choses, dans leur perfection, sont douces et faciles, dures au commencement, et puis faciles au milieu, selon

(1) Admirez cette discrétion du sage directeur : La vertu a besoin de l'épreuve, de la lutte pour s'affermir. Il est facile d'être doux et patient quand personne ne nous contrarie. C'est aussi que la vie cénobitique du Carmel se mêle très heureusement à sa vie érémitique. Mais Jean de Saint-Samson est loin de pousser son disciple à chercher les occasions de lutte; il lui apprend au contraire à fuir les occasions.

l'exigence de l'amour perfectif. Tout ce que le vrai spirituel a à faire dans les occasions de grande mortification
et de renonciation, c'est d'agir en pleine conformité (s'il
n'est totalement suspendu en ses puissances) (1) sans
grands efforts du sens, et seulement du plus profond de
son cœur, et du plus intime de son esprit. S'il est tellement
suspendu et destitué en ses puissances qu'il ne puisse
agir, il faut qu'il endure ces langoureux efforts d'esprit,
en éternelle résignation, s'il est de besoin, avec joie et plaisir. En cela consiste la plus épurée et excellente sainteté
des âmes fortes et généreuses qui soutiennent ainsi Dieu
par dessus toute affluence de son concours et de ses lumières sensibles : et c'est au pur et essentiel amour que convient cette éternelle pratique.

L'homme sensuel et attaché aux goûts de Dieu,
ne sait ce que c'est que Renonciation.

Il n'est pas besoin de parler de ceci à l'homme qui n'a
que le seul esprit d'un bon naturel, et qui ne demeure et
n'agit que dans le sens. Car il ne saura jamais rien de
meilleur que les bonnes œuvres ; et ne se renoncera jamais
comme il faut, s'il se voit impuissant et sans moyen de
les faire. C'est pourquoi la vie active qui est plus dans le
sens que dans la raison, est grandement délicieuse à ces
personnes, et ils souffrent volontiers plusieurs peines, à
cause des grands mérites qu'ils en espèrent ; mais ils sont
en cela même tous pleins de leurs propres voies, appétits,
recherches et propriétés, totalement ignorants d'eux-
mêmes, et du vrai bien en lui-même. Ils ne se veulent

---

(1) Nous avons vu maintes fois le sens très spécial que le Vénérable
donne à cette expression. Cf. n. 1, p. 66 du ch. III.

jamais perdre de si loin que ce soit; et s'ils se perdent quelquefois, à force de persuasion, ce n'est qu'avec une extrême crainte de perdre leurs sentiments et leurs goûts de Dieu. Encore ne s'abandonnent-ils que peu à peu, et le moins qu'ils peuvent, ne pouvant croire que la vie renoncée, indifférente et résignée soit la vraie sainteté.

Erreur, ténèbres et misère, qui procèdent de ce que l'homme prend pour soi le don et le goût de Dieu, qui ne lui est donné sinon comme un moyen pour acquérir l'habitude de sainteté, laquelle habitude en est la fin, dont les vrais actes font la vraie vie renoncée : car à le bien prendre, qu'est-ce que telle vie, sinon les actes de toutes les saintes habitudes, pratiquées non tant en soi, que par dessus soi-même, étant perdu totalement en Dieu, à la Majesté duquel on désire toujours satisfaire, et nullement à soi.

Cette vérité perd tellement les vrais amis de Dieu à eux-mêmes, et les arrête si parfaitement en Dieu, pour vivre de lui et en lui tous renoncés par-dessus les plus douces influences de son amour sensible, que ce qu'ils craignent le plus, c'est, par manière de dire, de recevoir ces mêmes influences. Ils savent que ce n'est pas en cela que gît le bien solide; et qu'il consiste en la forte habitude, suivie incessamment de toutes sortes d'actes de vertu, qui font la vie de l'esprit complète en totale renonciation, et abstraction de tout ce qui n'est point de Dieu.

Cette science fortifie et anime toujours de plus en plus l'âme fidèle à se faire quitte des réflexions sur soi-même, et sur ses propres intérêts dans les dons de Dieu. Elle vit très indifférente à avoir ou non avoir, à vivre en paix ou en guerre, en recueillement ou en effusion, à perte ou à gain, en humilité ou en inclination de superbe, en action ou en contemplation, en ordre intérieur ou en désordre, et en tous semblables effets. Car elle croit toujours très

parfaitement qu'elle a reçu de Dieu trop plus qu'elle ne
mérite, vu la profondeur de ses misères ; donnant en tout
et partout incessamment la gloire à Dieu pour ce qu'Il est
en lui-même, et qu'il fait ou permet en elle de plus sinis-
tre, moleste, et fâcheux, tant par dedans que par dehors,
tant par les diables que par les hommes, voire par les
meilleurs et plus saints : qui même s'élèvent contr'elle,
comme si elle était la plus grande ennemie de Dieu, et de
tout le genre humain.

La vie renoncée est la vraie sainteté.

A mesure donc qu'une âme profite en ces pratiques, elle
se perd très utilement, en l'ordre, science et expérience de
cette sainteté très mystiqne ; en laquelle vie les hommes
ne connaissent du tout rien, quoique souvent assez saints,
selon le plus haut effet de la vie active. Au contraire, ils
blâment, et persécutent ces personnes comme oiseuses, et
ennemies de vraie sainteté. Cependant ceux qui s'exercent
seulement en la vie active, envisagent, et peut-être poursuivent avidement la sainteté s'ils sont bons (1). Mais leurs
contraires, qui mènent une vie totalement renoncée, ne
pensent non plus à la sainteté en eux et pour eux, qu'à ce
qui ne doit jamais être, d'autant que leur vie est cachée

(1) Phrase qui paraîtra peut-être obscure au lecteur peu familiarisé
avec le style du cher aveugle ; elle mérite pourtant d'être bien comprise : A mesure qu'une âme profite dans les pratiques dont il a été
question au paragraphe précédent, elle « se perd », au sens que le
Christ donne à ce mot dans l'Évangile ; c'est-à-dire elle se renonce et
ainsi s'avance « en l'ordre, science... etc. », c'est-à-dire qu'elle progresse dans les voies mystiques, dans la contemplation et la perfection
intérieure. Mais cette vie mystique, toute cachée en Dieu, n'est pas
appréciée par ceux qui mettent la perfection dans la seule pratique
de la vie active.

en Dieu avec *Jésus-Christ*, lequel quand il apparaîtra, alors ils apparaîtront à eux-mêmes avec lui en gloire. Ce sera quand l'hiver de cette vie sera entièrement passé, et que le printemps florissant en toutes sortes d'odorantes beautés sera venu ; lorsqu'on taillera les vignes, et quand en leur terre on entendra la voix de la tourterelle ; ensuite de quoi tous les effets nécessaires succèderont à l'infini comme tout d'un coup, pour combler d'infini bonheur, et d'une gloire infinie une telle vie et une telle mort, pour une autre sorte de vie dans l'éternité.

La vie renoncée surpasse les miracles.

Cette vie renoncée est si surnaturelle, qu'elle est par dessus tous les miracles que les saints ont opérés, et opèrent en Dieu ; aussi se trouve-t-il très peu d'hommes qui l'exercent fidèlement. Car il y a beaucoup à pâtir, voire ce semble parfois tout : ce qu'il ne faut pourtant pas croire, mais il semble que cela est ainsi à cause de la grande nudité, destitution et faiblesse dont on est aggravé, avec une totale ignorance de soi et de Dieu, et une entière effusion de ses puissances inférieures ; ce qui fait qu'on ne sait si on est mort ou vif, si on perd ou si on gagne, si on consent ou si on résiste.

C'est là que l'âme agonisante, rendant la vie à Dieu, meurt et expire plus de douleur et d'angoisse que d'amour, ce lui semble ; mais c'est une amoureuse douleur et angoisse qu'elle souffre entre ses bras divins, demeurant là pour jamais entièrement soumise, renoncée et résignée à tout ce qui est de son bon plaisir. Or cette perfection est totalement accomplie et consommée, quand on est devenu simple et fort en habitude passive, soit pour contempler Dieu éternellement, en très simple et très nue adhésion,

ou pour lui adhérer simplement et uniquement en moindre
état de constitution : ou bien pour être totalement perdu
et submergé en cette mer infiniment large, vaste et profonde, en laquelle on est totalement réfus, simple et éternel comme elle-même, par-dessus toute distinction et différence de vues et de notions des spectacles éternels. Mais
ce n'est pas tant de quoi il est question, et nous ne disons
ceci que comme en passant et faisant à notre propos (1).

Il faut avoir goûté Dieu pour se renoncer.

Reprenant donc notre fil dès son commencement, nous
disons qu'il n'y aura jamais de renonciation en l'Ame, qui
n'aura point été touchée de Dieu par amour sensible ; et si
outre cela elle n'aime davantage Dieu en lui-même, que ses
propres dons, et ses propres œuvres, elle n'arrivera jamais
à recevoir l'infusion des habitudes divines très fortes et très
excellentes, qui appartiennent à la vie vraiment renoncée.
La raison est que cette âme est encore en toute la vie de la
nature, quand même elle serait excellemment spiritualisée,
de laquelle elle ne veut jamais rien perdre : que si elle se
perd en un point, elle prétend pour cela un plus grand
mérite. Si bien qu'elle ne sait que le goût et la lumière, et
jamais elle ne saura rien de la vraie souffrance ; étant éloignée de vouloir pâtir, tout autant qu'elle est ignorante et
amoureuse d'elle-même (2).

(1) Il y reviendra longuement dans un autre traité : « Le cabinet
mystique », en traitant de l'union très sublime qu'il appelle « union
sans différence ».

(2) Ce paragraphe est encore un de ceux qu'il faut retenir : on
y voit, *d'abord*, la nécessité de la touche divine qui produit l'amour
sensible et fait entrer l'âme dans les voies de la perfection en l'arra-
chant aux biens terrestres ; puis nécessité pour elle de dépasser ces
joies célestes pour mériter de recevoir l'infusion des habitudes divines
plus excellentes dans la nudité et la mort à elle-même dans ce qu'elle
a de plus spirituel.

*La force de l'homme renoncé
gît dans ses puissances supérieures.*

Il faut bien noter ceci, que toute la force de Dieu en l'homme renoncé au temps de sa désolation, réside aux puissances supérieures, et qu'il n'y a en tout ce temps-là que la partie inférieure qui ressente et qui souffre les violents assauts et agitations des diables et de la nature ; car la partie supérieure demeure forte et vigoureuse pour adhérer à Dieu, et totalement exempte de semblables efforts. Cela fait que l'âme est très éloignée de pécher pour ce temps-là, vu l'effort de sa véhémente douleur : et encore qu'elle ne soit pas arrivée à un si haut degré de contemplation, ni à une si forte union et transformation en Dieu, n'importe, cela n'est pas moins ainsi ; à cause des amoureux efforts qu'elle a fait pendant le temps de sa paix, pour donner incessamment et d'un ardent amour, tout le sien à Dieu son unique Époux.

*Trop de réflexion sur ses œuvres est
marque de défaut de lumière.*

Or cependant que l'âme se trouve perplexe et en soin de chercher le plus ou le moins en ses œuvres, dès là elle n'a ni discrétion ni lumière, et ne sait en cette occasion en quoi consiste son vrai bien qui est de demeurer attentive à s'introduire uniquement en son Époux, s'il lui est possible. Que si elle ne le peut, son bien consiste à endurer fortement les pénibles efforts de sa soustraction, attendant patiemment son désiré retour : et jamais il ne faut chercher sa consolation au créé en quoi que ce soit. Que si on sort au dehors pour se divertir à quelque chose, il faut que ce soit par absolue nécessité.

Enfin il faut mourir en éternelle agonie (si Dieu l'ordonne ainsi) plutôt que de se rendre infidèle à sa Majesté divine, de si loin que ce soit. Cette perte véritable n'est dure qu'au commencement, c'est à savoir pour les jeunes apprentifs ; car elle est facile au milieu et très douce à la fin. Mais tout ceci suppose toujours que l'âme fidèle y emploie tout son pouvoir. Si elle fait ainsi se laissant conduire à Dieu, il la rendra comme un miroir très clair et très poli, qui représentera excellemment sa grandeur, son unité, sa fécondité, et toutes ses divines perfections : et elle jouira pleinement de lui. Rien ne peut arriver de nouveau, de fâcheux, ni d'étrange à telles âmes ; d'autant que Dieu duquel et auquel elles vivent, leur est toute plénitude de bien, de repos et de paix, par dessus tous les événements créés.

Rareté des âmes renoncées.

Tout ce que que j'ai dit fait assez voir combien ces hommes sont rares, peu connus, goûtés et suivis, même de ceux qui semblent grandement excellents et relevés en sainteté. Car la plupart de ceux-ci ne connaissent que leur corps et l'austérité ; et même les beaucoup meilleurs en esprit prennent l'apparent pour le vrai, et l'ombre pour la vérité. Les vrais amis de Dieu ne sont connus que de leurs semblables, et leur propre est d'être cachés tant qu'il leur est possible, selon l'exigence de la vraie vie renoncée.

État de l'âme renoncée.

Quant à ce que nous avons dit que l'âme renoncée fait en ses suspensions tous les actes de ses habitudes, cela est parfaitement vrai, en tout ce qu'il lui faut faire à l'extérieur, en quelque façon que ce soit, et dans toute la durée qui se puisse penser. Cependant elle demeure au-dedans de soi allègre, joyeuse et contente, très élevée en Dieu, excellemment revêtue de lui en tout son fond et en toutes ses puissances, et hautement réparée de longue main, en l'habitude de sa force passive. Par ce moyen, elle agit excellemment en tous événements, selon le très pur et essentiel amour; par lequel elle adhère très nuement, simplement, uniquement et paisiblement à son infini Objet, désirant être le Paradis de Dieu en sa vie et en sa mort toute renoncée; si tant est que sa Majesté le veuille ainsi. Car elle ne se plaît à rien tant qu'à délecter infiniment Dieu en son total, à ses éternels dépens. Elle donne aux amis de Dieu la très haute sainteté qui paraît en tous ses dons plus excellents, sans se soucier autrement de soi-même; croyant toujours qu'elle a trop plus qu'elle ne mérite, et aimant bien plus cette sorte de sainteté en tous les amis de Dieu qu'en elle, et pour elle-même. Ce qu'étant ainsi, il se fait qu'elle est comblée et illustrée de la sainteté de tous, en la vérité de son amour pur, essentiel, et même parfois sur-essentiel, non-réfléchi, et souvent incapable de l'être. Ainsi elle vit attachée à Dieu en sa totale perte et nudité, et elle est si vivante de lui, par-dessus toute science et discrétion; pleinement, et toujours également contente en tous événements.

La nature se recherche partout.

Il est bon de savoir que la nature, même dans les plus avancés, est tellement encline à se rechercher, que si on lui ôte une chose, elle a aussitôt recours à une autre pour s'y reposer et délecter. Si on lui ôte un objet sensible, elle a recours à un objet de l'esprit. Si on lui ôte ceux de l'esprit, elle cherchera sa propre satisfaction en Dieu même.

On doit prudemment et diligemment examiner ceci, pour
ne point laisser arrêter les personnes spirituelles à ces
propres recherches ; les unissant et attachant à Dieu au
temps de la privation et soustraction de ses dons et
influences sensibles ; afin de les épurer et perfectionner
totalement.

.   .   .   .

*Ceux qui ne s'exercent que selon la raison
ignorent la vie renoncée.*

On doit encore savoir que tous ceux qui ne s'exercent
que selon leur raisonnement et leur connaissance, sont en
eux-mêmes et en leur amour naturel, qui fait qu'ils ne
passent jamais, et ne sauraient passer au-delà d'eux-mêmes
pour suivre Dieu, endurant et mourant à leurs dépens, et
en amour nu. Il semble parfois qu'ils fassent choses grandes ; mais ils ne passent jamais au-delà de l'action douce
et agréable à la nature : et il ne leur est pas possible de
faire autrement, parce qu'ayant souvent converti l'Esprit
de Dieu en leurs propres goûts et délices, et réfléchissant
sur eux-mêmes et non en Dieu, ils se sont rendus sensuels
dans les sentiments et goûts de leur propre esprit naturel,
et bien souvent de l'esprit du diable qui s'y joint. Cela fait
qu'ils sont incapables pour jamais de la profonde, simple
et unique introversion de l'esprit, pour se laisser eux-
mêmes, à leur dépens, comme nous l'avons dit.

Mais ceux qui s'exercent non seulement selon la raison,
mais encore avec ferveur, réfléchissant sans cesse en Dieu,
et non sur eux-mêmes, sont seuls propres à suivre souverainement Dieu par les chemins déserts, arides et pierreux
des abandonnements du corps et de l'esprit, en toutes les
manières que l'on peut dire ; c'est à dire à leurs propres

coûts et dépens, voire même jusqu'à la consommation entière des moelles de leurs âmes et de leurs propres vies. A cet effet ils tendent incessamment en haut par le simple et nu amour, qui les brûle et les consomme, demeurant sans cesse suspendu par ce très simple exercice en la même éternité, où il est impossible de les atteindre. Et quand ces personnes-là tombent en quelque défaut, elles se relèvent incontinent se plongeant avec une nouvelle ferveur et activité d'esprit en Dieu.

Par cette distinction des uns et des autres, on pourra discerner parfaitement l'apparent d'avec le vrai. Car c'est en cela que se trouvent différents l'amour saint et l'amour propre ; ils se ressemblent comme deux cheveux de la tête, mais aussi ils diffèrent totalement en divers temps, et en divers effets.

.   .   .   .

Du fond de l'âme et de l'excellent état de ceux qui y sont parvenus (1).

C'est une chose étrange, que les hommes ignorent le point et les propres exercices de leur infini bonheur ; et qu'ils ne sachent aucunement ce que c'est que leur fond, et le culte amoureux d'icelui. Pour le leur enseigner comme il faut, au moins à ceux qui sont d'un bon et affectueux naturel, toute la mysticité tant théorique que pratique est couchée par écrit avec indicible sapience, selon l'ordre des divers esprits et des diverses voies (2). Mais de tous les livres mystiques, il y en a d'incomparablement meilleurs, et plus propres pour disposer l'âme solidement, et avec facilité, à la connaissance, à l'entrée, au progrès, et à la totale réduction de son propre fond : où étant parvenue à force de fluer activement en Dieu, et de soutenir l'effort de son absence sensible, elle est bienheureuse en la terre de son propre corps. La doctrine de ces mystiques manifeste largement tout ceci d'une manière très délicieuse à sentir et à pratiquer : et entre eux il y en a qui sont plus théoriques, et d'autres plus pratiques ; tous s'efforçant d'induire les hommes à devenir divins : surtout ceux qui doivent cela davantage à Dieu et

(1) Ce chapitre est le xiv du Traité, p. 72 à 75 des Œuvres complètes.

(2) Le mot est à relever, il y a diverses voies = diverses étapes, différentes modalités dans l'état mystique.

à eux-mêmes, comme sont les religieux. Or certains de
ceux-ci se sont exercés à cela si heureusement, qu'ils
jouissent à présent très abondamment, voire pleinement,
des fruits éternels de leur amoureux labeur, en la pleine
possession desquels on les pourrait dire bienheureux,
autant qu'on le peut être en cette vie. Certes, on ne peut
rien dire de cette excellente perception, non pas même
ceux qui jouissent de ce bien ; et quoique leurs écrits en
expriment choses grandes, cela néanmoins n'est rien au
respect de ce qui en est : le flux essentiel, simplement et
uniquement réduit au même fond est infiniment autre en
soi.

Là, il n'y a que silence et sérénité, en amour ineffable,
dont l'entrée est infiniment délicieuse à son sujet. Les
connaissances qu'ils reçoivent en leur fond vivement
pénétré des divines illustrations, et en leurs puissances
rendues simples et uniques, sont si merveilleuses, qu'ils
quittent très facilement et volontiers tout le créé, comme
le même rien, pour faire là éternellement leur habitation
et leur demeure. Mais parce qu'il leur reste encore beaucoup de chemin à faire pour arriver à la pleine jouissance
de ce fond ; ou que Dieu ne le doit pénétrer que peu à peu,
pour y réduire les puissances de l'âme (qui néanmoins
demeurent toujours puissantes pour leurs opérations), et
parce que souvent ils se voient tirés de là, et répandus
aux objets créés, ils s'affligent amoureusement ; et cela
leur fait bien voir qu'ils sont encore fort éloignés de leur
pleine félicité, je veux dire de la facile et libre habitation
de ce fond où les parfaits entrent quand ils veulent, s'y
enfoncent et s'y perdent tant qu'il leur plaît.

Néanmoins, comme les vicissitudes diverses des choses
humaines demandent qu'on sorte souvent à l'action,
l'homme qui se possède comme il faut en son fond est
aussi obligé de quitter souvent son repos et son ineffable

suavité. Mais ce n'est jamais en telle sorte qu'il la perde,
et que la liberté de cœur et d'esprit dont il jouit ne l'y
fasse fréquemment rentrer. Si bien, que telles personnes
n'agissent que du corps dans leurs occupations, sans en
rien tirer à elles, et ne se divertissent jamais, si ce n'était
pour très peu de temps, de leur paradis objectif. Aussi
parlons-nous ici des hommes plus parfaits qui se puissent
trouver en l'action d'amour contemplatif; si bien qu'il ne
les faut pas autrement tirer au dehors, que selon les règles
que nous avons données ailleurs.

C'est tout ignorer que d'ignorer ceci par défaut d'excellente sapience, dont le vif rayon pénètre entièrement les
puissances et le fond du fidèle amoureux de Dieu; mais
celui qui par fidélité à la grâce a pleinement découvert
cette inconnue région, pour y faire désormais sa demeure,
est si heureux sur tous les hommes qui vivent d'une vie
animale, qu'il y a autant de différence d'appétits, de sentiments, et d'affections entr'eux, comme il y en a entre les
brutes et les hommes moralement vertueux. Ce n'est pas
sans cause qu'on dit que ceux-ci sont esprit; car ils sont
tellement revêtus et remplis des qualités de l'Esprit, que
leurs puissances et leur fond ne sont qu'une seule chose (1),
ou rien n'entre du dehors pour les atteindre et leur donner
empêchement. On atteindrait, par manière de dire, aussitôt Dieu qu'eux, d'autant que leur âme est moins dans le
corps qu'elle anime, qu'en Dieu, c'est-à-dire par appétit;
non seulement en tant que Dieu est en leur fond, où ils se
sont pleinement transformés à vive force de plongement
amoureux en son infinie mer; mais encore au-delà de tout
cela, ils sont perdus là-dedans sans ressource, en l'es-

---

(1) N'oublions pas cependant qu'il vient de dire lui-même que
« les puissances de l'âme demeurent toujours puissances pour leurs
opérations ».

sence de Dieu, sans réflexion sur eux-mêmes, ni sur le créé.

C'est ce culte divin que les mystiques persuadent premièrement et si vivement aux hommes, comme le lien, le moyen, et le principe du vrai bonheur de la créature humaine, gisante en un corps mortel ; mais pleinement assujetti à son esprit, sans résistance ni contradiction de sa part. Ils font cette représentation très vivement et savoureusement, en faveur de ces excellents hommes que le monde ne connaît point, quoiqu'ils connaissent très bien le monde et l'aient en horreur.

Les hommes, même vertueux,
persécutent les saints inconnus ; et pourquoi?

Non seulement les mondains, mais encore les saints et vertueux, fort souvent leur font souffrir des persécutions vives et fréquentes ; d'autant que leur voie est inconnue, comme infiniment différente et éloignée de la leur. La raison est que ces personnes vertueuses sont pleines de leurs voies, ne pouvant penser ni croire qu'il y puisse avoir de meilleures, ni de plus excellentes entre les hommes. Ils ne savent que les exercices propres, choisis, et curieux ; et, selon ceci, ils se remplissent toujours de plus en plus de leurs propres inventions, attirant à soi les dons et sentiments de Dieu, pour y prendre leur propre repos. Ils sont entr'eux de fort différentes voies, et chacun s'estime toujours tacitement meilleur que les autres. Ils croient être aussi saints que les exercices qu'ils mènent le sont en eux-mêmes, soit en la vie active, soit en la vie contemplative. Mais tant s'en faut qu'ils remplissent le monde de bonne odeur et de bon exemple, qu'au contraire ils donnent sujet aux saints de manifester leur folie, vanité,

erreur et mensonge. Ceci soit dit afin de faire voir à chacun qu'on ne se doit pas tromper pour avoir des excellents
exercices ; car tels qu'ils soient, ils ne sont et ne valent
que ce qu'on les fait être et valoir.

Recherches de ceux qui hors de ce fond
ne s'exercent qu'à la vertu.

Ceux qui n'ont que la vertu pour principe, sujet, et
matière d'exercice, à peine tout ce qui s'en peut écrire
leur suffira-t-il ; et ils ne passeront jamais au delà, parce
qu'ils trouvent cela beau, excellent, et meilleur que toute
autre chose. C'est pourquoi ils ne sauront jamais les vrais
exercices par la pratique desquels on devient esprit, en
se perdant toujours de plus en plus à soi-même, abhorrant
son propre repos sensible que les communs spirituels
prennent en toutes choses, et dont ils ne veulent pas se
priver pour un seul moment. De vrai, il leur faut toujours
sur quoi s'appuyer, et c'est un effet de la corruption d'esprit en eux, annulant en cela même Dieu, son ordre, et
ses dons autant qu'ils peuvent.

Mais les fidèles amoureux qui savent l'amour, plus pour
l'avoir exercé et pratiqué par éternelle mort, que pour l'a-
voir connu, senti et appris, sont bien loin d'agir ainsi. Leur
vie toute perdue quant à eux-mêmes, est si parfaitement
et si entièrement à Dieu en tous événements de mort, tant
grands que petits, qu'ils ne savent s'ils vivent à eux ou à
Dieu, qui est une vérité d'infinie enceinte. La raison est
que l'amour et l'humilité leur ôtent toute réflexion, les
occupant et les perdant toujours de plus en plus en Dieu,
où ils sont et vivent sans distinction ni discernement de
ce qu'ils font ou ne font pas, de ce qu'ils sont ou ne sont
pas. Ainsi ils vaquent incessamment au devoir de l'amour

réciproque, sans croire ni penser qu'ils y satisfassent, sinon de fort loin et chétivement.

En quoi consiste le vrai amour

Or l'amour ne consiste pas, comme je ne le puis assez dire, ni au sentiment, ni en la parole, ni en la conception de ce qui se peut écrire, ni au flux de ses sentiments. Il consiste dans la pratique des plus vifs et plus essentiels exercices que Dieu requiert, pour être satisfait par un amour réciproque : et c'est une tromperie étrange, une folie manifeste, et même une grande malice de se feindre un amour chimérique qui ne tire point sa vie de Dieu. Quant au discernement, nous avons dit que le faux et le vrai or ne se peuvent connaître par la couleur, c'est la vive touche qui les discerne l'un de l'autre. De même l'amour ne peut être vrai, s'il est défectueux d'un seul petit point de pratique; et chacun a autant et non plus de vérité qu'il tend à la vraie perfection, en vérité d'exercice, tant selon la vertu que selon l'amour. Selon ce fond de vérités, il n'y a guère de parfaits amoureux de Dieu sur la terre, et si cela est vrai des plus parfaits, que diront ceux qui n'ont rien du tout de ceci? qui n'ont l'amour qu'en la superficie, et au fond tout leur intérêt y réside pleinement comme dans son propre fort dont il est tellement maître qu'il ne permet pas qu'on se fasse la moindre violence pour Dieu. Que si on le fait, ce ne sera pas pour beaucoup de temps, et si on est pressé, les passions s'élèveront, et on jettera son venin. Que diront sur ceci les insensés qui veulent être estimés comme des déités sur la terre, et qui n'ont qu'eux-mêmes et leurs propres idoles pour fin? Hélas! s'ils n'étaient point idolâtrés des excellents dons de Dieu, pour décevoir le monde et eux-mêmes, encore aurait-on patience; et le mal serait beaucoup moindre. Mais laissons ce limon à ceux qui y sont gisants, et revolons au lieu d'où nous sommes sortis à dessein.

Le fond donc de notre âme est le lieu de notre ineffable félicité, voire, par manière de dire, dès son entrée. Là, ce que Dieu nous manifeste de lui-même est si merveilleux, que rien n'en tombe sous le sens pour être exprimé ; de sorte que les mystiques n'en ont rien dit au respect de ce qui en est. C'est là que nous sommes passés et perdus en Dieu, où nous demeurons stables et immobiles en la même plénitude des saints. C'est là que nos racines sont profondes à l'infini, dont les productions sont une abondance toute visible d'excellents fruits, pour le plaisir et la délectation de Dieu, des anges et des hommes. Là, notre jouissance est ineffablement savoureuse par-dessus le goût éternel d'amour en soi-même, en éminence de très simple repos. C'est de quoi on ne sait que dire, attendu que c'est dedans ce fond, que nous sommes réfus, transfus, et perdus comme ce qui n'est point sorti, sans néanmoins désister d'opérer en notre être, selon l'ordre et la raison de notre nécessaire bien-être.

Quant à ceux qui n'ont point cette expérience, ce langage leur est inconnu et étranger. Je parle à ceux qui, par expérience, savent ce que je dis, et ne leur peux assez vivement inculquer la nécessité de cette plus grande et meilleure introduction en cette suprême région. Je leur fais entendre la nécessité qu'ils ont de suivre là *nuement* leur divin Objet, voire par-dessus toute action, jusqu'à ce que la nature les renverse de là en eux-mêmes. Car alors ils y doivent revoler derechef, pour se perdre avec plus d'activité et si parfaitement en Dieu, qu'ils ne sachent plus ni esprit ni fond, en l'ordre de simple cogitation, qui se rend et se fait même chose avec le fond, où tout est simple, unique, et perdu sans ressource. Mais dans cette chute, la forte habitude de l'esprit au même esprit n'est pas empêchée, ni souillée de l'effet du sens. Si bien que c'est là que la créature possède pleinement son bonheur, au plein bonheur de Dieu ; *non par compréhension, mais par défaillance à sa compréhension* : et en cela même consiste éternellement le plein bonheur de la créature.

Enfin l'âme épouse de Dieu, étant arrivée à cette divine unité de son fond, est dorénavant toute *transformée* en Dieu ; *non par nature, car cela ne se peut, mais par grâce*, et par effet d'abondance d'un amour vigoureux, lequel est *généreusement actif en un temps*, et *nuement et simplement passif en un autre*. Là, elle meurt et expire en la force de son simple désir ; et quoiqu'elle soit en la destitution et vacuité sensible de son Époux, elle vit en la plénitude de ses délices, qui la ravissent et la dilatent en la fécondité dont elle est mue et ravie en lui, pour y être à jamais totalement plongée et submergée (1).

Cette possession et jouissance s'expérimentent en la douce et délicieuse manifestation que Dieu fait de soi-même à l'âme son Épouse, se montrant totalement à elle ; et alors, comme elle le possède à pur et à plein, toute fondue et liquéfiée d'aise en l'aspect de sa très ravissante beauté, elle lui dit en la fruition de son paradis objectif : O mon cher Époux, qu'il fait bon vous adhérer par un nu et simple amour ! Mes souffrances sont assez amplement récompensées par la jouissance totale que j'ai de vous et de votre très ravissante beauté. Elle délecte et assouvit tellement mon âme, que je n'ai ni similitudes, ni paroles qui

---

(1) Nous sommes arrivés à l'union transformante — nul doute, puisque l'auteur emploie même le mot ici, — et il parle encore « d'amour actif en un temps » et « d'amour nuement et simplement passif en un autre ». Donc, concluons — car c'est chose incontestablement établie par le saint aveugle — qu'il y a dans l'état mystique place pour le « passif » et pour l' « actif ».

le puissent exprimer, parce que ma jouissance et ma vue sont ineffablement ineffables.

Or, comme l'âme est toujours de plus en plus désireuse de posséder Dieu nuement, passivement, tranquillement et du tout hors d'elle-même dedans son simple fond, où autre que Dieu ne peut habiter, pour se produire (s'il faut ainsi parler) lui-même en lui-même pour ses épouses plus intimes : de là aussi il se plaît de sortir assez souvent avec l'exubérance de ses dons, pour la souveraine délectation et le suprême ornement de ses mêmes épouses. Ce qui s'accomplit par l'écoulement qu'il fait de soi-même en leurs puissances, rendues uniques, et toutes tirées en sa suprême unité par ses divins attouchements. A cela succède une joie admirable, une paix inconcevable, et des délices toutes divines, desquelles il faudra parler en un autre lieu.

De l'amour unitif et de l'oraison
par voie mystique
et comme cette voie est opposée à la scolastique

Nous avons pensé que nous ne saurions mieux compléter l'enseignement du Vénérable Jean de Saint-Samson sur l'oraison et la contemplation qu'en donnant ici le chapitre XXII « du Vrai Esprit du Carmel ». En tout cas, ces pages montreront l'excellence de cette manière d'oraison dite « aspiration », et à quels sommets elle conduit. Toutefois il nous a paru nécessaire de préciser le sens du titre de ce chapitre susceptible d'une équivoque qui serait bien erronée.

Mystique opposée à scolastique ? Comment cela ?

Non pas certes si on entend scolastique comme étude de la théologie. Loin d'être opposées l'une à l'autre, la doctrine théologique et la mystique s'appellent. Dieu nous garde de les séparer, car ce serait priver l'une de son couronnement et l'autre de sa sauvegarde.

Bien sûr, l'expérience mystique dépasse la science théologique comme le terme dépasse le point de départ ; mais celle-ci conserve droit de contrôle sur les ascensions de celle-là. Et certes, ce n'est pas notre humble aveugle qui le contesta jamais. Il a écrit quelque part : « Je laisse le tout au jugement de bons et pieux théologiens, tant en ceci que dans le reste de mes écrits. Ils verront assez mon sens et mon intelligence et je ne désire nullement excéder leurs jugements ni leurs fondements » (XXX⁰ Contemp.).

Qu'on se garde donc bien de voir dans ce titre le propos inconsidéré d'un pauvre Frère convers, imbu de sa haute contemplation, faisant fi d'une science qu'il ignore. Non, non. Jean de Saint-Samson — ses histoires l'attestent — aimait la science en elle-même. « Il préférait, dit le P. Joseph, un religieux simple, doux et craignant Dieu, à un docte s'il était moins parfait ; mais il professait la plus vive estime pour un docte qui savait marier la mystique à la scolastique. C'est pourquoi, quand ses enfants spirituels allaient étudier, il les excitait vivement à bien étudier et à y employer tout le temps que l'obéissance leur donnait, afin de devenir bien doctes ; mais toutefois à la charge qu'ils ne perdissent rien du leur, et que l'étude ne leur empêchât nullement leurs exercices spirituels et introversion et ne leur amortît ou amoindrît le moins du monde leur dévotion et ferveur » (ms., p. 41).

Bien qu'aveugle dès l'âge de trois ans, il ne fut pas privé d'une instruction solide : « il aimait à se faire lire des livres et employait son argent pour en acheter », nous dit le même biographe ; d'ailleurs, maints passages de ses écrits témoignent assez d'une certaine connaissance philosophique et théologique. Jean de Saint-Samson n'était pas un ignorant. Il est possible toutefois que, plus frappé de l'abus que de superbes théologiens de son temps faisaient de la doctrine pour mépriser la mystique, que du secours que la théologie apporte à la formation mystique, il n'ait pas réalisé la compénétration qui existe au Carmel entre la science et la contemplation. Il aurait pu souligner davantage cette superbe harmonie qui est la note caractéristique de cet Ordre et le situe dans la hiérarchie monacale entre la Chartreuse et l'Ordre de Saint-Dominique : la contemplation, essence de la vie du Carme, et la science théologique : condition *sine qua non* de la contemplation. Je me plais à le répéter en toutes occasions : c'est dans notre haute mystique qu'il faut chercher la raison providentielle de notre vocation au thomisme ; l'une réclame l'autre ; et nulle part ailleurs que sur la sainte montagne, l'enseignement du Vicaire de Jésus-Christ ne doit être mieux observé : « Cette connaissance des choses saintes, il est nécessaire que les ministres de l'Église l'estiment à un très haut prix et la possèdent à fond... Nous voulons que ce point retienne toute l'attention de ceux qui mènent la vie cachée dans la contemplation des choses célestes ; ils se trompent s'ils pensent qu'ayant négligé d'abord et délaissé ensuite les études théologiques et étant dépourvus de cette riche connaissance de Dieu et des mystères de la foi qui se puise dans les sciences sacrées, ils pourront facilement atteindre les hauteurs, être portés et soulevés jusqu'à l'union intime avec Dieu (1). »

Ce n'est donc pas en tant que science sacrée que le Vénérable oppose la scolastique à la mystique, mais en tant qu'elle peut être intellectualisme. Quand il dit : « Je tiens très expressément qu'aucun docte ne saurait arriver à cette suprême voie (de l'esprit) si ce n'est par un miracle de la grâce ; et moins encore ceux des doctes qui y aspirent ou qui semblent y être, peuvent-ils jamais arriver à ce dernier degré », il s'adresse évidemment à ces doctes superbes, infatués de leur science, qui, au lieu de se servir d'elle comme d'un roc

----

(1) Lettre de Pie XI, « Unigenitus Dei Filius », adressée aux Supérieurs d'Ordres religieux, le 19 mars 1924.

solide pour s'élancer vers leur « Objet », s'en font un piédestal pour leur « moi ». Comment jamais ces doctes arriveraient-ils à « fluer » vers leur Principe ? leur science les arrête à eux. Aussi le fervent apôtre de l'esprit les flagelle-t-il vigoureusement, comme l'avait fait l'auteur de l'*Imitation*, et comme le fera bientôt le grand Évêque de Meaux.

Et nous touchons ici à l'opposition réelle qui existe à un certain point de vue entre scolastique et mystique. Si leur Objet est le même : la Vérité, la manière dont elles s'efforcent de l'atteindre est toute différente — et c'est certainement cela qu'a voulu dire le saint aveugle. La scolastique procède par mode de raisonnement — c'est un mode humain —, et la mystique par intuition, par expérience — c'est un mode surhumain, le mode surhumain des dons du Saint-Esprit. Et c'est par là que la mystique laisse bien loin derrière elle la scolastique. Le Vénérable excelle à nous le montrer :

Davantage il est tout manifeste que la connaissance de toutes choses, et de toutes les sciences prises en elles-mêmes, ne peut bienheurer son sujet; d'autant que l'appétit créé étant d'une capacité comme infinie pour appéter ce qui concerne sa suprême félicité, et son souverain Bien en lui-même; il ne peut être rempli totalement qu'en la jouissance de son suprême et simple Objet béatifique : moyennant son amour languide, défaillant et totalement surpassé.

Au contraire, plus la connaissance et science des hommes est grande, moins semblent-ils capables d'aimer totalement et éperduement leur suprême et dernière fin. La raison de cela est que, par la science naturelle, ils tirent Dieu à eux, l'accommodent et le conforment à leur sens, et le proportionnent à leur intelligence, ce qui fait qu'ils sont toujours sensibles et vagabonds parmi toutes sortes d'objets créés. La Sapience au contraire tire et ravit ses sujets par différents moyens, et puis par dessus le moyen, et enfin par dessus l'amour même; les établissant ainsi en bon ordre, par succession de degrés acquis au dessus de tout moyen : ce qu'elle fait imperceptiblement en son sujet, dans sa jouissance et fruition, et dans son repos jouissant, totalement consommé, autant qu'il le peut être, en son final et béatifique Objet. (Ch. ix du « Cabinet mystique »)

Il nous raconte même une petite anecdocte toute personnelle qui ne manque pas de piquant. Qu'on n'accuse pas le bon Frère lai de suffisance. Ce serait bien mal interpréter sa charmante ingénuité.

Un docte théologien parlant un jour à un certain des effets de la gloire des Bienheureux, lui dit que là les doctes apprendraient les sujets de la foi beaucoup plus parfaitement qu'on ne le pourrait faire ici. Sur quoi, l'autre demeura grandement étonné, et sans lui répliquer en son admiration, conclut en lui-même que cela était vrai pour telles gens, et non pour lui : attendu que son Simple Objet et la jouissance d'icelui lui sont un, par dessus la foi, et par dessus toute science. La raison de cela se prend de l'amour par dessus l'amour, en amour totalement possédé, ou pour mieux dire totalement possédant, en surpassion et imperception perçue, et en perception imperceptible.

D'où il est facile de voir, que cette jouissance est toute science, et toutes délices : en ce qu'elle est tout amour par-dessus amour, en l'amour même, d'où flue tout amour, hors de l'amour : et que les délices effectives de cette jouissance suffisent à leur sujet par dessus amour en l'amour même. Les sciences donc sorties et acquises, sont vues par le suprême contemplatif très inférieures, et du tout éloignées de sa simple et suréminente jouissance objective, où tout ce qui peut être acquis, est suréminemment contenu et possédé. De sorte que telles personnes voient manifestement les fonds découverts par la vive, sensible, et intellectuelle spéculation des doctes, après quoi toutefois ils ne désirent pas sortir, de peur de se diviser et multiplier, s'ils ne le font d'office.

La cause de tout cela est leur simple jouissance objective, dont le repos actif en action surpassive, consommant son sujet, fait qu'il demeure totalement perdu à lui-même, et attentif à ce qu'il contemple nuement et fixement en sa fruition pleine et entière, laquelle le consomme de plus en plus en la simple unité de son simple et unique Objet. Cela fait, dis-je, que ces personnes ici voient, connaissent et entendent clairement tout ce qui sort des doctes, sans admiration ; d'autant qu'ils sont supérieurs en éminence de toute science, intelligence, et connaissance spéculée. Non que je veuille dire que ces personnes ici puissent résoudre les difficultés qui naissent là-dessus ; mais ce leur est assez de voir et de posséder toutes ces lumières, en la pleine et entière possession de leur simple et unique Objet. (Cabinet mystique, IX)

Qu'on ne s'étonne pas des prétentions du cher aveugle. N'ai-je pas entendu un de ces simples, habitués de la nue et obscure contemplation, me dire le plus naïvement du monde : « Il me semble qu'en arrivant au ciel, je n'aurai pas de surprise. Je ne vois *rien* ici-bas, c'est vrai ; mais j'attends *tout* »... La foi nue sous la lumière infuse de la Sagesse a l'amplitude de la Vision.

Premiers moyens de l'amour unitif qui sont d'Aspiration.

Ceux qui ont la connaissance de Dieu à suffire (1), et qui sont simples en leur exercice, autant qu'ils peuvent, devant sa Majesté, se doivent médiocrement forcer à former des aspirations essentielles, tantôt sur ses bienfaits universellement, tantôt sur quelqu'un d'iceux, tantôt sur l'amour et sur ses effets. Faute de cela on demeure oiseux, ne sachant à quoi s'attacher, à cause de sa nudité et impuissance d'agir : mais ce n'est pas tant impuissance, que manque à la volonté de se bien appliquer aux sujets, et aux matières propres à l'enflammer. Car elle ne doit pas demeurer sans attache à quelque moyen, faute d'action convenable, pour se bien occuper de Dieu au dedans de soi (2).

L'exercice d'Aspiration n'est pénible qu'au commencement, et à mesure qu'on en acquiert l'habitude, on la trouve facile et sans peine. Mais ce qui ne coûte rien est peu estimé : c'est être amplement récompensé de sa peine, que d'avoir la noble habitude d'amour en lui-même, et une très grande facilité d'aimer.

La matière de l'Aspiration.

Au commencement on prend sujet de toutes les choses visibles d'aspirer à Dieu : et puis après, l'aspiration se va étrécissant peu à peu (3), et contenant les vérités réduites d'une

(1) Dès le premier mot du chapitre, nous trouvons la confirmation de ce que nous avancions tout à l'heure : A la base de l'oraison mystique, il faut mettre l'étude du dogme.

(2) Cet alinéa résume parfaitement la méthode d'oraison du Vénérable. Elle s'écarte diamétralement de celle préconisée par les quiétistes.

(3) C'est-à-dire que Dieu, dans sa déité, devient de plus en plus l'objet principal de la contemplation.

manière plus essentielle, conformément à l'appétit de la volonté (1). Si bien qu'à mesure qu'on reçoit les splendeurs et les profonds attouchements de Dieu, qui font et contiennent diverses manifestations de sa grandeur et beauté, et de sa longueur et profondeur, avec la science et connaissance expérimentale du rien de la créature; l'Ame se trouve plus que jamais désireuse, intérieure, et *active, mais sans labeur* (2); se sentant et se voyant perdue, fondue, et réduite dans l'immensité de ce feu tout dévorant, et là surpassée et perdue d'elle-même en son éminente élévation et constitution, elle ne vit plus d'autre vie, que de la vie de Dieu, qui l'anime et l'agite de son Esprit.

Ceux donc qui ont disposition pour cet exercice d'aspiration, se doivent forcer médiocrement, jusqu'à ce que leur aspiration plus étroite que large, leur soit douce, sensible et savoureuse; et s'accoutumant ainsi à ce laborieux exercice, ils pourront prendre le large de toutes matières propres à enflammer la volonté : et particulièrement celles des bénéfices divins, afin de se rendre plus féconds à aspirer par colloques enflammés.

La manière de l'Aspiration.

La manière de produire ces aspirations, consiste en certaines exclamations, interrogations, et demandes de l'amour, de l'union, de la perfection, et de choses semblables. Ce que l'on continuera de faire en l'ardeur de son appétit enflammé, selon l'exigence des sujets sur lesquels on s'exerce. Les livres mystiques sont pleins de ces dards amoureux, et il n'est pas besoin d'en former ici; c'est assez que vous sachiez que la *bonne aspiration ne compâtit point avec l'imperfection volontaire.* Ces dards vivement enflammés pénètrent le cœur amoureux de Dieu, et

(1) La volonté a besoin de plus en plus de quitter le monde sensible pour atteindre Dieu immédiatement, cela ne peut être que le résultat d'une intervention divine que l'auteur esquisse d'ailleurs à grands traits dans la phrase qui suit.

(2) C'est bien ce que nous avons établi précédemment : l'âme aimant de plus en plus *purement* devient de plus en plus *désireuse*; et plus elle devient passive, plus elle est mue par l'Esprit divin, plus elle est en réalité active, mais d'une activité sans labeur; mais avant d'arriver là, elle doit peiner, s'exercer.

l'obligent à s'écouler en nous. Ils nous ravissent de lui en lui, d'une ardeur et impétuosité indiciblement douce et savoureuse ; et, par cette *expérience,* on apprend comme quoi l'amour suffit à soi-même, et qu'*étant une fois acquis,* il n'a plus besoin d'art ni de préceptes. Car étant vif et lumineux, il est aussi très fécond, et très instruit *par l'onction vivifique du Saint-Esprit* qui le verse abondamment avec soi-même (1).

L'aspiration doit être persévérante.

Encore qu'au commencement de cet exercice, on ne sente pas son cœur excité (2), ni enflammé des dards qu'on élance vers Dieu ; l'occupation n'en est pas moins bonne et sainte ; et si on s'y applique vivement, on se sentira enfin tiré au dedans (3), et ému de l'amour divin. Cette occupation ne bande point la tête, elle affecte le cœur selon l'état de celui qui s'exerce. *Mais il faut en ceci, surtout au commencement, manger son pain à la sueur de son visage,* se souvenant que l'amour n'a ni paix ni repos, s'il ne voit son Objet, s'il ne lui parle, et s'il ne se sent parfaitement uni à lui. Il abhorre le dehors, et la dissemblance d'avec lui, comme la mort. Bref, tout son plaisir et toute sa vie sont en lui seul, et il lui dit souvent : *Mon cœur et ma chair se sont réjouis au Dieu vivant* (Psalm. 83), ils s'y réjouissent, et s'y réjouiront à jamais.

Il est donc très à propos que l'on épanche son cœur, plutôt en l'effet d'un véritable et fidèle amour, que par aspirations recherchées et apprises dans les livres. C'est le moyen d'acquérir plus facilement l'amour en lui-même. Néanmoins, plutôt que de demeurer oiseux et stérile, on pourra recourir à celles qui sont couchées dans les livres mystiques, les digérant comme si on les avait formées pour soi-même (4).

---

(1) Se peut-il dire plus clairement que la pureté de vie et l'exercice d'amour ont pour aboutissement normal les effusions du divin Esprit dans la vie *mystique*? Il nous fait entendre aussi comment, d'une certaine manière, cette contemplation *mystique* peut être appelée *acquise.*

(2) C'est la nuit du sens.

(3) C'est le recueillement passif dont parle sainte Thérèse au *Château,* 4ᵉ Dem., ch. vi.

(4) Toujours cette crainte de l'oisiveté tandis que l'on ne possède pas encore cette connaissance obscure générale, cet amour infus du recueillement surnaturel.

Or, c'est par *l'amour en lui-même* (cet amour pur dont il a traité précédemment), que l'âme vivement touchée désire se joindre étroitement à Dieu ; et c'est ce que nous entendons par la concision et réduction de l'aspiration enflammée sous peu de paroles et de formes, qui n'est quasi que le mot *d'Amour*. Cet amour pousse ses ardentes et vives flammes de tout soi : et par ce moyen s'allume vivement en l'âme un feu divin, en suite du flux amoureux, enflammé, et embrasé dont Dieu l'anime et la tire vivement au dedans.

Le dessein de Dieu en cela est de la perdre, la fondre, liquéfier, et résoudre en toute cette immense fournaise d'amour, afin qu'elle y vive désormais de sa douce et très délicieuse vie. Aussi n'a-t-elle point de repos qu'elle n'ait *acquis* ce noble et divin Amour, et *reçu* la grâce qui le produit efficacement : et Dieu le lui verse, pour ainsi dire, à gros bouillons, pour entièrement dévorer et consommer son intime amante : laquelle répond de toute son action et de tout son effort, à l'amour qui la tire et la ravit en lui, pour l'unir et la transformer pleinement et parfaitement en Lui-même (1).

C'est là que l'âme jouit des ineffables embrassements, de la grandeur, de la bonté, et des secrets ineffables de ce Dieu d'amour, qui l'entraîne en son abîme, ensuite de sa fidèle activité à lui répondre selon son total. En ce degré d'illumination et de jouissance, *l'âme est vraiment plongée et baptisée au fleuve du feu très délicieux du Saint-Esprit*, où elle est remplie de *secrètes et délicieuses notions* de tout ce qui touche et appartient à son suprême lustre, et à la beauté, splendeur, et immensité de Dieu. Ainsi cet exercice d'aspiration devient par succession de temps très puissant, très fort, très noble, et très subtil (très dégagé des images, des impressions) en son opération ; et la créature s'en sert convenablement, pour s'élever et se fondre au Dieu d'amour.

(1) Il n'y a pas de doute ; dans la première et la deuxième partie de la phrase, l'auteur parle d'un état mystique, même de son terme : la transformation ; et cependant, il emploie le mot acquis. Cela corrobore bien ce que nous avons avancé précédemment : acquis, synonyme de reçu, moyennant préparation et correspondance.

Opposition entre la voie mystique
et la scolastique (1).

Cette voie est bien appelée voie mystique, parce qu'elle est inconnue et cachée à ceux qui gisent un long temps dedans le sens, et s'élèvent à Dieu comme ils peuvent, par la connaissance des choses sensibles, moyennant l'opération active de leur entendement. Encore serait-ce beaucoup si, sans se rechercher eux-mêmes, ils s'appliquaient à le connaître autant qu'il est possible en cette commune voie : joignant à cela des affections

---

(1) Ce paragraphe nous fixe nettement sur le sens que le Vénérable donne au mot scolastique quand il l'oppose à mystique = pure spéculation. Il y parle avec une certaine ironie de la contemplation de ces intellectuels, et nous voyons quel cas il fait d'une contemplation résultant d'abstractions métaphysiques où n'interviennent pas les dons du Saint-Esprit. Pour avoir pleinement la pensée de l'auteur en cette importante matière il faut rapprocher de ce texte celui du ch. VIII sur l'Humilité : « Entre la science et la Sapience, il y a beaucoup à dire. »

« Là, l'Esprit, ou pour mieux dire, tout l'homme rendu déiforme d'une ineffable manière, est si unique et si simple en sa perception, qu'il ignore toutes les formes, images, et figures scientifiques. Cela demeure au dehors quant à lui, quoique les hommes qui ne vivent que selon la nature en fassent tant de cas. Que si on ne les ignore pas, parce qu'on les a acquises autrefois elles sont si éloignées de l'appétit (qui ne veut jamais savourer que l'éminente Sapience dont il est pénétré) que ce qui ne lui était auparavant que science, lui est désormais un vrai goût de Sapience divine.

En effet, tandis que l'appétit se trouve encore en quelque vigueur pour savourer la science, comme telle ; cet appétit-là n'est pas plein de Sapience, ni par conséquent plein du Tout de Dieu, et est bien éloigné d'y être entièrement réduit et perdu ; et cela est ainsi, encore qu'un homme semblât tout enflamme et tout enivre du divin Amour par le flux igné de son cœur et de son esprit. Il est nécessaire que la Sapience surmonte parfaitement la science, et que l'appétit soit entièrement mort à celle-ci. Quand même la science est infuse, elle ne délecte pas l'appétit possédé de la Sagesse : c'est alors une double Sapience, ou si vous voulez, une docte Sapience : ce qui n'est pas souvent donné aux hommes, si ce n'est pour gérer et traiter choses grandes et merveilleuses. L'une et l'autre furent également données par le Saint-Esprit en son don septiforme aux Apôtres, afin de conquérir tout le monde à *Jésus-Christ*. »

enflammées, sans s'arrêter à leur intellectuelle connaissance, et à leur subtile spéculation, qu'ils appellent contemplation ; laquelle les satisfaisant beaucoup, les appâte et les délecte de Dieu à la vérité, mais le plus souvent en eux-mêmes, et non en lui ni pour lui. Aussi, ne sont-ils élevés ailleurs qu'en leur nature, qui leur donnant certains goûts dont ils sont grandement satisfaits, leur persuade qu'ils sont contemplatifs, et qu'ils ont accès à Dieu, quoi qu'ils en soient aussi éloignés, qu'ils sont vifs en eux-mêmes. Bref, ces hommes, quoique curieux contemplateurs de toutes les vertus, sont animaux immortifiés, adorant leurs subtiles idoles, et eux-mêmes, qui en sont les inventeurs.

En quel temps on doit entrer en cette voie mystique.

Il faut avoir pratiqué au moins une bonne année de toutes ses forces cette première voie de contemplation (1) ; de sorte qu'on se sente grandement lumineux et enflammé d'amour. Après cela on entrera plus facilement et plus utilement en celle qui est secrète et mystique. C'est une Sapience qui remplit l'âme d'infinies splendeurs et délices, et une Science divine que les hommes charnels et animaux ne sauraient entendre ni concevoir ; parce qu'elle est divinement infuse par amour gratuit. Elle est réputée folie par l'homme animal, d'autant que l'effet de cette voie est d'anéantir bientôt les sens et les puissances de l'homme, en sorte qu'il devient simple et unique au feu de l'amour, qui le consomme de tout soi, en une tendue

(1) Plus de doute, la contemplation dont Jean de Saint-Samson entretient ses disciples est bien une contemplation mystique, et il l'y achemine par le travail de la contemplation dite active, spéculative. On n'entre pas d'emblée ordinairement dans la contemplation mystique, mais le temps de préparation ne peut être donné que très approximativement. Tout dépend de la conduite de Dieu sur les âmes et de la généreuse action de celles-ci. Cependant, il est intéressant de remarquer que sainte Thérèse parle aussi d'un an environ pour prendre cette habitude du recueillement acquis (*Ch. de Perf.*, ch. xxvi), et saint Jean de la Croix dit que les âmes retirées du monde arrivent très vite par la nuit du sens à cette contemplation générale, obscure, infuse (Cf. *Nuit obscure*, l. I, ch. 8).

profonde, lumineuse et savoureuse par dessus toute expression. Il est simple là dedans, et totalement devenu esprit en l'Esprit divin, duquel il est plus agi qu'il n'est agissant, et dont il est plus jouissant que pratique (1), quoi qu'il soit l'un et l'autre. Il est pratique quand il le faut pour les œuvres extérieures, auxquelles il lui faut nécessairement sortir. Pratique encore de tout soi selon le plus subtil de son exercice amoureux, quand il n'est pas si fortement tiré de Dieu. Mais quand il est ravi et entraîné au fleuve, ou plutôt en l'immense mer de la très simple divinité, cela est si délicieux, que c'est un paradis écoulé de Dieu en terre ; qui fait en l'âme diverses élévations, et divers états de pureté, de lustre et d'excellence en son total, avec autres différents effets et simples délices : de sorte que cela est ineffable, et du tout hors de l'expression de celui qui en a l'expérience.

En cette voie la pratique vaut mieux que la théorie.

. . . . (2)

Ce n'est pas que la théorie ne soit fort à souhaiter, spécialement pour les directeurs. Mais pour ceux de qui Dieu prend un soin spécial, les conduisant par soi-même, il n'est pas besoin de théorie explicite ; ils ont toutes ces vérités par ordre dans leurs exercices ; et les sentent dans les manifestations et sentiments qui leur sont infus de Dieu très largement et abondamment.

(1) Au ch. XXIII « De l'amour divin : son commencement et son progrès » nous trouvons le sens très précis qu'il donne à ces mots jouissant et pratique : jouissant, synonyme de fruitif ; pratique, synonyme d'actif par opposition à passif.

« Désormais, ses sens sont morts à leurs opérations ; ils n'agissent plus sinon divinement en l'ordre de l'esprit ; lequel est devenu simple en ce nouveau changement, et en cet amour *fruitif et pratique.* Je l'appelle *fruitif,* quand l'âme est *vivement agie de son Époux,* et si vivement pénétrée, si hautement élevée, et tellement perdue, *qu'il lui semble alors ne point agir.* Je le nomme *Pratique,* quand elle est laissée à elle-même, afin que par toutes sortes d'affections possibles, spécialement d'amour unique et ardent, elle s'occupe vers son Époux : s'unissant étroitement à lui en l'ardeur de son amour très affamé. »

(2) Nous sommes obligés de faire des coupures à cause de la longueur du chapitre. Pour l'intégrité du texte original, nous remplacerons les paragraphes omis par une ligne de points.

Sur quoi, je dis en passant que certains doctes mystiques font plus de cas de la théorie de quelques-uns, qu'il ne faudrait : par ce seulement qu'ils voient que telle théorie montre cette voie en ses moyens ordonnés. Toutes choses bien vues, et bien examinées, si le plus contient le moins, à quel propos faire tant d'état de ce qui est beaucoup moins, que n'est la chose en elle-même ?

Or, certains doctes, lumineux et savoureux théoriques répandent et écoulent leurs lumières, tout ainsi que le lait et le miel, comme dit l'Écriture Sainte : et ayant digéré cela en soi et pour soi, ils le versent très savoureusement aux autres, qui d'un appétit très simple et très avide de telles vérités, mangent ce divin miel et boivent ce divin lait, avec un plaisir et contentement indicible. Cette saveur si doucement et si savoureusement attrayante, tire au suprême Esprit, Père de tous les esprits, les cœurs et les âmes de ceux qui, enrichis de ses perfections, reçoivent ses divines lumières sous formes très simples, compendieuses, essentielles et perdues.

On ne doit pas moins donner à ce qui est devenu pur esprit en l'Esprit divin : Car l'esprit humain est en lui totalement renouvelé par une nouvelle saveur, et étendue d'esprit en toute l'immensité de l'amour divin, duquel il est fortement mû et agi, pour faire une totale transfusion de soi en lui. Et certes, cet amour mutuel et réciproque n'a ni terme ni nom, pour être exprimé ni entendu. Voilà quels sont (et encore tous autres) les effets de cette très noble voie mystique, à ceux qui s'en servent, non pour eux et en eux, mais au bien et au plaisir de Dieu seul.

Cette voie suppose la pratique de toutes les vertus

Cette voie aussi bien que l'autre (celle qui est purement ascétique) requièrent également la pratique de toutes les vertus. C'est pourquoi les mystiques disent bien à propos, qu'en cette voie, l'aspiration, comme telle, et les vertus, font le corps ; et l'amour unitif, très vif et très fort, en est l'esprit. Cet amour devient discret à mesure qu'il est fait divin pour pouvoir soutenir toutes les opérations de son divin feu en elle, sans en recevoir lésion, faiblesse, ou empêchement, quant à sa nature corporelle au dehors ; encore qu'il soit vrai qu'elle soit parfaitement navrée de la plaie d'amour au dedans d'elle-même (1).

De ceux qui ne sont pas propres pour entrer en cette voie

Quant à ceux qui ne sont que sensiblement et naturellement affectifs, cette voie ne leur convient pas (2); encore qu'ils semblassent se rompre le cœur et les entrailles à force de s'y exercer, parce qu'ils sont trop dans les satisfactions de la nature qui leur fournit abondance de sensibilité, sous prétexte de plaire à Dieu. Cependant, ils sont si contraires à Dieu, qu'ils n'ont et n'auront jamais peut-être rien en eux qui soit propre à ses pures influences. Je ne veux point en déduire les raisons : il suffit de savoir que ces personnes sont dans les voies de la seule nature et fort souvent autant pleins et comblés de tous péchés d'esprit renversé, que leurs contraires sont ornés de toutes les vertus, compagnes du véritable amour.

Les jeunes enfants sont aussi naturellement sensibles, et quoi qu'ils n'aient fait aucun exercice de la commune et première voie d'oraison, ils se trouvent enflammés d'amour pour celle-ci. Mais on voit ordinairement que cela n'est que nature, et il est à craindre, ainsi qu'on a expérimenté, qu'ils n'entrent jamais en Dieu; parce qu'ils sont autant dépourvus de son amour, que des vraies vertus. Car il ne leur faut point parler de mortification, ils sont trop délicats et sensuels, et ne veulent être touchés de si loin que ce soit. Et encore qu'il puisse arriver que Dieu s'écoule quelquefois abondamment en eux, ils n'en seront guère meilleurs; d'autant que tout au plus ils ont les dons de Dieu pour fin et pour but, lesquels ils souillent de l'infection de leur subtile sensualité. Ils jouissent de ce dont ils devraient seulement user, et méprisent dès là les jouissances du vrai bien, violant ainsi dans un esprit renversé, et à sens tout contraire de ce qu'ils doivent.

(1) Il est bien d'accord avec sainte Thérèse et saint Jean de la Croix, qui enseignent que la vie mystique arrivée à son plein développement ne connaît plus la faiblesse de l'extase.

(2) Non pas qu'ils en soient exclus, qu'ils n'y puissent entrer jamais, mais ils n'y entreront qu'après avoir traversé les nuits du sens et de l'esprit. C'est ainsi que nous parlons d'appel général et éloigné et d'appel particulier et prochain à la contemplation mystique.

Au contraire, ceux qui s'exercent comme il faut en cette voie, avec continuelle mortification, arriveront bientôt au comble de tout bien ; et monteront heureusement tous ces états et degrés sans aucun dommage. Je sais que cette voie, à la prendre largement, peut compâtir avec quelques légères imperfections ; mais elles ne doivent être aucunement volontaires ; mais de toute pure infirmité et faiblesse humaine. *Il ne faut pas s'étonner de l'éminence de ces voies ni craindre de n'y pas réussir : car comme il y a divers degrés et états, Dieu y tirera et y élèvera l'âme selon sa constance et fidélité à cet exercice. Celui qui donne moins doit moins recevoir, celui qui donne beaucoup, reçoit beaucoup : et celui qui donne tout et toujours, doit tout recevoir.*

. . . .

En quel temps l'âme doit quitter ses actes pour se porter uniquement et simplement à Dieu (1)

Or personne n'est suffisamment disposé, ni propre pour entrer en la vie *suréminente*, s'il n'est entièrement destitué de son pouvoir actif, dans le plus pur et le plus simple de cette voie mystique. Mais quand on ne peut plus tendre activement en Dieu, on a quelque aptitude à l'entrée de la suprême Mysticité : pourvu que cela soit vrai de tous points, et en tous sujets d'actes possibles : parce que tandis qu'il reste ici un point de vie possible pour le poussement amoureux, l'âme n'a point la disposition requise pour se donner et se livrer à pur et à plein en proie à Dieu, pour faire les premières approches de la voie mystique et *suréminente*, par l'entière perte et abandonnement de tout soi.

(1) Ce paragraphe à lui seul suffirait à mettre la doctrine du saint aveugle à l'abri de tout soupçon de quiétisme. Il importe extrêmement de le bien entendre : L'auteur n'y enseigne pas que la vie mystique à son point de départ requiert la suppression du « pouvoir actif ». Il s'agit de la *suréminente* vie mystique. Tant qu'elle n'est point arrivée à l'extinction de ce pouvoir, elle ne peut être purement passive, elle a à produire dans une mesure plus ou moins large — en toute discrétion — « les poussements amoureux ». L'âme contemplative n'est mûre pour cette passivité complète qu'après avoir surpassé « les grandes unions et splendeurs » et « les mortelles et infernales langueurs ».

Plusieurs semblent ignorer ceci, qui même sont doctes mystiques, et qui par leurs écrits requièrent que les âmes, (qui ont encore trop de vie et d'action possible) entrent éperduement, se perdant et s'abandonnant entre les bras de Dieu infini, pour être mues de là en avant de lui seul. Mais comme il y a encore tant de vie en elles, et par conséquent de grandes unions et splendeurs à acquérir et surpasser par l'aspect mutuel de l'amour réciproque, cela ne se doit pas faire ainsi. Il est de nécessité qu'une telle âme souffre souvent à cette occasion, des mortelles et infernales langueurs : n'étant alors ni dehors ni dedans, attendu qu'elle n'a point encore été ravie des douces, fortes et impulsives attractions mystiques : Je dis *expressément*, *mystiques*, à cause de l'*éminence de leur élévation et constitution*, et de la nouvelle communication des délicieuses, secrètes, lumineuses, et embrasées notions, que l'âme qui est là élevée, reçoit immédiatement de son Objet amoureux en son total. Cela, dis-je, n'étant pas et n'ayant jamais été en cette âme, il s'en faut beaucoup qu'elle n'ait la disposition pour cette si suréminente attraction. Agir donc ainsi, c'est exposer trop manifestement ces âmes à des cruelles langueurs, et sans beaucoup de fruit. Car il n'importe pas tant de ne passer pas si tôt à ceci : mais il importerait bien plus de poursuivre l'activité d'amour en toutes exercitations et degrés, pour mourir et expirer au même amour, par l'entière suppression de l'appétit actif.

Ce qu'il faut éviter dans l'exercice de l'aspiration

Il ne faut pas se faire trop de violence en cet exercice d'aspiration (1) ; l'effort trop violent et trop continu, mine la tête et le cœur ; et procéder trop vivement à ses actes dans l'abondance des influences divines, spécialement si c'est avec continuation, c'est détruire insensiblement sa nature, pour bientôt, par faiblesse d'esprit et de corps, n'être plus propre pour ce qui concerne l'esprit, ni peut-être pour l'exercice du corps. Quand donc on se sent profondément tiré en toutes ses puis-

(1) S'il faut éviter le quiétisme stérile, il faut éviter aussi l'effort violent qui mettrait obstacle à la surnaturelle quiétude qu'opère la lumière infuse et donne une si féconde connaissance générale et confuse de Dieu. Quelle sagesse ! quelle mise au point !

sances, en sorte que le cœur est comme bouillant en la très
vive ardeur de ce divin feu, il faut alors purement souffrir cette
divine action, et plutôt soustraire en quelque manière de son
impétueux effort, par quelques exercices extérieurs, que de
produire des actes qui sont alors plus dommageables qu'utiles,
et sont accompagnés de propre recherche de la part de la créature. Hé ! qu'est-il de besoin de se rendre sensible en ce qui est
déjà assez sensible de soi, par l'effort du trait amoureux de
Dieu qui ravit fortement la créature en lui-même ?

Effets de cette voie mystique
dans les puissances intérieures de l'âme.

Cette voie en la manière que nous l'avons déduite, comme
mystique, tient le large : son dernier et plus noble effet est
celui qui s'exerce, se reçoit et se pratique aux puissances inférieures et sensitives, hautement élevées, et largement dilatées.
Alors elles pâtissent en leur union les merveilleux effets de
l'Ébriété divine, que les mystiques expriment sous les termes
de *Vin* et d'*Ébriété*, à cause des prodigieux effets semblables à
ceux du vin et de l'ébriété naturelle. Mais le tout est senti et
opéré au-dedans et au dehors en l'excessive jubilation d'amour,
qui n'a ni terme ni nom, pour pouvoir être exprimée, vu la
douceur et l'abondance de sa rapide action. Car elle agite tout
l'homme non seulement par-dessus lui, mais totalement hors
de lui, comme ne sachant ce qu'il fait à cause de la fruition
excessive de sapience qu'il y a en ce degré amoureux.

Ses effets dans les puissances supérieures

Mais cet amour passe à d'autres effets incomparablement
plus nobles, et touchant fortement de son trait rapide les
puissances supérieures, il y opère des effets plus excellents sans
comparaison, à cause de sa subtile, profonde et simple efficace.
Car ceci est merveilleusement subtil, doux et délicieux dedans
le fleuve du même amour, dans lequel tout l'homme est perdu
d'une manière très profonde, très large, et très simple. On y
ressent un si simple, si pénétrant et si divin amour, que ce
n'est plus que lui-même en son étendue : et on y est devenu

et fait esprit en tout son esprit, par-dessus toutes les démonstrations et similitudes. La sérénité qui est là est si grande, que c'est une toute autre région, où l'âme jouit abondamment de tous les biens et richesses des très hauts Esprits, au total de l'amour incréé : et où étant perdue, elle ne réfléchit point dessus les choses humaines et basses, non pas même sur les effets qui ont précédé celui-ci.

C'est ici que le soleil divin étant au plus fort de son action et en son plein midi ravit tout l'homme incessamment et continuellement; de sorte que la partie supérieure est ravie et transfuse en l'unité de son esprit, et l'inférieure la suivant d'un coup impétueux, est unie aux puissances supérieures. Alors il n'y a plus rien de l'homme en l'homme : il est tout là où il doit être, sans que par manière de dire, il soit en puissance de réfléchir au dehors. Là, les effets de l'amour des deux amants sont totalement ineffables, pour la grande subtilité d'agir et de pâtir qui se trouve en l'un et en l'autre. *Cela est ainsi arrivé à l'amante, pour sa véritable fidélité à soutenir tous les effets successifs de son amant en elle. Tout son homme sensitif est mort et perdu, et totalement changé en esprit*; et à mesure que cet état se perfectionne et s'accomplit, cet esprit vient à être fondu en la simplicité même ; où tout esprit se perd heureusement, au delà de toutes transfusions, en amour très fruitif, au total de son béatifique Objet.

. . . .

Du repos divin en l'état de consommation

Or, celui qui est entré au repos de Dieu repose de ses œuvres, comme Dieu repose des siennes après la création de toutes choses. Cet Esprit éternel, dans le repos de la simple jouissance, est totalement incompréhensible et inattingible à tout esprit inférieur. C'est en ce suprême point de consommation, que toute la mysticité est réduite, faisant esprit très simple et très perdu au-delà du fond, en la suressence qui l'engloutit et l'absorbe dedans son Tout. En cette suprême unité rien n'est vu, appréhendé ni entendu de distinct, ni de séparé, de distinguible ni de séparable. Là n'est rien que le maintenant éternel; et là Dieu seul est et vit en soi en la créature, devenue lui-même par un amoureux reflux; laquelle, quoique refuse en son éternel Principe, *demeure néanmoins et demeurera créature, même en la gloire,* son être créé lui demeurant totalement pénétré de l'être incréé, fondu et tout perdu là-dedans. De sorte, qu'encore que dans toute la plénitude de Dieu, elle ait toutes les propriétés et qualités de son être fait divin, si ne désiste-t-elle pourtant pas de sa créaturalité (1).

Au reste nous n'écrivons pas pour être crus ni entendus, si ce n'est peut-être de quelques-uns qui pour être arrivés pleinement ici, le doivent recevoir avec très grand plaisir, pour se voir par tout ceci parfaitement eux-mêmes, tant en l'ordre de toutes leurs expériences, que très loin par dessus cela, en l'éternelle mer de l'amour éternel, qui en l'effort de sa rapidité amoureuse, n'a point de cesse qu'il n'ait tout abîmé et tout perdu en soi, pour heureusement et glorieusement vivre au total de sa propre vie.

(1) Le sublime mystique dans ses envolées échappe au danger du panthéisme comme il a échappé à celui du quiétisme. Ailleurs il avait dit : « Je n'entends pas dire que la vie de telles personnes soit supprimée en ses racines, car cela ne peut être, et sans cela le sujet même ne subsisterait pas quant à soi. »

ERRATUM

DEUXIÈME PARTIE

p. 28 16° ligne, au lieu de « dans un troisième », lire « dans les
suivants ».

p. 30 8° ligne, au lieu de « rigoureux », lire « *vigoureux* ».

p. 58 10° ligne (en comptant par en bas), au lieu de « involontaire », lire « *volontaire* ».

p. 85 note (1), lire : « On le trouvera parmi les Extraits à la fin
du présent volume. »

p. 94 à la fin de l'alinéa, au lieu de « ceux-ci », lire « *ceux-là* ».

p. 119 note (1), lire : « cf. Chapitre III, p. 78 ».

p. 130 21° ligne, au lieu de « ce long article », lire « long *chapitre* ».
— N. B. Cette correction devra être faite en maints autres
endroits, le présent volume étant en grande partie un
« tiré à part » de différents articles qui ont paru dans
« la Vie Spirituelle ».

p. 132 au lieu de « Chapitre IV », lire « Chapitre *VI* ».

p. 146 4° ligne (par en bas), au lieu de « n'enliser », lire « s'enliser ».

p. 149 8° ligne, au lieu de « ce que », lire « ce qui ».

p. 164 9° ligne (par en bas), au lieu de « le naturel était exclu »,
lire « *étant* exclu ».

p. 171 changer les guillemets de place et enfermer dans les guillemets les trois dernières lignes du chapitre empruntées à
l'excellente brochure de la *Vie d'Oraison*, § 12, p. 57.

TROISIÈME PARTIE — **Extraits**

p. [29] 1re ligne, au lieu de « abyssale *humilié* », lire « abyssale *humilité* ».

p. [41] 10° ligne du 1er alinéa, au lieu de « propre consentement »,
lire « propre *contentement* ».

p. [42] 4° ligne (par en bas), au lieu de « supposé qu'il y ait en
elles », lire « qu'il *n'*y ait ».

p. [61] 10° ligne (par en bas), au lieu de « son propre fort », lire
« son propre *fond* ».

p. [80] titre du 1er alinéa, au lieu de « puissances intérieures de
l'âme », lire « puissances *inférieures* de l'âme ».

TABLE DES MATIÈRES

TROISIÈME PARTIE

Extraits du « Vrai Esprit du Carmel »

Imprimerie E. AUBIN. — LIGUGÉ (Vienne).